本书为国家社科基金专项课题"新型城镇化背景下加快农业转移人口市民化研究"（批准号18VSJ065）阶段性成果。

桂子山社会学论丛

From "Floating Population" to Settling in

Urban Residency for Rural Migrant Workers

从浮萍到扎根

农业转移人口的市民化

江立华 等 著

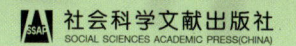

社会科学文献出版社
SOCIAL SCIENCES ACADEMIC PRESS(CHINA)

目 录

第一章 绪论 ... 1
　一　问题提出与文献回顾 ... 1
　二　理论视角与概念界定 ... 23
　三　研究方法 ... 35

第二章 宏观结构变迁与农业转移人口的诉求 ... 41
　一　宏观结构变迁与农业转移人口市民化 ... 41
　二　个体化背景下农业转移人口群体的新变化 ... 50
　三　农业转移人口的总体诉求 ... 58

第三章 农业转移人口的职业流动 ... 109
　一　问题提出与文献回顾 ... 110
　二　农业转移人口的职业分割与流动现状 ... 113
　三　农业转移人口职业分割的影响因素 ... 118
　四　农业转移人口职业流动的影响因素 ... 127
　五　小结 ... 132

第四章 农业转移人口市民化：基于空间视角 ... 137
　一　空间分析及其类型学划分 ... 137

二 "单体同质型"社区与"多体异质型"混合社区 …… 141
　　三 空间视角下农业转移人口的城市融合途径 …… 144
　　四 两个混合社区的比较研究 …… 154
　　五 小结 …… 159

第五章　农业转移人口市民化：基于意愿视角 …… 163
　　一 市民化的何谓与为何 …… 163
　　二 制度认知与态度考察 …… 168
　　三 市民化的意愿 …… 175
　　四 市民化的向度 …… 185

第六章　农业转移人口市民化：基于劳动关系视角 …… 192
　　一 研究起点 …… 192
　　二 劳动关系的非制度化与劳动过程控制 …… 195
　　三 权益保障、劳动管理与多元参与机制 …… 214

第七章　户籍制度与农业转移人口市民化 …… 223
　　一 户籍制度改革的政策评估 …… 224
　　二 户籍制度改革的核心问题 …… 228
　　三 推进户籍制度改革的对策 …… 232

第八章　促进农业转移人口市民化的服务管理 …… 248
　　一 研究起点 …… 248
　　二 推动制度建设，提高劳动关系的制度化水平 …… 250
　　三 转变政府职能，推动多元参与治理 …… 252
　　四 促进农业转移人口主体的发育与组织化 …… 257
　　五 发挥社会组织促进农业转移人口市民化的作用 …… 260

第九章 结语：农业转移人口市民化的路径 …………………… 273
  一 加快农业转移人口市民化的原则 …………………………… 273
  二 农业转移人口市民化路径的变革与政策创新 ……………… 279

参考文献 …………………………………………………………… 285

附录 农民工调查问卷 …………………………………………… 314

后　记 ……………………………………………………………… 327

第一章 绪论

一 问题提出与文献回顾

（一）研究背景

在人类文明的历史进程中，实现由农业社会向工业社会的转型，必然伴随着产业结构和城乡结构的转换，必然伴随着农业人口向城市的迁移。改革开放以来，快速的工业化、城市化和市场化加速了城乡关系的变动，数以万计的农业转移人口在不断放松束缚的制度变革中开始跨越城乡的边界，带动人口的空间再分布和身份的再定位，这无疑是我国建设富强民主文明和谐美丽的社会主义现代化强国面临的巨大挑战。

《国家新型城镇化规划（2014—2020年）》指出，我国"被统计为城镇人口的2.34亿农民工及其随迁家属，未能在教育、就业、医疗、养老、保障性住房等方面享受城镇居民的基本公共服务"，大量农业转移人口难以融入城市社会，市民化进程滞后。截至2017年底，中国过半的人口居住在城镇地区，常住人口城镇化率达59.58%，但户籍人口城镇化率仅达到43.37%（国家统计局，2017），也就是说存在16.21%的农业转移人口，未能真正实现市民化。城市农业转移人口的就业、居住、社会保障等问题受到广泛关注，城市承载的市民化压力问题突出。

农业转移人口，就其主体而言是指不与农村土地发生直接的生产关系、从事非农产业但又仍然具有农民身份的群体。相比于仍然从事农业生产的传统农民，该群体更多地与现代化和市场化发生关联。由于我国的二元社会经济体制，他们的诸多合理权利和诉求往往难以得到保障和实现。尽管这个群体内部发生了分化，在职业类别、个人禀赋和理想追求等方面存在巨大差异，但他们共同面临着生活方式的转变，在平等的就业权、公平的教育权与市场准入权、同等的社会保障权和社会参与权等方面有着更为强烈的诉求。因此，党的十九大提出，要"以城市群为主体构建大中小城市和小城镇协调发展的城镇格局，加快农业转移人口市民化"。由此需要解决一系列重大问题，包括如何处理农业转移人口与土地的关系；如何处理不同群体权益缺失和诉求的多样性与统一性问题，这需要顾及当前农业转移人口内部分化较大的现实情况；如何处理国家政策制度与农业转移人口的能动性和积极性的问题，即如何处理"赋权"与"自我增权"之间的关系问题；如何解决农业转移人口市民化的财政投入机制及组织领导体制问题，以及中央、地方及基层政府在体制上、政策上、职能上及行政方式上需要做出哪些转变；如何规划农业转移人口在生存权、发展权、保障权等诸多方面的制度和政策支持问题；如何发挥国家角色、市场力量与社会力量在农业转移人口市民化中的作用；等等。

党中央提出要"实现基本公共服务均等化"，"加快推进以改善民生为重点的社会建设"，"使全体人民学有所教、劳有所得、病有所医、老有所养、住有所居"，规模庞大的农业转移人口便是无法被忽视的重要社会群体。这个问题的解决看似简单，实际上牵涉到制度的包容与公平、人群的接纳与交融等方方面面的问题。

过去数年，国家和地方政府都为农业转移人口的服务管理做出了一系列的努力，取得了一定的成效。但是，我们也必须看到阻碍农业转移人口市民化的制度性与非制度性障碍依然存在。因此，如何保障不同类型的农业转移人口的各种正当权益，满足该群体的合理诉求，为其提供均等化的服务，亟待我们从理论与实践上做出回答。可以说，农业转移人口生存权和发展权的缺失是当前社会发展的主要矛盾之一。保障他们的正当权益、服务和管理好这个群体事关我国经济和社会发展的全局，关系到维护社会的公平正义与和谐稳定，关系到全面小康社会和社会主义现代化强国的实现。因此，从宏观和微观层面研究农业转移人口市民化进程，有助于学界找到现代化理论的本土经验。

（二）研究回顾

1. 国外对中国农业转移人口市民化问题的研究

"市民化"是一个具有中国特色的概念，国外学术研究中缺少直接对应的研究成果。西方理论话语体系中研究的主要是移民，该领域的研究始于托马斯和兹纳涅茨基对身处欧美的波兰移民的研究，他们重点关注移民化身份的转换引发的适应问题。最近二三十年，国外学术界对移民问题越来越关注，针对越来越复杂的移民现象，国际移民研究取得了相当大的理论突破，展现了多学科相互借鉴、共同探讨的丰富性与多元性。

西方学术界从发展人口学、地理社会空间学、发展社会学等不同专业角度对国际人口迁移的各种流向及类型、国际人口迁移的动因和机制以及延续衍生等进行深入探讨，提出了许多有影响的理论和模式，如网络说、连锁因果说、系统研究论等。之后比较流行的还有自我选择理论、国际经济学模型、地理经济学模型等。这些理论和模型从不同方面和不同角度对流动人口产生的动力、特征、影响以及管理等进行了相关研究。如弗里德伯格对移民劳动力市场同化现象进行研究，尤为关注移民人力资本的来源，认为个体在国外接受的教育与劳动市场经历，其功用低于在国内获得的人力资本（Friedberg，2000：221-251）。布洛克和拉奥认为社会同化在许多社会中会被观察到，在这些社会中，少数群体的成员遭受歧视（Bloch and Rao，2001：1-5）。多梅尼科-德帕洛等人认为现有的研究关注移民的经济同化，对社会同化过程关注不足（Domenico et al.，2006）。他们的基本发现有三点：其一，移民，尤其是非欧洲移民，在社会关系领域处于不利地位；其二，移民倾向于关注本国人的标准；其三，教育对移民采取的社会活动类型有显著影响。受教育程度较高的人倾向于与邻居少有交往，但对较大范围的社区则倾向于多有交往。Akresh（2007）利用面板数据的研究表明，美国移民在经济上有快速的同化，其研究成果部分支持了杜利普和睿格兹的人力资本投资模型（Duleep & Regets，1999：186-190）。

从全球范围来看，农业转移人口的迁移具有较强的多元性和差异性，不同国家农业转移人口的乡城迁移在不同时期表现出不同的迁移模式和动力。传统的研究取向和理论解释来自发展经济学，主要包括传统劳动力经济学和新劳动力经济学的相关论点。前者认为农村劳动力的职业和迁移选择主要依赖于"两部门"的经济结构，以及迁移者对收入和失业风险的个体预期（Todaro，1980：126－142）。新劳动力经济学更多地吸收了社会学的理论，引入了"相对剥夺"对迁移决策的影响（Stark and Taylor，1989：1－14），将迁移决策在国家或社会关系中加以考察。新经济迁移理论认为迁移决策的单位是家庭（Stark，1978：75－101）；二元劳动力市场理论说明了城市次级劳动力市场对农村劳动力的吸引力。20世纪80年代以后，学者们开始关注迁移过程，社会网络理论、制度理论从社会关系网络（Tilly，1978）和组织结构角度说明迁移过程中的中介因素，广泛解释了乡城迁移中的"亲友效应"或"连锁式迁移"等现象，因果关系积累理论指出了人口迁移与区域发展之间的相互作用。此外，地理学发展了引力模型（Zipf，1946：677－686）、空间相互作用模型（Wilson，2010：364－394）、中心－外围模型（Fujita et al.，1999）等空间物理学、经济学模型。

国外学者对于中国农业转移人口问题的研究，首先集中在对流动现象的描述上。例如，达文的研究总结了中国移民的主要趋势、概况、定义等，解释了移民潮特征的经济基础、社会和行政的变化，特别是劳动力市场和户籍制度，并对不同区域的移民行为、就业和收入进行实证研究，讨论的主题还包括移民的人口统计学特征、国家政策、推拉因素（如地区和城乡间的差异）、移民对输出地的影响（如农村劳动力新的配置方式）、城市移民的工作和生活，以及移居者的大众形象、出生率、卖淫、性别比和新的长距离婚姻市场（Davin，1999）。还有国外学者运用中国国内人口统计数据，对农业转移人口规模、总体特征、流动模式进行定量研究。在资料积累和统计方法发展的共同推进下，国外学者对中国农业转移人口的研究开始走向细致化。在对流动机制的讨论中，万广华的研究认为，教育本身能促进人口流动，而流动的距离则与流动规模呈现正相关关系；非正式部门吸收了小部分农业转移人口；乡－乡移民倾向于长期定居，而乡－城移民倾向于短期定居（Wan，1995：173－196）。

我国市民化过程中农业转移人口的属性特征、构成性差异不同于西方的移民类型。较早从公民权的视角系统地考察解释中国农业转移人口市民化问题的是美国学者苏黛瑞，苏黛瑞认为现代公民权问题由两个方面构成：第一是社会成员资格或身份的问题，即归属于某个共同体的问题；第二是资源的分配问题。换言之，公民权的根本特征是排斥，因为它将权利和特权仅仅赋予特定共同体的成员。在这种公民权概念下，苏黛瑞联系中国改革开放前计划经济时代的制度遗产，特别是户籍制度，从农民流动者、国家和市场三者之间的关系中来考察分析农业转移人口市民化问题。苏黛瑞在《在社会主义转型中的中国城市过渡和共产主义"城市公共物品体制"的解体》一文中探讨了"城市公共物品体制"在外来人口进入时受到的挑战问题（Dorothy & Solinger，1995：155-183）。后来，苏黛瑞等人借用政治学概念"公民权"，强调个体在社区中获得成员资格和资源分配的权利。这些学者采用市场和制度安排相结合的视角，分析指出虽然中国农业转移人口出现是市场化的结果，但是国家制度安排建立的结构决定了农业转移人口进行行动和理性选择的限度。因此，在中国是国家和市场共同限制了农民城市公民权的获得。该研究在国家与民主、市场与公民权等的关系中研究移民，认为市场化并不必然产生政治的民主化和公民权的实现。公民权概念的引入将国家、市场、农业转移人口放在宏观背景下进行研究，拓宽了学科研究视角，放大了移民研究的意义（Dorothy & Solinger，1999）。

对于户籍制度的社会屏蔽功能，国外学者认为，由于户籍制度的影响，父代的城市流动和城市工作经历与子代城市就业低度关联。吴晓刚的研究提醒我们，"理解这一普遍的代际流动模式背后的形成机制，需要我们详细研究一个国家独特的社会结构和制度背景"。他的研究探讨了流动与不平等的关系，指出流动并不必然导致不平等，而高度不平等也不会阻碍高流动。相似的流动具有不同的原因，而相同的流动会产生不同的后果。他指出，我们需要认真分析是什么推动了流动，流动与不平等之间的关系是如何形成的（Wu and Treiman，2007：415-445）。

国外经典理论在研究人口流动或农村剩余劳动力转移以及融入流动地（或迁移地）方面做出了较大的贡献，形成了若干重要的理论解释，主要包括比较利益差异论（王亚南，1975）、推拉理论（Everett，1966）、中间障碍理论（Lewis，1954）、劳动力市场分割理论、世界体系理论、社会融合/同化理论、二元经济理论、社会网络理论等宏观理论分析，以及成本-收益理论、收入预期理论、家庭迁移决策理论、移民网络理论、累积因果理论等微观理论分析（李明欢，2010）。

然而，需要注意的是，适用于发达国家或其他发展中国家的人口流动理论或农村剩余劳动力转移理论并不能完全解释我国农业转移人口市民化的问题。西方理论解释的移民，主要是指迁往国外某一地区永久定居的、较大数量的、有组织的人口迁移，西方移民理论关注的焦点不是身份的合法性问题，而更多的是怎样实现其社会融入和可持续生计（稳定就业）的问题。我国农业转移人口体现了中国本土情境性、经验性差异及其推理实践，这要求我们基于中国的现实问题，提炼中国农业转移人口市民化的概念与问题，深入挖掘与市民化相关的理论与机理。

2. 国内对农业转移人口市民化问题的研究

推进农业转移人口的市民化既包括"进入城市"过程中的空间、制度问题，也包括"融入城市"过程中的文化、心理问题。过往学界对"农业转移人口市民化"的研究，主要使用社会融合、社会认同、社会资本等理论对"市民化""城市融入""城市适应"等问题展开多维度讨论，对地理空间重构、政策壁垒消除、社会经济地位提升、文化身份认同、心理秩序重建、社会资本再造等"市民化"需求进行了分析和总结（陈映芳，2005；王春光，2001；王桂新、沈建法、刘建波，2008；文军，2004；悦中山、李树茁、费尔德曼，2002）。

（1）农业转移人口市民化的程度测量研究

学者们在现状分析中所采用的衡量指标侧重点各不相同，但总体上主要包括个人素质和心理适应、经济和社会等因素。

如马用浩等人认为完整的农业转移人口市民化是广义上的农业转移人口市民化，相应的指标体系应包括人口素质、思想观念、行为方式、社会权利、生活质量、社会参与等内容，但该文并没有进一步构建指标体系并进行实证分析（马用浩等，2006）。刘传江等人构建了一个农业转移人口市民化进程的测度指标体系，其中农业转移人口个体市民化程度的综合指标由个人素质、收入水平、在城市居住时间和自我认同这四者的几何平均数构成（刘传江、程建林，2008）。郧彦辉构建了测度农业转移人口市民化率的指标体系，认为农业转移人口市民化的指标应该包括人口素质、主观认同、行为方式、权利行使以及生活质量，还给出计算市民化率的具体公式（郏彦辉，2009）。徐建玲将市民化进程测度分为市民化意愿与市民化能力两个维度，从理论层面提出农业转移人口市民化的测度方法（徐建玲，2009）。张斐通过建立较为完善的指标体系，计算出我国新生代农业转移人口处于中市民化阶段，并认为性别、年龄、是否为独生子女对其市民化水平有显著影响（张斐，2011）。吕佳、陈万明的测量指标体系分为内生性指标——人口素质、个体行为、个体心理和外生性指标——中观环境、宏观政策。张斐的指标主要为经济层面的收入、住房、社会保障、职业声望，社会层面的语言，心理层面的身份认同和未来打算（吕佳、陈万明，2014）。李荣彬的指标体系则选取了经济生活、居住条件、政治参与、社会关系、心理认同五个维度（李荣彬等，2013）。王桂新等（2008）从微观主体角度对中国城市化过程中的农业转移人口市民化问题进行研究，设立了一个指标评价体系，包括居住条件、经济生活、社会关系、政治参与和心理认同五个维度。

刘传江等人采用层次分析法，分别从生存职业、社会身份、自身素质、意识行为四个方面设计指标体系（刘传江、徐建玲，2008）。通过专家赋值测得各个指标的权重分别为0.558、0.258、0.096、0.096，这避免了王桂新等人各个指标权重均等的缺陷。他们测得新生代农业转移人口的市民化程度为45.53%，第一代农业转移人口的市民化程度为42.03%，并利用模糊综合评价方法对农业转移人口市民化程度进行了评价。魏后凯等人从政治参与、公共服务、经济生活、综合素质四个方面构建农业转移人口市民化程度综合评价指标体系，并采用专家打分法对相关指标赋权，测算出2011年我国农业转移人口市民化的综合进程只有39.56%（魏后凯、苏红键，2013）。

周密等人采用供需均衡的联立方程模型，测度新生代农业转移人口市民化程度及其影响因素。他认为在外界条件不变的情况下，新生代农业转移人口市民化取决于两方面因素：①市民需求，即农业转移人口有能力在打工城市定居的市民意愿；②市民供给，即打工所在城市给予其市民身份。他采用需求可识别的Biprobit模型，测度出了案例地区新生代农业转移人口市民化程度，并采用Oaxaca分解的方法，分析了影响案例地区新生代农业转移人口市民化程度差异的因素。研究发现，职业阶层的回报差异是影响新生代农业转移人口市民化程度差异的重要因素，而受教育程度与职业阶层密切相关（周密等，2012）。辛宝英（2016）从文化融合、经济地位、社会适应和心理认同四个维度来建构农业转移人口市民化程度测评指标体系。选用层次分析法（AHP），运用yaahp V9.1软件的群决策专家数据录入软件，获取22位专家的实际判断数据，对各指标重要性程度进行赋值，并对指标体系中的各层次指标的一致性进行检验（分别为CR1＝0.0106，CR2＝0，均符合一致性检验要求），将指标层总体权重汇总，得到各层指标权重水平（辛宝英，2016）。

综上所述，学界关于市民化现状的研究在衡量上各具特色，从不同方面进行考虑，采用的指标体系已较为全面合理，所提出的农业转移人口市民化程度的测度方法，为下一步研究奠定了基础。但以往的文献更多从市民需求意愿的角度揭示市民化，现实中农业转移人口潜在市民需求在以往的研究中没有引起足够的重视，造成估计结果有偏误。

（2）农业转移人口市民化的制约因素研究

从国内外已有研究看，影响农业转移人口市民化的制约因素大致可以分为主体性障碍、制度性障碍、社会性障碍和经济性障碍。

首先，影响农业转移人口市民化的制约因素来自作为市民化主体的农民自身，主要表现在以下三个方面。一是素质障碍，即农民由于自身文化素质不高、职业技能缺乏，而在城市社会竞争中特别是就业市场竞争中处于弱势地位，只能从事高强度、低报酬的"三D"工作（dirty, dangerous, demeaning, 即脏、险、累的工作）（Roberts, 2001），市民化的自我发展能力严重不足。二是文化障碍，即进城农民由于受到城市社会的歧视性对待，而产生自卑心理及对城市的"文化抗拒"，并因而形成自我封闭的"亚文化"（Sub-culture）圈，自觉选择与城市文化、价值观念、行为规范等方面的隔离（甘满堂，2005），缺乏对城市生活的认同感与归属感。三是认识障碍，即农民由于自身观念陈旧，"小农意识"浓厚，而与现代城市社会的思想观念、社会规范等方面存在脱节。

其次，农业转移人口市民化也面临着许多制度性障碍，突出表现在三个方面。一是城乡分割的户籍制度以及附着其后的教育、医疗、社会保障等差别化制度，使转移农民很难享有与城市市民平等的权利与福利。在对户籍制度的研究中，学术界已就户籍制度阻碍农业转移人口市民化达成共识，现在研究的重点主要集中在户籍制度的改革路径上。辜胜阻等人提出通过实施差别化落户以及积分制政策实现符合条件的农业转移人口落户；通过居住证制度有序实现农业转移人口市民化的"二维路径"（辜胜阻、李睿、曹誉波，2014）。魏后凯认为，应按照普惠权利、统一户籍、区别对待、逐步推进的政策来推进户籍制度改革。同时，在具体的政策措施层面，应引导农业人口有序转移、建立全国统一的居住证制度、清理与居住证挂钩的各项政策、加快推进相关配套制度改革以及建立多元化成本分担体系（魏后凯、苏红键，2013）。王春蕊分析了广州和上海实施的居住证管理制度，指出其中存在"人才"偏好以及普惠赋权相对保守的问题（王春蕊，2015）。在实证层面，孙文凯等研究了2003~2006年城市户籍制度改革的效果，结果发现：很少有证据显示制度改革对短期劳动力流动产生了显著影响（孙文凯、白重恩、谢沛初，2011）。二是城乡割裂的二元劳动力市场，使得"首属劳动力市场和次属劳动力市场之间有一条难以逾越的制度性鸿沟"（李斌，2004），迫使大多数农业转移人口不得不通过次属劳动力市场，进入那些劳动强度大、收入报酬低、工作稳定性差的非正规性和边缘性就业岗位，从而很难实现与城市主流社会的融合。三是僵化的农村土地承包制度和宅基地制度，前者缺乏流动性和经营权转让市场，后者缺乏合理的退出机制，使农民始终无法彻底脱离乡村土地到城镇生活，从而很难实现完全的市民化。

在土地制度的研究中，学术界已就土地制度改革的必要性达成共识，关注的重点是如何改革农村土地制度。韩立达、谢鑫对农业转移人口市民化的私人成本进行研究，指出应转化农民的土地承包权和宅基地使用权，从而增加农业转移人口的财产性收入，突破其市民化的私人成本障碍（韩立达、谢鑫，2015）。傅晨、任辉在对农业人口进行合理分类的基础上，根据不同农业人口对土地的差异化需求，提出需要完善农村土地产权制度，赋予农业转移人口"退出权"（傅晨、任辉，2014）。吴宝华、张雅光指出，要推进农村土地制度改革，在不改变所有权性质的前提下，强化宅基地、承包地的用益物权属性（吴宝华、张雅光，2014）。安虎森、刘军辉认为,农村土地制度改革应该在农村设立退出机制、在城市设立进入机制,并在城乡之间设立鼓励转移的激励机制(安虎森、刘军辉,2014)。

再次,农业转移人口市民化还面临着一些社会性障碍,主要来自三个方面。一是来自城市政府,由于长期以来形成的偏见,我国城市农业转移人口管理政策,普遍存在重管理而轻服务、重义务而轻权益、重城市而轻农村的取向,城市管理更多的是在现有框架下寻找减少人口流动负面效应的途径(如以公安局为主的防范式管理),在维护城市人口特权方面的努力远远大于给予农业转移人口以公平待遇的探索(彭希哲,2001)。这种管理上的错位,客观上加剧了转移农民边缘化的倾向。二是来自城市居民,由于长期的二元制度安排和城乡之间的发展不平衡,城市居民一直享有远高于农村居民的生活水平和福利待遇,并因而形成一种高高在上的优越感,对农业转移人口普遍持轻视和排斥心理,成为阻碍转移农民融入城市社会的又一重要原因。三是来自农业转移人口自身社会资本的匮乏。农业转移人口进入城市的过程实际上也是他们社会网络重构的过程,由于相对低下的社会经济地位、边缘化的居住环境以及与城市居民有限的交往,农业转移人口往往更倾向于构建小范围的以地缘、血缘、亲缘为基础的社会关系网络,而与整个城市社会的联系较少。这种同质性强、异质性差的社会资本很难为农业转移人口提供在城市中向上流动的机会(李培林,1996;李汉林、王琦,2001)。

最后,农业转移人口市民化还面临着一些经济性障碍,突出表现为农业转移人口市民化的社会成本巨大。有学者早在1982年就指出,发展中国家不断加快的城市化进程正在使其面临如何支付城市化成本的棘手难题(单菁菁,2015)。近年来,随着我国对农业转移人口市民化研究的不断深入,一些学者也开始关注农业转移人口市民化的成本问题,认为目前农业转移人口市民化进展缓慢,表面上是户籍制度、就业制度、社会保障制度、城乡土地制度等二元体制改革的滞后,但根本原因还是改革这些制度需要付出高额的社会成本(蔡昉,2001)。

(3)农业转移人口市民化的路径与对策研究

中国农业转移人口市民化走的是一条不同于西方国家的发展道路。辜胜阻认为,中国农业转移人口市民化必须采取二维路径,在部分转移人口通过差别化落户政策享受市民待遇的同时,大多数转移人口通过居住证制度实现基本公共服务逐步全覆盖。推进转移人口市民化不仅要"因城而异",针对不同城镇规模,实施差别化落户政策,而且要"因群而异",存量优先,把"沉淀型"农业转移人口转为城市居民,让那些有知识、有本领、有才能、有经济实力的农业转移人口优先积分入户(辜胜阻、李睿、曹誉波,2014)。

张翼将目前农业转移人口市民化的实现路径概括为"户籍地城镇化"和"常住地城镇化"两类代表性的路径选择(张翼,2011)。此外,也有学者探讨农业转移人口返乡的适应问题以及返乡的村庄社会后果,认为农业转移人口返乡后一般能顺利地"与村庄进行人际交往和人情往来,并参与村庄的社会性竞争"(贺雪峰等,2010),从而可以开拓一条符合农业转移人口市民化的城镇化意愿和人口流动规律的"就近城镇化"和"就地城镇化"道路(厉以宁,2013)。江立华提出依托现有城镇推进户籍制度改革,探索多元化实现路径。对于近郊农民,应依托邻近城镇帮扶,采取就地转化与主体流动并重的方式推进户籍制度改革(江立华、谷玉良,2015a)。

针对我国农业转移人口市民化存在的问题,学术界提出了大量探索性的对策建议。如陆学艺等学者提出要彻底打破城乡分治的二元体制,为农民进城提供一个良好的社会环境。郑杭生则强调在农民向市民转化的过程中,除了外部"赋能",农民自身也必须"增能"(郑杭生,2005)。也有学者认为只有实现对农业转移人口市民化的认知统一、大中小城市并举发展的方针统一、城乡户籍制度的统一、就业市场化机制的统一、社会保障待遇的统一、服务与管理的统一"六个统一",才能在城市化进程中加快实现农业转移人口市民化。

具体地说,目前学术界普遍认为可以通过三种路径来推动我国农业转移人口市民化进程。

一是通过制度化改革推进农业转移人口市民化。其重点是围绕转移农民的农村退出、城市进入和城市融合三个环节进行制度改革和创新。在农村退出环节,需要解决的核心问题是耕地流转制度创新和农地征用制度创新。在城市进入环节,需要解决的核心问题是户籍制度改革和城乡一体化的就业制度改革等（柯兰君、李汉林，2001）。在城市融合环节，需要解决的核心问题是转移农民的居住、社会保障以及公共服务均等化等方面的改革（刘传江、程建林，2008）。政府必须推进制度创新，尤其是户籍制度、社保制度改革，实行财政平衡、土地平衡、提高农业转移人口成本支付能力等政策，以及农村土地的流转、城镇化着力点的选择、社保及户籍制度的城乡有效衔接与统一，包括城镇化理念上的创新（江立华、张红霞，2015a）。

张翼认为当前推进城镇化的优选之路是"常住地城镇化"，必须淡化户籍区隔功能或撇开户籍，让生活在同一城市的人们，不会因为身份不同而遭受制度化歧视（张翼，2011）。促进城市化，不在于将农业转移人口户籍落在当地城市，而在于以居住地和就业地配置社会保障与公共服务政策，使农业转移人口能够与城市户籍居民均等共享保障与公共服务。因此，在不变更农业转移人口承包地和林地权属的前提下，以社会保障和城市公共服务促进中国的城镇化，而不是继续强化户籍制度的福利与保障配置功能或区隔功能。

土地处置向来是农业转移人口市民化中不可规避的难题，现有土地制度约束下所呈现的土地流转驱动力不足，则在很大程度上制约着农业转移人口的市民化进程。具体表现为，农村土地缺乏灵活有效的土地流转和现代农技推广机制，以农用土地为代表的物质资本要素难以实现有效流动，农用地细碎化局面无法得到根本改善，农业劳动生产效率提升空间受到限制，最终农用地非但没能成为农业人口转型的助力，反而成为农业人口向城市非农产业转移的羁绊（Mullan et al., 2011：123-133）。尽管土地流转可以在一定程度上释放劳动力红利、增加农户收入（冒佩华等，2015），可由于地权安全性、土地市场发育、地权诉求以及土地财产与保障功能等因素，贸然失去土地或许会面临较为严峻的社会风险，农村土地权益鸡肋化的现象日趋严重，进而使得农业转移人口在城乡归属上犹豫不决，难以下定市民化的决心，久而久之便陷入了"转而不迁"的尴尬局面（黄忠华、杜雪君，2014）。针对这些问题，有学者提出，增加非农就业、提高家庭二、三产业的收入比重，有利于催化土地流转决心、激发市民化积极性（陈中伟等，2013；谢勇，2015；张忠明、钱文荣，2014）。针对某些地方政府在"土地财政"驱动下推行"土地换户籍"政策,刘林平等人认为,农业转移人口市民化不应操之过急,也不应期待在一代人身上得以实现,应尊重家庭流动的自然规律,采取"一家两制"的基本模式(刘林平、孙中伟,2011)。所谓"一家两制"就是市民化应以"家庭"而非"个人"为单位,年青一代农业转移人口个人率先落户城市,但允许他们保留土地,可以将土地使用权转让给在农村的父母,他们可以一直享受农村的土地保障,直到父母一代自然去世,整个家庭最终与土地彻底脱离,实现完全城市化。

二是通过能力建设加快农业转移人口市民化。将政府、企业、社会的外部"赋能"与农民的自身"增能"有机结合,全面加强转移农民的素质与能力建设。重点包括转移农民的现代素质培养与积累、人力资本投资与积累、社会资本投资与积累等,目标是全面提升转移农民的就业竞争能力和城市适应能力(单菁菁,2015)。

农业转移人口社会融合能否成功的关键之一,在于他们是否可以在城市实现个体与家庭的劳动力再生产。就业是民生之本,农业转移人口只有在城市有稳定的就业,才能有资格谈市民化。农业转移人口市民化不只是在身份意义上获得"城市户口",更重要的是,他们能够依靠自身条件找到较好的工作,获得稳定可观的收入,摆脱对土地的依赖。因此,提升就业质量和劳动收入就是农业转移人口实现市民化的基础和前提(江立华,2009)。这里的稳定就业,不仅指每份工作的持续时间和变换工作的次数,还包括工作条件、劳动强度、工作环境、劳动权益等,即就业的数量与质量的统一。人力资源和社会保障部劳动科学研究所课题组建议,要千方百计为农业转移人口创造充分的就业机会,努力营造公平、完善的就业环境,保护农业转移人口劳动权益,培养和提高良好的就业能力;还要调整产业结构,充分发挥中小企业在农民转移就业中的主渠道作用;完善区域发展和就业政策,继续发挥沿海发达地区和大中城市吸纳农业转移人口就业的作用,支持中西部地区承接产业转移,支持县域经济、个体私营企业和小城镇发展,促进农业转移人口就地就近转移(社保部课题组,2013)。

提升就业质量,不能仅仅依靠政策保护和产业结构调整,还要从根本上提升农业转移人口的市场能力。已有大量研究证明了人力资本对农业转移人口实现经济融合的重要作用（赵延东、王奋宇，2002；谢桂华，2012）。受教育程度高，接受过正规培训者，更有可能获得较高的收入，提高在劳动力市场上的融入程度，也更容易接受城市文化。因此，许多学者都指出，只有通过加强农业转移人口及其子女的教育和培训，提高其市场能力，才能使他们获得在城市长久生存的能力。韩长赋认为，要坚持职业教育与在岗培训并重，发挥职业学校和用工单位的引导作用，合理划分政府、企业、学校的职责，分别在公共经费投入、在岗培训和正规职业教育等方面提升农业转移人口的人力资本，从而实现稳定就业、收入增长、自我发展和融入城市（韩长赋，2012b）。

三是通过完善组织、提升服务促进农业转移人口市民化。其重点是以社区为主体、以服务为导向建立城市农业转移人口管理新模式，将进城农民视为城市的有机组成部分，并按照常住地原则将他们纳入当地社区的管理和服务范围，给予他们平等的市民待遇，更好地保障他们的合法权益。同时，鼓励、引导农业转移人口积极参与社区建设和管理，通过参与式管理和自治化管理，将他们纳入社区的民主生活中，提高他们的主人翁意识，增强他们对城市的认同感和归属感，以推动农业转移人口更快、更好、更顺利地融入城市。

任远和陶力从社会参与、社会信任和社会交往三个方面分析了农业转移人口本地化的社会资本与社会融合的关系，研究发现本地化的社会资本对农业转移人口社会融合具有显著影响（任远、陶力，2012）。因此，他们主张应该通过各种方式促进农业转移人口积极参与城市公共事务、培养农业转移人口与本地人口的相互信任和相互包容，以及促进农业转移人口和本地居民发展更加积极、更加正面的社会交往。

各类社会组织也在农业转移人口社会融合中扮演着枢纽作用，比如工会以及各种社区组织。对于工会来说，应该在企业内部尝试工会直选，推进工业民主，促进员工参与，同时应该发展行业性、区域性工会，同时允许其他工人组织的合法存在。任泽涛通过对浙江省慈溪市的调查研究，总结了"和谐促进会"这一新型社会组织在调动农业转移人口的积极性，广泛吸纳农业转移人口和本地居民共同参与社会建设和管理的经验（任泽涛，2011）。

近年来，社会工作在促进农业转移人口社会融入方面的作用也开始引起学术界的关注。高万红以增能理论为指导，在昆明Y社区开展农业转移人口社区综合服务，提出增能视角下的农业转移人口能力建设，主要包括个体层面的适应城市生活能力的提升和社会层面的自助和互助组织建设；构建自助和互助组织，通过集体意识的觉醒和共同努力来改善生活状况，促进社区融合（高万红，2011）。郑广怀和刘焱基于"扩展的临床视角"，从人与环境的双重改变入手，研究发现，企业社工干预有助于促进员工的企业融入，降低流失率（郑广怀、刘焱，2011）。此外，社会工作和社会组织在向农业转移人口提供社会服务，促进农业转移人口与本地人的相互认知和了解，帮助农业转移人口更快融入城市方面均发挥着重要的作用。

农业转移人口市民化的过程也是公共服务均等化的过程，农业转移人口市民化的实质是政府要为进城农民提供平等公共服务（辜胜阻，2010），要通过推进基本公共服务与福利配置的均等化，使农业转移人口获得与市民同等的无差异的公共服务。邓大松和胡宏伟认为，中国当前农业转移人口"流动但不定居、定居但不融合"现象产生的主要原因是：农业转移人口"内在市民化"滞后于"外在市民化"。"内在市民化"现实表现为自我角色的定位与认同，回归分析结果显示，造成农业转移人口"内在市民化"滞后的最根本的原因在于农民无法稳定获得与市民平等、无差异的包括基本社会保障权在内的公民基本权利，存在"权利剥夺"（邓大松、胡宏伟，2007）。韩长赋也认为，农业转移人口融入城市的关键是公共服务和各项社会权利。养老、医疗、失业等保险制度和最低生活保障制度应覆盖农业转移人口，改善农业转移人口住房、子女教育等公共服务，将在城镇稳定就业的农业转移人口逐步纳入城镇住房保障体系，探索允许农业转移人口子女在父母务工地参加中考、高考的办法（韩长赋，2012b）。人力资源和社会保障部劳动科学研究所课题组的研究指出，政府要主动为农业转移人口提供与城镇居民同等质量的公共服务，最重要的是保障一个就业基础和五项公共服务（子女教育、居住、医疗、养老保险和精神文化生活）（社保部课题组，2013）。

（4）成本分担机制研究

对农业转移人口市民化成本的估算，有利于进一步厘清各级政府、企业的支出责任，为财税体制改革提供有益参考。高拓、王玲杰认为，应构建"一主、二层、三辅"的农业转移人口市民化分担机制。"一主"指以政府为主体，利用公共财政支出承担市民化成本；"二层"指中央政府和地方政府各司其职，在社会保障、福利和基础设施方面加大投入，用于分担市民化成本；"三辅"指个人、企业、社会三方参与成本分担（高拓、王玲杰，2013）。胡拥军、高庆鹏认为，应处理好农业转移人口市民化成本分摊的五大关系：一是处理好政府分摊与市场分摊的关系；二是处理好中央分摊与地方分摊的关系；三是处理好输入地分摊与输出地分摊的关系；四是处理好一次性成本分摊与连续性成本分摊的关系；五是处理好成本分摊责任与成本分摊能力的关系（胡拥军、高庆鹏，2014）。张华初等人在综述不同成本测算方案的基础上，选取了分类加总法，分项测算了广州市农业转移人口市民化成本，并提出了成本分担的对策建议（张华初等，2015）。国务院发展研究中心课题组（2010）基于全国6个城市6232名农民工的调研数据，计算出农业转移人口市民化的人均公共成本为8万元，并提出了促进农业转移人口市民化的对策建议。姚毅、明亮使用计量法测算了四川省成都市、乐山市以及重庆市的农业转移人口市民化公共成本，并对不同省（市）的公共成本进行了比较，最后构建了在政府、企业以及农业转移人口之间的成本分担机制（姚毅、明亮，2015）。张继良、马洪福根据第六次全国人口普查数据，计算了江苏省农业转移人口市民化成本，同时分类计算了第一代以及第二代农业转移人口市民化成本，以及苏中、苏南、苏北不同的市民化成本（张继良、马洪福，2015）。

以上四个方面，大致涵盖了目前学术界就促进农业转移人口市民化问题所提出的各种具体政策建议。制度改革和公共服务均等化是集体主义的社会政策，强调的是通过自上而下的行政力量取消不平等制度，给农业转移人口提供无差异的社会服务。这两类政策的作用对象不在于农业转移人口个体，而是针对各种制度，目标在于整个人群。而提升农业转移人口的就业质量和社会参与是个体主义的社会政策，主要通过作用于个体，增加他们的人力资本或社会资本，使其获得在城市立足的生存能力。

（三） 评述与进路

1. 研究评述

总的来说，已有关于农业转移人口市民化的研究形成了几种不同的视角。

第一种是公民权视角。该视角强调"市民""农民"社会身份系统背后的权利属性，"农民"被结构性地定位于附属和被剥夺的地位，市民化的过程被理解为一个权利平等化的过程。

第二种是资源配置与效率框架下的劳动力流动视角。这一视角延续新古典经济学的假设，认为市民化的核心是劳动力资源在市场中的重新配置，它将是优化资源配置、提升生产效率的重要途径。

第三种是城乡二元框架下的制度约束视角。这一视角认为市民化的根本是破解城乡二元结构。

第四种是成本－收益框架下的理性选择视角。这一视角主要吸收理性选择理论，在微观层面上对农业转移人口市民化的主体行动展开分析，把市民化过程看作经济理性、集体理性等展开行动的过程。可以看出，这四种视角延展了市民化研究的两条脉络：结构主义脉络（前三种视角）和行动主义脉络（第四种视角）。

依据这些不同视角，现有研究把农业转移人口市民化问题纳入劳动力流动、人口迁移和移民的主题框架之下，运用了二元结构理论、推拉理论、社会网络理论和公民身份理论等理论进行解释。尽管这些理论大多是针对国际劳动力流动和移民的，但在应用到国内劳动力流动的研究时，被注入了丰富的中国经验和中国元素。研究成果不仅从宏观、中观和微观三个层面搭建解释农业转移人口市民化问题的理论框架，还从经济、社会和政治三个维度突出了农业转移人口市民化问题的复杂性和多样性，总结出了影响农业转移人口市民化的制度、人力资本、经济资本和社会资本等关键变量，提出了推进农业转移人口市民化的基本路径。

总之，国内外农业转移人口市民化的研究和实践取得了丰硕的成果，积累了丰富的实践经验和理论资源，为我们当前农业转移人口市民化的研究提供了很好的基础和条件。不过，我们也看到，学界对于农业转移人口市民化的研究还存在不足，值得我们进一步弥补缺憾、推进研究。

第一，农业转移人口向市民身份转变的内在驱动问题研究较少。以往的研究多从宏观层面上探讨推进农业转移人口市民化的路径和政策，城乡二元制度对农业转移人口市民化的影响和农业转移人口市民化的社会成本等问题（韩俊，2010；黄锟，2011；张国胜，2009；王春光，2010），以及关注农业转移人口的社会认同、城市融入和市民化水平测算等方面问题，对于农业转移人口向市民身份转变的内在驱动问题研究涉及较少。同时，在农业转移人口市民化的发展路径方面，已有研究或是偏重于强调宏观结构的制度变迁，而忽略了变迁中农业转移人口的能动性实践；或是偏重于强调农业转移人口自身的资本积累和社会适应，而忽视了个体适应所需要的整体环境和宏观结构背景。因此，在发展路径选择和政策建议中常常出现微观与宏观、整体与个体、行动与结构之间的断裂。尽管社会结构与政策制度视角下的研究对当前农业转移人口的现实困境之形成原因、表现形式及对策举措进行了有益的探索，对结构和制度因素作用的现状及其成因有较为翔实的描述和分析，但对这些因素通过何种机制得以运作的深层次根源缺乏应有的深入挖掘。因此，在结构因素何以运作、怎样运作等问题上进行深入的理论挖掘，剖析政府行为和制度政策背后的深层次运作逻辑与机制，是今后研究的一个努力方向。

第二，农业转移人口及其市民化的基础数据和变化趋势缺乏深入研究。农业转移人口的存量判断和增量变化趋势是农业转移人口市民化研究的基础，也是相关部门制定决策的依据。虽然目前对市民化问题进行多角度和多层面研究，但对不同地区的农业转移人口市民化水平缺乏全面系统的认识和清晰的判断。已有研究对农业转移人口市民化的评价大多是基于特定区域的调查样本，开展市民化进程和程度的实证研究，对于判断和预测我国宏观层面农业转移人口市民化所处阶段的指导意义不明显；尽管国家统计局已有针对农业转移人口的专项监测，但缺少基于监测数据对农业转移人口市民化现状及变化趋势的动态跟踪研究。同时，"由于人口流动的界定在时间和空间角度存在很大的弹性，农业转移人口不同部门的统计口径存在不一致的现象；有关农业转移人口市民化水平现有的测量指标体系的科学性和系统性值得商榷；对农业转移人口的大数据分析也明显不足"

（江立华，2018）。

第三，以城市性为中心展开的研究，表现了一种城市文化中心主义①的倾向。具体表现在三个方面。①在关于农业转移人口城市适应的研究中，缺乏对农业转移人口市民化意愿的讨论，导致不少农业转移人口无形中"被市民化"。这种预设和潜在前提无法代表农业转移人口自身的真实意愿。虽然不少调查数据显示大多数农业转移人口，尤其是新生代农业转移人口倾向于定居城市而不是返乡，但从农业转移人口自身的实践来看，其市民化的行动并没有其所表达的意愿那么普遍。随着当前农村城镇化进程的加快、农村基础设施的完善以及公共产品和福利的进一步覆盖，加之土地价值的提升，农民对土地的保护预期越来越强，存在很多农业转移人口不愿意定居城市的情况（叶鹏飞，2011），或者是在市民化的实践中遭遇困境时，最终选择返乡而不是定居城市。显然，许多研究者"对农业转移人口的这种表达和实践之间的张力并没有给予足够的重视"（江立华、谷玉良，2013c）。②在农业转移人口市民化的研究中，存在"融入"和"融合"的争论。持融入观点的学者一般将农业转移人口的城市融入视为一个单向的过程。持融合观点的学者认为，农业转移人口市民化实际上是一个双向的融合过程。③没有区分不同类型农业转移人口具体多样的需求维度、力度与向度。作为一种移民，农业转移人口的迁移存在各种不同的类型，他们带着不同的意图、目标来到城市。因此，在需求的维度上也表现出不同的意愿。

第四，多学科的综合研究不足。农业转移人口市民化是一个系统性的进程，也是一个多面向的问题，涉及社会阶层、社会流动、福利制度、城

---

① "文化中心"对应"ethnocentrism"一词，在使用上，学者一般关注的是"ethnocentrism"的狭义内涵，即将其解释为"民族文化中心主义"，而忽视了其更广泛的含义。Adorno等在 The Authoritarian Personality 一书中，赋予"ethnocentrism"更为广泛的含义，认为"它指的是任何社会群体的成员们对外部群体的偏见态度和敌对心理"（参见 Adorno et al.，1950：146.）。一般来说，文化中心（ethnocentrism）表现为一种群体性的倾向，故被称为"文化中心主义"，其广义内涵适用于研究社会群体之间的关系。奥地利学者弗朗兹·马丁·维默将文化中心主义细分为四种类型：扩张型中心主义、整合型中心主义、分离型或多样型中心主义、暂时型或过渡型中心主义（参见弗朗兹·马丁·维默，2009）。我们关于"农民工研究中的城市文化中心主义倾向"的论断无疑是在整合型中心主义的意义上说的，强调研究者在农民工市民化研究中以城市为中心展开思考。

乡发展等多方面的议题。农业转移人口市民化既是管理的、经济的和社会的,也是政治的、法律的和历史的。既有研究多将农业转移人口市民化问题分解成若干领域或某些学科的问题,没有将农业转移人口市民化问题作为一个整体性的问题加以把握,没有放在城乡二元结构的视野中加以解释。如果将农业转移人口市民化问题置于社会转型的大背景中、放到历史发展的进程中进行多角度、跨学科的透视,显然要比专门性、领域性的研究更有意义。

总体上说,已有的研究不同程度地忽视了农业转移人口市民化过程的模糊性、流变性、即时性和紧迫性。而农民与城里人、农民与商人的所有非理性与理性、传统性与现代性的差别实际上都是人为设定的,这种人为设定主要是服务于某种学术性常识的形成和研究范式的符号化,而不是服务于现实农业转移人口市民化问题的解决。

2. 研究进路

从社会学的意义上讲,市民并不仅仅是指具有城市户籍的居民,更是具有公民身份的居民。马歇尔认为,公民身份是赋予共同体正式成员的一种地位……成员被赋予这种地位后,他们之间在权利与义务关系上相互平等,最为重要的三种权利即公民权利、政治权利与社会权利(马歇尔,2007)。在城市的农业转移人口,并未被看作具有市民或公民身份的主体,他们在制度上未被赋予基本权益(苏黛瑞,2009)。在生活和社会行动层面被排斥在城市的主流生活、交往圈和文化活动之外,在社会认同上被有意无意地贬损甚至妖魔化。在城乡一体化、乡村振兴与新型城镇化推进过程中,有必要进一步深入而系统地研究如何服务和管理农业转移人口的对策,促进这一群体共享社会发展成果。

(1)加强农业转移人口市民化的多向度研究

大多数学者认为"市民化"是指农业转移人口向城市居民转变的过程,是身份由农民转变成市民,自身素质进一步提高,生活方式和行为方式不断城市化的过程。也就是说,将以城市市民为主的城市主流社会视为农业转移人口社会融合的唯一方向和标尺。现实中,大多数农业转移人口确实在为自身社会地位的提高、经济地位的改善付出艰辛的努力,也确实在城市适应中遇到了很大障碍。但正是这种农业转移人口市民化困境与农业转移人口的积极努力之间的张力给人以误解：农业转移人口必须市民化。众多学者在关于农业转移人口市民化的研究中有意无意地将农业转移人口市民化不经调查和论证地作为了研究的理论预设和潜在的假设前提。在这种假设的基础上，他们试图回答的是，农业转移人口市民化过程是基于怎样的一种道路或怎样的一种模式，为什么是这样的道路或模式，此等道路或模式说明了什么，有何意义？需要指出的是，这样的研究及其所建构的理论模式存在本体性的缺陷——把为解释实践而构建的模型当作实践的根由（布迪厄，2003），从理论来推理实践，人为地设定"应然－必然"之关系，采取化简方式来达到预期的解释目标（江立华、谷玉良，2013c）。因此，如何深入推进农业转移人口与城市社会的融合来提升市民化水平并消除社会隔阂与矛盾，如何应用新兴信息技术研究农业转移人口内部的亚群体并分析亚群体差异及相关因素的影响程度，如何剖析市民化过程中城市多元文化融合的各种障碍，如何了解农业转移人口和城市居民的融合现状及需求差异，如何构建城市群体间融合交流平台，如何创新农业转移人口与城市融合的体制机制等是未来市民化研究的重要任务。

（2）加强对相关制度安排的全面梳理与评估研究

农业转移人口市民化作为一个正在进行的伟大实践，学术界只是就农业转移人口市民化进行单一研究，忽视与其他进程的耦合、衔接研究。如农业转移人口退出农村后，怎样引导农民规模化、集约化、生态化、市场化的现代农业道路；农业转移人口进入城市以后，如何实现农业转移人口市民化和新型工业化的良性互动与同步发展；农业转移人口市民化对转入地造成巨大的财政压力，在中央层面，如何协调转出地和转入地之间的财政关系；农业转移人口巨大的住房需求如何与当前的房地产去库存相匹配；农业转移人口市民化与经济增长的相关性有多大，中央政府站在全局的高度，如何才能更好地进行顶层设计、妥善协调好各方的利益冲突；等等。结合当前的宏观背景，采取多学科交叉、多视角结合的方法，系统研究经济社会发展变化对农业转移人口文化、教育、就业、家庭等方面的影响，并以此为基础，对当前各领域与农业转移人口密切相关的制度安排进行全面梳理与评估，有赖于后续研究。

(3) 加强统筹兼顾、分类推进农业转移人口市民化的研究

农业转移人口是一个较为笼统的概念。按流入地可以分为地级市内农业转移人口、省内农业转移人口以及省外农业转移人口；按是否参与劳动可以分为劳动力、劳动力家属；按年龄以及市民化意愿可分为市民化意愿较弱的第一代农业转移人口、市民化意愿较强的新一代农业转移人口；按受教育程度可以分为学历较高的农业转移人口以及学历较低的农业转移人口。不同类型的农业转移人口有其独特的利益诉求，目前的研究对此关注较少。另外，城市也可以按规模分为特大城市、大城市、中等城市和小城镇。不同城市有不同的土地、公共资源、人口状况，地方政府如何自主探索出符合本地区实际情况的农业转移人口市民化发展路径，如何更好地激发中央和地方两个主体的积极性、形成合力共同促进农业转移人口市民化，是下一步研究的重点。再者，不同地区（如东、中、西部地区）吸纳农业转移人口、实现农业转移人口市民化的成本及其分担机制也存在不同，因此，有必要加强研究，为国家统筹兼顾加快推进农业转移人口市民化提供借鉴与参考。

(4) 加强农业转移人口市民化基础研究

随着新型城镇化、户籍制度改革和交通便利化，农业转移人口流动新规模和新特征将对我国经济结构转型产生重要影响，农业转移人口市民化将对我国经济（新常态）产生较大的冲击，亟须研究新形势下农业转移人口市民化的规模、方向、增量、结构、趋势和效应。农业转移人口市民化过程中的社会保障、劳动就业、职业培训、教育、住房保障等公共服务需要准确把握和科学判断。传统的调查统计、数据收集分析法已无法满足农业转移人口市民化的数据需求，现有的服务管理理念、方法、手段和平台需要全面更新，而大数据技术、移动互联、云计算和物联网等新兴信息技术为此提供全新的契机和平台，可以对一些以前无法明确和深入的农业转移人口市民化问题进行更加全面和透彻的研究，也可以对一些传统研究方法难以企及的领域进行探索，发现新的规律。

(5) 加强对农业转移人口自身能动性的研究

在强调宏观层面的制度和结构因素的同时，我们应当充分注重农业转移人口自身行动策略的选择，把农业转移人口看作结构和网络的适应者，

探讨和分析他们为了追求美好生活所采取的行动与策略，考察农业转移人口市民化的实践形态和具体路径。也就是说，生活在城市环境下的农业转移人口是理性的行动主体，我们要深入分析农业转移人口如何发挥自身的能动性以应对城市的各种制度、政策和机会结构。

二　理论视角与概念界定

（一）理论视角

1. 社会融合与社会融入视角

社会融合（或社会融入，Social Integration）是一个多元的、复杂的概念，至今尚未有一个统一的定义。在英文文献中，Assimilation[①]、Acculturation、Incorporation、Integration、Adaptation 和 Accommodation 等术语都曾出现在移民社会融合研究的文献中。研究者对这几个概念的界定略有差别，但从广义的应用来看，有时是可以互换使用的。其中"Assimilation"长期以来都是研究移民与流入地主流社会关系的最重要的概念（Alba and Nee, 1997: 826-864）。

帕克和伯吉斯认为社会融合是"相互渗透和融合的过程，在这个过程中，某个群体逐渐形成对其他群体的记忆、情感和态度，通过共享（不同群体的）经历和历史，各个群体最终融汇到共同的文化生活中"（Park and Burgess, 1969）。随后，帕克在《社会科学百科全书》中给出了一个更清晰的定义：社会融合是对一种或一类社会过程的命名，通过这种或这类社会过程，出身于各种少数族裔和具有不同文化背景的人们最终共同生活在一个国家，使文化整合的水平至少能够维持国家的存在（Park, 1930）。这两个概念都侧重关注移民在文化方面的融合。

后来的研究者普遍认为移民的社会融合具有多个维度。戈登最早对社会融合过程进行了系统的划分，包括 7 个方面：文化融合、结构融合、婚姻融合、认同性融合、态度接受、行为接受和公共事务融合（Gordon, 1964）。移民首先通过文化融合开始他们在新环境中的调整过程。结构融

[①]　国内研究经常将其翻译为"同化"或"融入"。

合指的是移民群体开始大规模与迁入地社会成员建立关联,参加各种活动、进入各种俱乐部和机构,结构融合标志着社会融合过程的成熟。认同性融合是社会融合过程的另一个阶段,被定义为"放弃其他一切身份,逐渐认为自己仅仅是迁入地社会群体一员的发展过程"。但后来的研究证明,这个划分忽略了社会融合中的一些重要维度(Alba and Nee, 1997),比如社会经济融合、居住融合或空间融合。

戈登将融合定义为个体与群体相互渗透、相互融合的过程,并将其作为一个包含文化、结构以及婚姻的多维度的过程。他的文化融合是指移民群体对迁入地社会的"文化模式"的采用,移民首先通过文化融合开始他们在新的环境中的调整过程(Gordon, 1964)。在戈登看来,文化融合是指移民逐渐掌握当地社会语言、适应当地着装习惯和生活习惯(包括价值观和规范)的过程。随着时间的推移,移民会逐渐抛弃原有家乡文化,迁入地文化取代家乡文化实现从一极到另一极的转变。这种研究取向显然是一种文化中心主义的表现,忽视了城市作为一个"万花筒"的文化包容性。后来的研究指出,身份认同存在两个相互对立的概念,即"种族认同"(Ethnic Identity)和"迁入国认同"(National Identity)。种族认同指移民对自己迁移前的族群成员资格的一种自我感觉或认识(Phinney, 1990: 499 – 514; Liebkind, 1992: 147 – 185; Liebkind et al., 2003: 386 – 406)。迁入国认同则基本上与戈登的定义相同。

奥尔巴和尼则将融合定义为"外来移民与本国居民之间随时间而发生的在种族、文化以及社会方面的差异的消失"(Alba and Nee, 1997)。在他们看来,传统的融合概念把融合看作一个自然的终点,主流社会文化的标准是移民融合的评价依据和标尺(Alba and Nee, 2005)。"差异的消减"不仅仅指外来文化的单方面发生变化,也指主流文化在融合过程中发生变化,从而形成不同文化相互借鉴、融合和发展的结果。而相关的研究也证明,大部分移民更偏爱两种文化共存的模式而非文化的同化模式(Berry et al., 2006: 303 – 332)。菲尼就此提出了迁移人口与迁入地人口身份认同的双向模型(Phinney et al., 2001: 499 – 514)。研究发现移民对自身种族的认同程度普遍较高,但对迁入国身份认同的差异性则较大,因此"融合型"并不必然是移民身份认同的主要模式(Phinney & Devich-Navarro,

1997：3-32）。

博伦和霍伊尔则从主观感知方面对社会融合进行了分析，认为社会融合的心理认同包括两个维度：对群体的从属感以及对群体的主观价值判断（Bollen and Hoyle，1990：479-504）。但贝里不同意这种观点，认为移民的文化融合具有双向性，提出了文化融合的双向模型（Berry，1997：5-34）。移民迁入新社会后面临两个基本问题：一是对自己原有的文化是否需要继续保持；二是是否愿意融入迁入地社会的文化。通过移民在两个方向上的不同态度的组合，得到四种文化融合策略：融合策略（Integration）、同化策略（Assimilation）、分离策略（Separation）和边缘化策略（Marginalization）。研究显示融合策略为大多数移民所偏爱（Berry，1997：291-326）。后来的移民研究逐渐丰富了单向度的文化"融入"取向，认为文化适应是一个双向"融合"的过程。从"融合"理论视角来看，移民在习得迁入地社会文化的同时，也可能继续有所选择地保持自己的家乡文化，即表现出某种"执着性适应"的特点（Hurh & Kim，1984）。波特斯和周敏提出了区隔融合理论（Segmented Assimilation），辨识出社会融合的三种模式（Portes & Zhou，1993：74-96）。波特斯和周敏的理论仅包括经济维度和文化维度，忽视了身份认同等维度独立存在的必要性和重要性。

乔丹指出，限制新进入者的信息获取将会影响其融入的速度，导致"信息贫困"，并造成这些人与当地社会、经济的排斥。她认为社会融入可以通过五种路径实现：①通过个体与群体间的相互尊重和认可来实现价值的多元化、差异化和认同感；②通过技术推动、人才培育、不同的技能与文化的认同来推动融入的发展；③通过决策制定中的权力分享和必要的支持来实现平等参与；④通过共享公共文化空间，提供相互交流的平台，拉近社会群体间的关系；⑤通过发展物质财富，使个体在社会发展过程中获得安全感和充足收入（Jordan，1996）。

一些学者受西方早期移民研究将农业转移人口文化适应视为一个单向过程的影响，认为农业转移人口的城市融入是主动习得现代城市的生活方式和文化，单方面地被迫主动向城市靠拢，即农业转移人口要融入城市首先必须以"城里人"为参照群体，不断调整自己的行为方式，解构传统，摒弃原有的农村生活习性和文化，在充分内化城市性和城市生活方式的基础上才能实现融入，成为市民。当然，在具体融合过程方面，学者们普遍认为农业转移人口的市民化是一个多维度的概念。

2. 空间视角

社会学领域对空间的社会性探索始于马克思和涂尔干。马克思是第一位将空间的社会性从资本主义生产方式的角度进行有针对性分析的先驱。马克思用"类特性"一词来表述空间的社会性。在他看来，一个种的全部特性、种的类特性就在于生命活动的性质，而人的类特性恰恰就是在空间中自由的自觉的活动（《马克思恩格斯全集》第42卷，1979：96）。马克思将资本主义经济发展的资本循环性置于空间的视域来进行分析，认为资本在空间内的运作是资本主义生产关系逻辑的重要表现形式。马克思关于空间的论述从自然空间向社会空间的转换为我们再现了社会空间的生产机制：社会——不管其形式如何——是什么呢？是人们交互活动的产物（《马克思恩格斯全集》第4卷，1995：532）。在《资本论》、《英国工人阶级状况》和《论住宅问题》中，都有对资本地租、资本造就的城镇化空间产品、工厂制度的空间聚集效应等问题的深刻研究（任平，2007）。不可否认的是，与时间问题相比，马克思并没有针对空间进行过系统和深入的理论化建构，尽管他的许多论述都隐含着空间的因素。

涂尔干敏锐地意识到了空间划分的社会差异性（涂尔干，1999：22），换句话说，不同的社会往往赋予空间以不同的意义。"空间本没有左右、上下、南北之分。很显然，所有这些区别都来源于这个事实：各个地区具有不同的情感价值。既然单一文明中的所有人都以同样的方式来表现空间，那么显而易见的是，这种划分形式及其所依据的情感价值也必然是同样普遍的，这在很大程度上意味着，它们起源于社会"（涂尔干，1999：12）。他在《宗教生活的基本形式》一书中提出空间是社会构造物、具有社会性的思想，但其没有澄清空间社会性的具体维度。

齐美尔是对空间最具有洞察力的经典社会学家。他的论文《空间的社会学》是社会学视野下最早专门探讨空间议题的文献。他认为空间正是在社会交往过程中被赋予了意义，从空洞的变成有意义的，并具有五种基本属性：空间的排他性、空间的分割性、社会互动的空间局部化、邻近/距离、空间的变化性。在《社会学：关于社会化形式的研究》一书中，他则以专门的一章"社会的空间和空间的秩序"讨论社会中的空间问题。

不过，总体上说，在早期社会学理论中，"空间"是缺席的，至少是非动态的（厄里，2003：505）。空间"被当作僵死的、刻板的、非辩证的和静止的东西"（Foucault，1980：70）。将空间仅仅视为社会关系与社会过程运行的处所，这样就抹杀了空间地理学想象力（Soja，1989）。空间到底是什么？在20世纪60年代英美学界的讨论中，英国实在论者认为空间是"空"的，但其并不是一种虚空，它似一个容器盛接着空间中所有的事物；空间是一个相对的概念，空间与物体相对应，所以必须有事物的存在，空间随着物而存在，可造成差异性；空间视情境而界定；空间无哲学上的解答而在乎实践，不同的人类实践创造与使用不同的空间。在相当长的一段时期里，空间仅仅被视为社会关系与社会过程运行的处所，这样就抹杀了空间地理学想象力。

随着现代学科交叉的发展，空间地理学的知识融合导致"空间"逐渐在社会理论中浮现出来，并且从静态观向动态性转变。注重身体在空间中的位移以及人与人之间的交互性关系，是空间社会学理论的一大特点。彼得·桑德斯说："空间是在人类主体有意识的活动中产生的。"（Saunders，1984：165）可见，空间的动态性就在于人际交往对空间的形塑，尤其是在这一过程中所形成的各种社会关系。

芝加哥学派的城市生态学采用的基本方法即在生态过程和文化分析的基础上，增加了空间向度的分析，着重探讨了人类组织形式和行为与空间区位之间的关联。如空间隔离形成的不同社区面貌和生活形态，以及不同的道德面貌等。芝加哥学派的城市生态学也体现了空间向度与城市生态的文化生成，体现在城市空间生态过程的城市扩张分化的动力机制、城市空间向度的同心圆模式、城市空间的隔离问题以及空间隔离所形成的不同社区面貌和生活形态。他们创立的都市研究范式——对城市的社会和空间形态模型化，现在已为所有都市社会学的研究者们熟悉。

社会学家戈夫曼则使用"前台""后台""局外区域"等一系列概念为我们勾勒了一种社会学的空间视角，其重要之处就在于它探讨了空间区域的制度化特征与行动者的情境互动之间的内在联系，从而探讨了社会结构如何在区域化的空间建构中凭借责任的约束和利益的诱惑来建构起行动者的角色特征（戈夫曼，1959：251），并在区域化情境之中的互动各方为维持情境定义所做出的努力中被生产和再生产出来（戈夫曼，1959：231~232、243、254）。

此后，新城市社会学家们以马克思主义的理论和方法为基础，借鉴马克思主义的分析方法和视角对城市空间构建的过程加以研究。他们关注城市发展过程中的空间、资本和阶级的交织，并以空间为主要变量考察当代社会城市空间安排的结构化过程。

列斐伏尔以"空间"为主要的阐释线索，开始了将社会性、历史性以及空间性联系在一起、建立二元辩证法的努力。列斐伏尔认为，"空间是社会的产物"，空间就是被社会关系所建构、所运作、所实践方能彰显其存在。列斐伏尔特别关注带有社会取向的"空间性"的获得，即"空间的生产"问题。在列斐伏尔的空间分析概念中，他界定了空间生产的三个重要面向：空间的实践（spatial practices）、空间的表征（representation of space）和表征的空间（representational spaces）。社会中空间的实践预设空间的使用原则；空间的表征则透过科学知识累积及意识形态传播而形塑；表征的空间则经由"文化"上各种象征性论述的穿透而呈现不同空间类型的递嬗变化（空间的历史）——显示出不同社会建构的演变，使得空间的定义深深纠结在社会再生产的过程中。通过对空间的实践、空间的表征以及表征的空间三个向度的分析，列斐伏尔"重构了中心和边缘的关系"。他认为空间是社会关系的产物，是在人类有目的的实践中形成的，是动态交往的结果，而不是社会关系演变的静止容器（Lefebvre，1991：26），就此明确指出了空间的社会关系特征。空间是一种社会关系吗？列斐伏尔说："当然是，不过它内含于财产关系之中，也关联于形塑这块土地的生产力，空间里弥漫着社会关系。"（列斐伏尔，2003：61）

曼纽尔·卡斯特认为："空间是一个物质产物，相关于其他物质产物——包括人类——而牵涉于'历史地'决定的社会之中，而这些社会关系赋予空间形式、功能和社会意义。"曼纽尔·卡斯特把人类创造的空间形式——城市看作"社会的表现"，把空间看作"结晶化的时间"。社会生活的时空历程，界定了社会行为与关系是如何被物质地建构与具体化的（卡斯特，2001：504）。但是与列斐伏尔和哈维以"生产"为切入点不同，他以"消费"为切入点开始了自己的城市社会空间研究之路。

大卫·哈维也认为"时间与空间的客观概念必然通过物质实践与过程而生产出来,而这些实践与过程再生产了社会生活……因此,在一般层次上,我们必须从社会实践的观点来界定空间是什么"(Harvey,1990)。爱德华·索亚利用空间的三维辩证法把空间划分为第一空间、第二空间和第三空间(Soja,1996:8-10)。"第一空间"是指空间形象具象的物质性,是"真实"的空间,是一套物质化的空间性实践,强调空间中的物体。"第二空间"指涉一种思想性或观念性领域,是一种想象的"构想性空间",是一种"思维的图式",在那里存在一种主体性想象和"构想性的社会现实",是一种"空间中的思想"。"第三空间"是一种真实又想象化的存在,既是结构化的个体的位置,又是集体经验的结果,这里的空间具有空间性、社会性、历史性(包亚明,2000)。第三空间鼓励人们用不同方式去思考空间的意义底蕴,思考地点、方位、方位性景观、环境家园、城市及人文地理等相关概念,力求抓住观念、事件、外观和意义的事实上不断变化位移着的社会背景,第三空间试图探讨人类生活的历史性、社会性和空间性的"三维辩证法"。这样,空间性的维度将会在历史性和社会性的传统联姻中注入新的思考和解释模式,这将有助于我们在经验研究中思考历史、社会和空间的共时性、物质性及其相互依赖性。

在结构化理论看来,社会科学研究的主要领域既不是行动者的经验,也不是任何形式的社会总体的存在,而是在时空向度上得到有序安排的各种社会实践,吉登斯在建构他的结构化理论时,把时空看作社会现实的建构性因素,他强调:"社会系统的时空构成恰恰是社会理论的核心。"吉登斯通过建立一系列有关空间的概念系统来阐述其结构化理论,如"在场"、"在场可得性"、"不在场"、"共同在场"、"区域化"、"场景"、"中心与边缘区域"以及"情境"等,"关注共同在场情境下的互动系统如何在大规模的时空范围内伸展开来,来考察所谓微观和宏观之间的关系问题",也关注"在跨越空间和时间的日常接触中,行动者经常不断地运用场景的性质来构成这些日常接触"(吉登斯,1998)。布迪厄认为,以往的空间研究本身,强调空间现象有它的结构和逻辑,但这种意义事实上是由人去建构的,所以必须透过人的理解,才有它真正的意义。布迪厄以"场域"和

"社会空间"来替代"社会"这一具有空泛本质的概念,把社会理解为"各个相对自主的'游戏'领域的聚合,这种聚合不可能被压制在一种普遍的社会总体逻辑之下",这是一个社会建构的、在实践中运作的、具有差异性的、游戏和竞争的空间,"在这样的空间里,行动者根据他们在空间里占据的位置进行争夺,以求改变或力图维持其空间的范围或形式"(布迪厄,1998)。

福柯则强调空间对于个人的单向的生产作用,物理性的空间以一种隐秘的权力机制持久地匿名地规训着将个体锻造成一个新的主体形式。他认为,在现代都市生活的人们,处于一个同时性(simultaneity)和并置性(juxtaposition)的时代,人们所经历和感觉的世界,是一个点与点之间互相联结、团与团之间互相缠绕的人工建构的网络空间,而不是传统社会中那种经过长期演化而自然形成的物质存在。在福柯看来,空间、知识和权力问题乃是建构历史的核心问题。但福柯并没有像列斐伏尔那样将资本主义的社会空间作为一个专门论题来加以广泛讨论,福柯仅仅将视角集中于现代空间中的权力——知识与身体和主体性的关系,以及这一关系对于资本主义社会的生产和统治所具有的意义。也即"福柯的空间思想只是隐含于他对现代身体或者说现代主体性的研究之中,空间是他进行研究的一个重要视角和维度,但不是他所关注的主要对象本身"(郑震,2010)。

总之,在相当长的一段时期里,空间仅仅被视为社会关系与社会过程运行其间的、自然的、既定的处所。在空间成为一种新的理论关注之前,历史决定论成功地对空间进行堵塞、贬低和去政治化,这是一段空间沉寂的历史。以列斐伏尔、爱德华·索雅、曼纽尔·卡斯特、大卫·哈维、詹姆逊等为代表的西方学者在空间研究中的学术努力,直接促成了近两个世纪以来有关空间的第一次重大的学术转向,使之成为社会科学研究的一种新的视角、一种新的理论转向、一种新的叙事或有效理解社会的范式。

(二) 概念界定

1. 农民工与农业转移人口

对于流动于城乡之间的这个群体,人们给予了不同的称谓,在政府文件、大众传媒、学界术语和百姓口语中使用的名称多达数十种,如"流动人口"、"外来人口"、"流入人口"、"外来流动人口"、"暂住人口"、"外来务工人口"、"盲流"、"打工者"、"打工仔"、"打工妹"、"自发迁移人口"、"流迁人口"、"暂时迁移人口"、"农民工"、"民工"、"进城务工人员"、"进城务工就业农民"和"城市新移民"等。西方学界类似的研究对象主要集中于移民或迁徙人群，研究主题主要包括传染性疾病的感染、寿命期望周期、新生婴儿死亡率、精神性心理疾病的形成以及卫生服务、生存环境、医疗制度等方面，也包括关于移民的社会偏见和社会歧视、移民与劳动力市场、移民与社会隔离的研究。

事实上，近年来我国学者对农民工概念、内涵的研究可以说是层出不穷，观点不一。有的从城乡空间的流动性来定义，认为他们就是离开农村，去城市中就业和生活，最后还是会回到农村。还有人从户籍不同的角度来界定，认为他们是具有农村户籍，到城市务工的农民。20世纪90年代初期，国家政策法规正式使用"农民工"一词，明确城市中全民所有制和集体所有制企业中的城市户口"工人"与"农民工"的区别。《国务院关于解决农民工问题的若干意见》认为，农民工是指"户籍仍在农村，主要从事非农产业，有的在农闲季节外出务工、亦工亦农，流动性强，有的长期在城市就业，已成为产业工人的重要组成部分"。王春光认为，应该从以下四个层面去认识和界定农民工。第一个层面是职业。农民工从事的是非农职业，或者以非农为主要职业，主要收入来自非农活动。第二个层面是制度身份。尽管他们是非农从业者，但是他们在户籍上还是农业户口，属于农民身份，与非农户者有着明显的身份差别。第三个层面是劳动关系，农民工不是雇佣者，而是被雇佣者。第四个层面是地域，即他们来自农村，是农村人口。国务院研究室课题组指出，"农民工"是我国经济社会转型时期的特殊概念，是指户籍身份还是农民、有承包土地，但主要从事非农生产、以工资为主要收入来源的人员。狭义的农民工，一般指跨地区外出进城务工人员。广义的农民工，既包括跨地区外出进城务工人员，也包括在县域内二、三产业就业的农村劳动力。这些界定的差异主要表现在以下方面。①狭义农民工与广义农民工。前者一般指跨地区外出进城务工人员，后者既包括跨地区外出进城务工人员，也包括在县域内二、三产业就业的农村劳动力（国务院研究室课题组，2006）。②农民工是否包括雇佣者？一般认为农民工包括所有具有农业户口却在城镇或非农产业就业的劳动者，既包括被雇佣者，也包括雇佣者。而一些学者认为，农民工不应包括私营企业主、个体户等雇佣者，如王春光将农民工界定为"被雇佣去从事非农活动、属于农业户口的农村人口"（王春光，2005）；洪朝辉认为，"农民工不包括持农村户口但在城市里拥有并经营企业的农民企业家，因为他们不以体力劳动为谋生的主要手段"（洪朝辉，2007）。虽然不同的界定之间存在差异，但相异中包含两点基本的属性：一是农民工主要从事非农产业；二是农民工的户籍身份依然是农民。

目前对于农业转移人口内涵的研究不多，但是较为一致的是都将农业转移人口和农民工区别开来，丰富和发展了农民工的内涵，也更加具有实时性。从文字所包含的内容来看，在"农业转移人口"中，"农业"是指包括农、林、牧、渔在内的第一产业，与"人口"搭配反映出这一群体的身份，即我国户籍划分中的农业人口；"转移"体现了该群体所在地域的转换，即由农村转移到城镇，且既有就地转移，也有异地转移。

一般来说，农业转移人口这一概念的内涵比农民工概念的内涵丰富。从狭义上看，"农业转移人口"是对"农民工"概念的简单替代，只是"农业转移人口"较为中性，关注的是农业人口从农村向城镇转移，在城镇居住、生活和就业，逐步成为城市居民的过程；"农民工"这一称谓则关注的是进城务工经商人员的身份和职业，带有一定的歧视色彩。从广义上看，农业转移人口包含两类人群：一是从农村转移到城镇的群体，既包括进城务工经商人员，也包括随迁家属，还包括失地农民；二是仍然在农村居住，但已从事非农产业的群体（江立华，2018）。本书是在狭义上使用农业转移人口概念。

2. 农业转移人口市民化

对于"农业转移人口市民化"问题，社会学、经济学、人口学、政治学和公共管理学等不同学科都根据自己的话语体系与学术优势进行了广泛的关注与解析，多学科的混同与交叉使相关研究更加丰富和全面，当然也造成了在基本概念上形成共识的困难。

在中国，"市民"首先是一个身份概念。建立对"市民"这一制度性身份的自我认同和对流入城市的地域认同，也是农业转移人口市民化的深层条件。国外有学者认为，"市民权"（citizenship）包含了"权利"（rights）

和"身份认同"（identity）两个组成要素，其中权利是 citizenship 的地位，是 citizenship 的法律层面，而身份认同是 citizenship 的感受，是 citizenship 的心理层面，是法律地位之外的另一种归属政治共同体的方式（陈映芳，2005）。这启发我们，农业转移人口要实现市民化不仅要获得"市民"这一制度性身份，而且要形成对这一身份的自我认同。另外，"我是此地人"的地域归宿意识也是农业转移人口真正融入流入城市的深层心理标准。

学者们对于这一概念的主要"分歧"在于"转化"的内容。如有学者认为农业转移人口市民化包括四个层面的含义："一是职业由次属的、非正规劳动力市场上的农业转移人口转变成首属的、正规的劳动力市场上的非农产业工人；二是社会身份由农民转变成市民；三是农业转移人口自身素质的进一步提高和市民化；四是农业转移人口意识形态、生活方式和行为方式的城市化。"（刘传江，2006；刘传江、徐建玲，2007）还有学者认为，市民化是指"农民获得作为城市居民的身份和权利的过程，以及市民意识的普及和居民成为城市权利主体的过程"（陈映芳，2003）。也有学者认为农业转移人口市民化是作为一种职业的"农民"和作为一种社会身份的"农民"在向市民转变的进程中发展出相应的能力，学习并获得市民的基本资格，适应城市并具备一个城市市民基本素质的过程，包括职业身份的变换（非农化）、居住地域的转移（城市化）以及生活方式、角色意识、思想观念和行为模式的变迁（市民化）三个方面，需要转化户口性质、居住地域、所从事产业、农民生活观念、思维方式、行为习惯和社会组织形态等（郑杭生，2005；高峰，2006；赵立新，2006）。有的学者认为农业转移人口市民化内含四个维度的转化：一是职业市民化，即由在城市非正规就业的农业转移人口转变为正规就业的非农产业劳动者；二是地域市民化，即居住空间由农村社区迁移到城市社区（地理意义上的地域市民化），并融入城市社区（社会意义上的地域市民化）；三是身份市民化，即由农村户口转变为城市户口，获得作为城市居民的身份和权利，成为城市权利主体；四是价值观念市民化，即获得现代市民意识，实现自身在生活理念、思维方式、行为习惯等方面的由乡村性到现代性的转变，融入城市社会，实现与城市的社会整合与文化融合（冷向明、赵德兴，2013）。

从宏观层面看，农业转移人口的市民化是社会制度、经济结构等对农业转移人口的逐步吸纳过程。由于城乡二元经济、社会结构的差异，在市民化的过程中，脱离了农村社会场域的农业转移人口不可避免将受城市社会制度和结构的影响。在"嵌入"城市社会、经济结构的过程中，他们将逐渐习得和内化城市生活方式，适应城市社会制度，最终适应城市社会。从这个角度看，农业转移人口的市民化似乎是一个单向的"融入"过程。市民化意味着农业转移人口要形成城市化的生活方式、行为方式和价值观念。城市不仅仅是一个人口密集、高楼林立的地域空间，还代表着一种特别的生活方式和文化心理。美国芝加哥社会学派的巨擘沃思（Louis Wirth）认为，"城市性（Urbanism）是指一种生活方式，城市具有其有别于乡村的一整套社会与文化特质"（Wirth，1938）。社会学关于现代化的经典理论就以理想类型的方式界定了农民与市民在社会属性、文化特征上的差异。对农业转移人口而言，即使他们的经济生活达到了一般市民的水平甚或更高，但如果他们仍然保持原有的乡土文化特性，也会显得与城市社会格格不入。只有形成了城市化的生活方式、文化心理，农业转移人口才能获得"市民"这一身份之精神根本。

从微观层面看，农业转移人口的城市融合则具有双向性。农业转移人口在进入城市社会之后，他们在文化融合上面临两个基本问题：一个是农业转移人口是否愿意保持自己家乡的文化；另一个是农业转移人口是否愿意适应城市的现代工业文化，逐渐习得现代工业社会所具有的文化特征以及这种文化特征所规定的行为方式。农业转移人口的身份认同具有复杂性和多维性，具体表现为二重性，即许多农业转移人口既对城市表示认同，也对农村表示认同（郭星华、李飞，2009）。

事实上，农业转移人口的市民化不必要也不可能完全摒弃其原有文化和生活方式，两种文化和生活方式并不存在根本的不可调和的冲突和矛盾。在文化上是可以实现共存的。其实，这两种取向的争论焦点在于农业转移人口市民化的过程中对城市性或者说城市文化和生活方式应该持什么样的再社会化态度，是继续社会化还是重新社会化？继续社会化强调的是在原有社会化内容的基础上学习和接纳新的社会化内容，原有社会化内容和新的社会化内容并不存在根本的冲突。而重新社会化某种程度上更加强调从一种社会化内容转向另一种截然不同的、新的社会化内容。从前后社会化内容的继起和习得的关系来说,二者是截然分离的。

通过修改贝里的模型,我们提出了农业转移人口文化融合的双向模型,如图1-1所示。通过农业转移人口在两个方向上的不同态度的组合,一共产生四种文化融合策略:融合、同化、分离和边缘化。

	是否愿意保持自己家乡的生活习惯	
是否愿意适应城市的现代工业文化	是	否
是	融合	同化
否	分离	边缘化

图1-1 农业转移人口文化融合的双向模型

农业转移人口市民化实际上是一种行动适应与结构变迁密切互构的过程。面对结构性制约,农业转移人口的适应行动不仅具有受动性,而且具有巨大的能动性和创造性;不仅再生产着原有的结构环境,同时也逐步推动着结构的变迁,拓展着他们在城市的生存空间,而变迁了的结构又成为农业转移人口适应行动的新环境。而且,正如吉登斯所言,"不应将结构等同于制约。相反,结构总是同时具有制约性和使动性"(吉登斯,1998:89~90)。

综上所述,我们认为,"农业转移人口市民化"是指进城务工经商的农业转移人口获得市民身份和权利,向上社会流动至城市中下层或以上,形成城市化的生活方式和文化心理,并建立对市民身份的自我认同和对流入城市的地域认同的过程和现象。创建城市接纳农村人口自愿迁入的制度是农业转移人口市民化至关重要的先决条件。在政府层面,通过制度安排回应农业转移人口进入城市的意愿,保护他们的公民权益;在社区层面,老居民接纳新成员,帮助他们从文化上融入社区和城市;作为农业转移人口,则通过自身的努力,实现生活方式的变迁,从农民变为市民。

三 研究方法

本课题采用定量研究和定性研究相结合的方法,具体而言,不同章节根据研究主题的要求分别采用文献法、访谈法和问卷调查法收集研究资料，在过去 5 年时间的研究中，已发表了 50 余篇相关学术论文和 2 本专著。

（一）文献研究

在研究过程中，本研究查阅了大量的文献资料和国家统计局公布的 2009～2018 年的《全国农民工监测调查报告》，通过对政策文件等内容的整理、梳理和细致分析，以了解农业转移人口问题的相关研究状况和政策措施效果，不仅回答我们在农业转移人口转型实践中需要关注什么问题、关注的重点是什么等问题，而且为研究设计和分析论述提供有力的理论和经验依据。

（二）问卷调查与数据分析

本课题的数据来源主要分两部分：一是根据课题研究内容，课题组组织的针对农业转移人口的大型问卷调查；二是既有的其他机构组织的大规模问卷调查作为补充。

1. 课题组组织的问卷调查

课题组于 2012 年 1～2 月组织了全国性的"农村籍进城工作/创业人员调查"。由于农业转移人口群体分布的特殊性、分散性，以及调查人力、物力、财力有限，此次调查采用的是非随机抽样调查法。根据以往调查经验，课题组选择了定额抽样调查法，在调查对象的选取上，综合考虑了性别、年龄、职业等因素，选择不同层次的进城务工人员进行调查，充分考虑了调查对象的异质性。在调查过程中，对街边小餐馆的消费者、拾荒者等流动性大的群体采取判断抽样方式。

问卷调查主要采用自填方式进行，对于少数文化程度低的农业转移人口，则采用一对一的问题解释方式，每一道题都读一遍，若不理解则换一种形象的方式进行解释，直到他们领会真正意图为止。在问卷调查的过程中，还穿插了非结构式访谈，以期最大限度地把握农业转移人口的社会心理。

本次调查覆盖了全国 26 个省、市农业转移人口，共发放问卷 3500 份，最终回收有效问卷 3050 份，有效率为 87.1%。调查样本中，农业转移人口输出大省所占比例较高,且大体符合农业转移人口来源地在全国的分布特征。排名前五位的样本的主要分布点包括:河南(13.34%)、湖南(11.15%)、湖北(17.11%)、江西(8.98%)、山东(8.89%)。具体调查样本特征见表1-1。

表1-1 调查样本的基本特征

变量	分布	频率/均值(标准差)(%)	样本量(人)
性别	女	40.28	3205
	男	59.72	
代际	80前	35.49	3215
	80后	43.76	
	90后	20.75	
民族	汉族	92.75	3173
	其他民族	7.25	
教育	小学及以下	11.58	3212
	初中	39.76	
	高中/中专/技校	31.29	
	大专/自考本科	17.37	
婚姻	未婚	40.80	3206
	已婚	57.21	
	离异/丧偶	2.00	
党员	否	91.84	3136
	是	8.16	
累积工作年限(年)	—	7.76(6.56)	3185
单位性质	国有	7.41	3036
	私营	63.70	
	外资/合资	10.24	
	其他(自谋职业或无单位)	18.64	
创业经历	无	79.07	3173
	有	20.93	
地区	东部	20.78	3215
	中部	66.41	
	西部	12.81	

对调查方法有必要加以补充说明的是，农业转移人口研究中的问卷调查一直是学术界较为棘手的问题。农业转移人口群体是一个流动性非常强的群体，因此确定该群体的样本框是几乎不可能的事。这导致严格的随机抽样存在很大困难。从目前的实践来看，关于农业转移人口的问卷调查主要是输入地调查和输出地调查两种方法。这两种方法会导致样本框出现很大差异。具体来说，在输入地做调查时，为易识别农业转移人口的身份，调查者往往会选择那些属于传统意义上的农业转移人口群体，如工厂工人、服务员、小商贩等属于低端劳动力市场的调查对象。如前所述，调查对象的这种选择方法虽然保证了其个体来源于总体，但样本是有偏差的。

输入地调查导致样本缺失的问题，依靠输出地调查可以得到较好的解决。输出地调查更易调查到那些成功实现向上流动的群体。由于春节返乡团圆是中国人一种根深蒂固的文化传统，这种方法可以更易调查到从事不同职业的农业转移人口。尽管输出地调查也会忽视和遗落那些在城市定居或者没有返乡的农业转移人口，但相对于输入地调查来说能更大程度地体现农业转移人口的内部分化和制度性身份特征。尽管这种调查方法同样无法囊括那些已在城市定居的农业转移人口，会导致对农业转移人口总体估计的偏误，但已将这种偏误降低到最小，因此相对而言更可取。基于上述因素的考虑，我们选择由受过训练的农村籍本科生和研究生约400名，利用春节期间在其家乡调查符合条件的农业转移人口，并将调查对象定位为制度性身份的农业转移人口，而不仅仅局限于低端劳动力市场的农业转移人口。

2. 其他调查数据

在第二章的困境与诉求分析中，我们采用了刘林平教授主持的教育部哲学社会科学研究重大课题攻关项目"农民工权益保护理论与实践研究"（09JZD0032），于2010年7~8月在珠三角和长三角地区19个城市所进行的大规模问卷调查数据。调查对象为珠三角和长三角两地跨区域（县、市、区）流动的大专学历及以下外来务工经商者。该调查采用配额抽样与偶遇抽样相结合的方法，获得样本4152个。

3. 数据分析

数据分析采用探索分析与现状分析相结合的方法。

首先基于往年数据探索分析农业转移人口的困境与需求。具体而言，利用 2010 年问卷调查的开放性问题中关于最大困难与最大期望的文本数据，分析和挖掘农业转移人口的具体困境和诉求类型及其分布，分析结果表明这些困境和诉求主要包括工作、创业、家庭、个人生活、社会交往和政府政策等方面。

在进一步分析中，根据探索分析结果，利用现有调查数据，对上述困境与诉求做现状描述分析，如工作困境中的工资拖欠、工作机会、工作权益等情况，并通过回归分析法，把握这些困境与诉求的群体差异或影响因素。

（三）定性研究

数理统计的研究方法化约了农业转移人口的生命态色彩。量化研究方法既与宏观的结构主义范式一脉相承，又是人口学和社会学的经典传统和学科化根基，其对于社会科学发展的巨大推动作用不容置疑。不过，笔者认为在数理统计之中，农业转移人口总处于一种"双重他者"（double otherness）的尴尬地位——农村之于城市的他者以及研究对象之于研究者的他者。他们的所想、所需通过数字的"转译"而被简单地打包到年龄分层、职业属性、收入水平和受教育程度等测量指标中去，而这一群体所遭遇的困境并非能全由问卷所包括"进去"与反映"出来"。有论者指出关于中国社会结构转型的研究面临一个微观转向的问题，此类微观层面中所蕴含的人文向度则意味着这些问题往往难以通过量化的方法加以研究，在"动手"之外，还须"用心"（王建民，2008）。因此，"用心"说明了我们不能完全依靠统计分析去获得农村流动群体的外部特征，而需要通过具体的言语和场景去体会他们带有"体温"的生命感受。而怎样让农业转移人口发出自己的声音，并能够本真地得以呈现，同时不被城市人或者学者的偏见或先见所扭曲和屏蔽？

因此，在课题研究中，我们也通过结构式的访谈深入了解调查对象对不同类型社会政策的认知看法及其行为方式，进而分析其在社会政策背景下所采取的即时行为逻辑和长期生存策略。结构式的访谈"要求在访谈过程、访谈内容、访谈方式等方面都尽可能统一，做到标准化。这样是为了避免访谈中各种个人因素,特别是个人主观因素影响访谈过程,从而增加访谈过程的客观性和资料的可信度","但结构访谈因为缺乏弹性,缺乏灵活性,无法了解更加具体、更加详细的资料,也无法对所访谈的问题进行更为深入的讨论"(风笑天,2009:276)。这样对于那些涉及本研究重要主题的谈话,调查员有时会做一定的访谈引导,即引导调查对象就该问题详细地讲下去。这样不依据事先设计好的问卷和固定的程序,而只是有一个访谈的主题或范围,由调查员与调查对象围绕该主题或范围进行比较自由的交谈,意在通过深入细致的访谈,获得丰富的定性资料,并通过洞察性的分析,从中归纳和概括出某种结论。

具体地说,2015年3~5月对30名在S市务工的农业转移人口进行了深入访谈,这30名新生代农业转移人口来自不同的农村地区,且在职业分布、学历层次等方面具有一定的典型性。

此外,在具体分析中,我们采用了典型城市经验模式的比较分析,基于统一分类标准,提炼不同的服务管理模式,并从不同角度加以对比分析。

第二章　宏观结构变迁与农业转移人口的诉求

进入21世纪，随着农业转移人口问题作为"总体性社会事实"对社会各个领域、各个层面的辐射作用以及所造成的广泛影响日益增大，如何引导农业转移人口的未来走向以达到农业转移人口的有效秩序构建，完成中国由农业社会向现代社会的顺利转型，成为当前中国现代化语境下的关键问题之一。

一　宏观结构变迁与农业转移人口市民化

（一）农业转移人口规模的增长

1982年我国的流动人口规模为687万人（王培安，2013），2016年达到2.45亿人，约占总人口的18%，[1] 即每六个中国人中就有一个是流动人口。而在流动人口中，农业转移人口约占流动人口总量的80%（国家人口和计划生育委员会流动人口服务管理司，2012）。在这里，先要注意区分流动人口与农业转移人口的差异，农业转移人口中又存在外出农业转移人口与本地农业转移人口的差异，根据国家统计局在2009年《农民工监测调查报告》中的定义，外出农民工指在户籍所在乡镇地域外从业的农民工，本地农民工指在户籍所在乡镇地域以内从业的农民工；[2] 根据国家人

---

[1]《国家卫计委举行中国流动人口发展报告（2016）发布会》，国务院新闻办公室网站，http://www.scio.gov.cn/xwfbh/gbwxwfbh/xwfbh/wsb/Document/1494906/1494906.htm。

[2]《2009年农民工监测调查报告》，国家统计局，http://www.stats.gov.cn/ztjc/ztfx/fxbg/201003/t20100319_16135.html。

口和计划生育委员会流动人口服务管理司（2012）在流动人口监测调查中的界定，流动人口是在流入地居住一个月以上，非本区（县、市）户口的15~59周岁人口，即离开户籍所在地的县、市或者市辖区，以工作、生活为目的异地居住人员。由此可见，流动人口并不包含所有的农业转移人口，而是仅包含了那些离开了户籍所在区、县或县级市的农业转移人口。但无论如何，外出农业转移人口仍是流动人口的主体。表2-1显示了2008~2018年的农业转移人口规模，尤其是外出农业转移人口的详细数据。

表2-1 2008~2018年农民工规模

单位：万人

年份	农民工总量	外出农业转移人口			本地农民工
		外出农民工	住户中外出农民工	举家外出农民工	
2008	22542	14041	11182	2859	8501
2009	22978	14533	11567	2966	8445
2010	24223	15335	12264	3071	8888
2011	25278	15863	12584	3279	9415
2012	26261	16336	12961	3375	9925
2013	26894	16610	13085	3525	10284
2014	27395	16821	13243	3578	10574
2015	27747	16884			10863
2016	28171	16934			11237
2017	28652	17185			11467
2018	28836	17266			11570

数据来源：国家统计局：历年《农民工监测调查报告》。

从表2-1可知，2008年农民工的规模已经超过了两亿，达到了2.25亿人，其中，外出农民工人口约1.40亿人；至2018年，农民工规模达到2.88亿人，外出农民工的规模则达到了1.73亿人，进城农民工1.35亿人。同时，外出农民工又分为"住户中外出农民工"与"举家外出农民工"，后者占外出农民工总数的约21%。从趋势上看，举家迁移的农民工数量在逐年增加，单独外出的农民工则相应在减少。

从外出农民工占总人口与农民工的比例变化趋势看，自2008年以来，外出农民工占总人口的比例在持续小幅上涨，至2018年接近12.5%。与之相反的是，外出农民工在农民工群体中的比例则有所下降，从2010年的最高点63.3%下降到2018年的59.9%。由此可见，虽然外出农民工的规模在逐年扩大，但在农民工群体内部，外出的比例下降了，同时还要注意那些外出务工一定时间后又返回老家务工的部分农民工。

此外，还需要注意另外一个重要趋势，即近年来人口红利逐渐消失。如图2-1所示，无论是农业转移人口总数，还是外出农业转移人口中的住户中外出农业转移人口和举家外出农业转移人口，他们的数量增长速度均在下降，2015年以后外出农业转移人口的增长率仅为0.5%，远远低于2010年的5.5%。总的来看，农业转移人口的增长速度正在逐年下降。

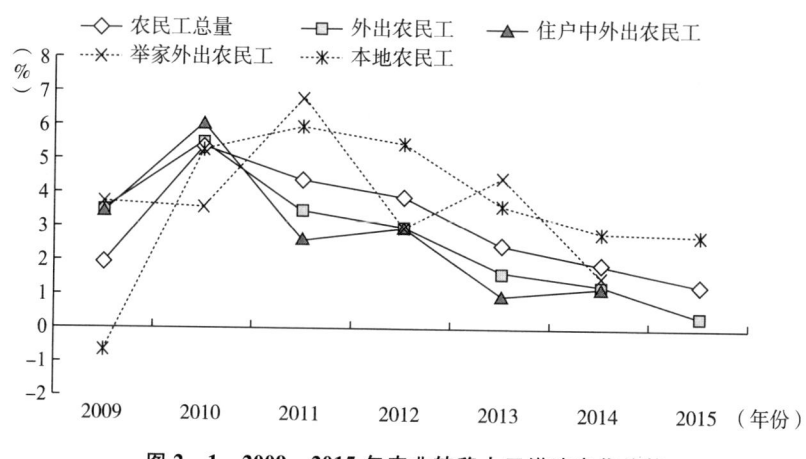

图2-1 2009~2015年农业转移人口增速变化趋势

数据来源：国家统计局：历年《农民工监测调查报告》。

近年来，外出农业转移人口在规模增速和群体内比例上的双双下降，是否意味着解决农业转移人口工作生活困境，提供相关服务不再重要和紧迫呢？恰恰相反，随着城镇化的推进，解决农业转移人口工作生活困境，提供相关服务，不仅更为重要，而且更加紧迫。

大数据的计算优势为我们窥探这一群体的全貌带来了便利。图2-2显示了通过百度搜索引擎搜索"流动人口"与"户籍"的趋势和用户画像。从图2-2a可知，2011年以来搜索"流动人口+农民工+外来人口"和"户籍+户口"两组词的趋势基本一致，说明人们在了解"流动人口+农民工+外来人口"信息的同时多数也在了解"户籍+户口"的问题。那么是哪里的人和哪些特征的人在搜索这两组词呢？

大数据分析显示，两组词搜索者的地域分布十分一致，主要集中在东部地区，尤其是京津唐、珠三角和长三角地区，其次是四川、河南、湖北等省份。《中国流动人口发展报告2012》指出"规模庞大的流动人口群体主要集中流向东部地区，广东、浙江、上海、北京、江苏和福建六省市集中了全国八成以上跨省流入人口；但这种单向集中的态势正在发生转变，由于东部地区劳动力、土地等要素成本上升，资源加工型和劳动密集型产业向中西部转移加快，中西部劳务输出大省出现人口回流"（国家人口和计划生育委员会流动人口服务管理司，2012）。这一调查结果与上述搜索分析结果相一致，这表明东部地区仍是解决农业转移人口问题的核心区域，同时要兼顾四川、河南和湖北等劳务输出大省。图2-2b、图2-2c显示了搜索者的年龄和性别分布，从图中可以明显看出，20~40岁青年人对农业转移人口和户籍的关注明显多于其他年龄组，[①] 性别方面男性更为关注这些问题。由此可以大致推测出，搜索这两组词及了解相关信息的人中，大部分是外出务工经商的农业转移人口，进而在一定程度上反映了他们对于解决户籍问题有稳定的需求。

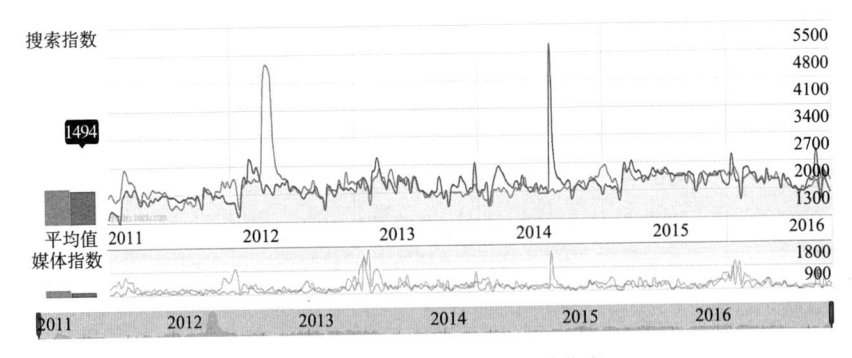

a. 两组搜索词搜索指数与媒体指数

[①] 这里需要注意，由于不同年龄段人口在互联网使用及频次上可能存在差异，所以即使百度搜索在人群中被广泛使用，且这一搜索结果也是基于大数据的分析，但这一分析结果可能因为中老年人使用互联网的可能性和频次低于青年人而存在偏差。

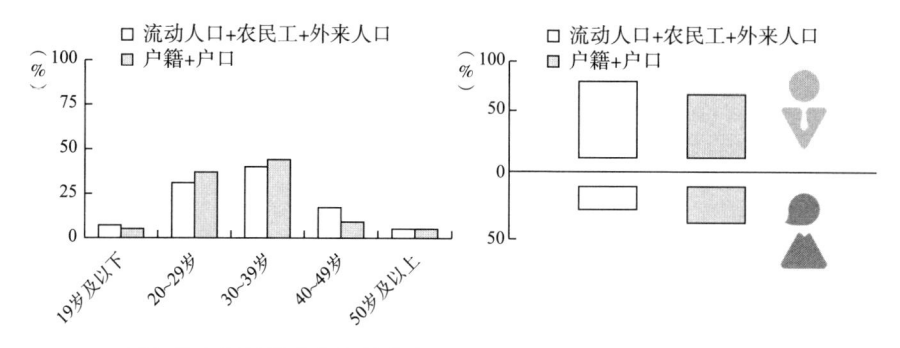

b. 两组搜索词的搜索者年龄分布　　c. 两组搜索词的搜索者性别分布

图 2-2　关于"流动人口"与"户籍"的百度指数搜索结果

说明：（1）图 a 的搜索时间区间为 2011 年 1 月 1 日至 2016 年 11 月 5 日，图 b、c 的搜索时间区间为 2013 年 9 月至 2016 年 11 月；（2）搜索指数是以网民在百度的搜索量为数据基础，以关键词为统计对象，科学分析并计算出各个关键词在百度网页搜索中搜索频次的加权和，搜索来源包含了 PC 端和移动端两个渠道；媒体指数是以各大互联网媒体报道的新闻中，与关键词相关的、被百度新闻频道收录的数量，采用新闻标题包含关键词的统计标准，数据来源、计算方法与搜索指数无直接关系；（3）关键词的人群属性是根据百度用户搜索数据，采用数据挖掘方法，对关键词的人群属性进行聚类分析，给出性别比例、年龄分布、兴趣分布等社会属性信息。

数据来源：百度指数，https：//index.baidu.com/，搜索时间：2016 年 11 月 6 日晚 10 ~ 11 时。

（二）新型城镇化与农业转移人口市民化

1. 新型城镇化的发展态势

当前，我国正处于城镇化加速发展的关键时期。中共中央、国务院发布的《国家新型城镇化规划（2014—2020 年）》调查数据显示，1978 ~ 2013 年，城镇常住人口从 1.72 亿人增加到 7.3 亿人，城镇化率从 17.9% 提升到 53.7%，年均提高 1.02 个百分点；城市数量从 193 个增加到 658 个，建制镇数量从 2173 个增加到 20113 个。

国家统计局数据显示，到 2018 年城镇常住人口为 83137 万人，乡村常住人口为 56401 万人，城镇人口占总人口比重为 59.58%。然而，这一数字是通过将常住人口定义为统计口径而得出的，得出的城镇化率是常住人口的城镇化率。实际上，我国常住人口城镇化率比户籍人口城镇化率要高出16.21个百分点（见表2-2）。作为城镇化核心的人口城镇化并没有真正实现，这些被统计在城镇人口中的农民和农业转移人口只是确实在城市中工作和生活了一段时间，成为户籍在农村而工作在城市的"市民"，在这种"被市民化"的情况下，农民和农业转移人口没有享受城市居民的各种福利待遇，呈现一种"半城镇化"状态。他们的实际情况是：无法在所在的城市中扎根，也无法实现自身内生性市民化的转变进而融入城市，更无法带动家乡的发展和农村城镇化本身。同时，我国目前统计的城镇化率基本上是简单的城镇人口占比率，而不包括土地空间变化和人口市民化程度及相应的城镇居民待遇配置比率。重土地城镇化，轻人口城镇化。长期以来，很多人认为城镇化就是多征地，多建新城，多建开发区和工业园区……这导致我国城市规模迅速扩张，形成很多"空城"和"鬼城"。1996~2012年，我国建设用地年均增加724万亩，用于城镇化建设的土地年均增加达357万亩；2000~2011年的10年，我国建成城镇面积增长76.4%，而城镇人口增加率只有50.5%。农村人口减少1.33亿人，农村居民点用地却增加了203万公顷。[①] 很多地方政府过度依赖土地出让收入，"摊大饼"式建城，降低了土地利用效率，造成大量耕地资源浪费。

表2-2 常住人口城镇化率与户籍人口城镇化率的差距

年份	常住人口城镇化率（%）	户籍人口城镇化率（%）	流动人口数（亿人）
2000	36.22	21.38	1.21
2005	42.99	25.79	1.47
2010	49.95	33.51	2.21
2011	51.27	38.37（34.9）	2.30
2012	52.57	39.40（35.3）	2.36
2013	53.73	40.02（35.7）	2.45
2014	54.77	40.65（35.9）	2.53
2015	56.10	39.90	2.47
2016	57.35	41.20	2.45

---

① 参见《国家新型城镇化规划（2014—2020年）》，人民出版社，2014。

续表

年份	常住人口城镇化率（%）	户籍人口城镇化率（%）	流动人口数（亿人）
2017	58.52	42.35	2.44
2018	59.58	43.37	2.41

数据来源：根据《中国统计年鉴》《中国人口和就业统计年鉴》整理。

当前，农业转移人口已经成为流入地城镇人口的重要组成部分，成为经济发展不可或缺的重要力量，成为社会生活中不可忽视的重要群体。正视农业转移人口现状、创新城市农业转移人口管理机制，对提高城市化水平具有重大意义，也是推进新型城镇化道路的必由之路。要实现到2020年将1亿左右农业转移人口和其他常住人口落户城镇，必须把握的关键节点是通过改革和创新农业转移人口服务和管理体制，最大限度地挖掘人口红利，推进新型城镇化。

2. 城镇化与农业转移人口市民化的共生与错位

在国家的战略话语中，城镇化不仅被视为现代化的必由之路，而且被看作推动区域经济协调发展的重要途径，"期望通过发挥制度潜力提高经济增长的潜在能力"（蔡昉，2013）。而农业转移人口市民化则成为推进城镇消费的重要促动力。

在现代经济学的视野中，城市化可以通过集聚效应、促进分工和专业化、促进人力资本积累、分享基础设施带来的便利四个途径推动经济增长（刘华军等，2014）。我国城镇化的经济驱动型表征不仅体现在国家在构建城镇化路径时驱动经济发展、促进产业升级的战略意图，而且体现在城镇化战略实施以后所带来的土地城镇化、住房消费扩大化、消费方式城镇化等引发的经济增长，更体现在城镇化给地方财政带来的一系列经济盈利。通过城镇化使城市消费群体扩大、消费潜力释放，在城镇化的过程中带来城市基础设施、住房建设等的巨大投资需求，从而推动经济发展。

在实践路径中，在城镇化的过程中，由于经济利益的驱动，城市政府更倾向于"以土地谋发展"，造成土地城镇化强盛，而对于农业转移人口的城镇化则采取弱化的态度。农业转移人口市民化的民生诉求使得"人"的城镇化与促进经济增长的主旨错位。农业转移人口转化为市民不仅是职业的转换、地域的转移、生活方式的变革,而且是城市社会保障体系的获得。因此,"人"的城镇化要以政府对农业转移人口的投入为基础,农业转移人口市民化要以地方政府对农业转移人口的公共服务给付为保障,以农业转移人口城市权利的获得为前提。但是在当前的城镇化路径中,地方政府对于城镇化赋予了更多经济增长、财政盈利的期待,城镇化的驱动更多来自经济方面的工具理性。而对于农业转移人口市民化,因为要经济给付、公共服务投入,很多城市政府既无动力又无行动意愿。流入地政府更多的期待是农业转移人口涌入后人力资本的盈利而不是付出。多年来一直受益于农业转移人口付出的流入地政府,既不愿意在落户条件上给予农业转移人口同等的户籍身份,也不愿意在福利待遇上给予农业转移人口市民化的财政支出,在人力资本提升上,也没有给予他们必要的关切。结果导致农业转移人口市民化话语盛行、行动虚空,农业转移人口流入地的城市政府既缺乏动力,也没有真实推进农业转移人口市民化的意愿。

(三) 市民化的国家话语与农业转移人口的主体性意愿

农业转移人口市民化具有经济属性、民生属性、市场选择与个体意愿属性等多维特征,同时也肩负着变革城乡关系、提高中国城镇化率的历史使命。从实践的维度看,农业转移人口的市民化进程既受制于国家的宏观政策,又依赖于农业转移人口个体市民化的主体意愿,同时也受到中国城乡关系内生情境的影响。在当前城镇化的战略下,市民化作为国家话语在宏观政策内容与社会发展目标中多维度展示出来。在国家政策话语中,党的十九大从发展战略的角度明确提出要"加快推进农业转移人口市民化"。在国家政策话语目标上,提出了"到2020年努力实现1亿左右农业转移人口和其他常住人口在城镇落户"。在对国家政策的解读中,地方政府在宣传层面进一步强化了"市民化"的国家话语特征。在学界有关农业转移人口的研究中,农业转移人口的市民化路径也成为学术研究的关键议题之一。

近年来,进城务工成为青壮年农民谋生的主要手段,也是这一群体的生活方式之一。从核心目的上看,农民进城是为谋求更高的经济收入、更

第二章　宏观结构变迁与农业转移人口的诉求

好的生活条件。由于城乡经济差距与发展距离的存在，农民不得不远离家乡到异地谋生，但是从他们的主观意愿上看，许多人进城并不是想抛弃农村、成为市民，而是因为户籍地农村不能提供更好的就业条件。因此，农业转移人口市民化更多体现了官方话语与宏观导向，并非农民主体选择的目标。在国家话语推进下，市民化不仅具有"运动化"的特征，而且演变成了某种现代化诉求，进而成为地方政府彰显经济发展水平的一种标志。

从目前来看，大部分农业转移人口流入地的非固定性、就业的非稳定性是其主要特征，这也引发了农业转移人口市民化意愿的多种类型与多种层次，由于农业转移人口个体存在流入地频繁转换、岗位不固定、收入不稳定等生存现实，他们市民化的意愿出现了诸多分歧与多维差异。

从类型学的特征来看，农业转移人口群体中，第一种类型是具有较高市民化意愿也具有一定市民能力的农业转移人口。这部分农业转移人口在城市收入较高、就业技能较强、城市融入度较高，他们有着较强的市民化意愿。从调查来看，这部分农业转移人口所占比例不大。第二种类型是在市民化意愿方面没有明显主动性的农业转移人口。相当数量的农业转移人口由于有限的就业能力、融入城市较高的成本以及对原有农村地区的依赖等，处于城乡"两栖"状态，与农村社会仍有着较强的社会联系，这部分农业转移人口虽然在生活方式等方面向城市靠拢，但是从主体意愿来看，对于是否市民化没有太多的主动性。第三种类型是完全没有市民化意愿的农业转移人口。这部分农业转移人口在城市"打工"的心态突出，与农村社会仍有着高度的"粘连性"，在城市处于暂居的状态，往返于城乡之间，对流入地缺乏归属感，完全没有市民化意愿。在当前时期，基于农村自然环境、城市生活成本、农民的地域归属等原因，农业转移人口中被市民化倾向非常突出。我们在湖北黄冈市的调查表明，农业转移人口在乎的并不是市民身份，而是生活条件、就业收入等现实生活内容。由于农村熟人社会的性质、农村宅基地的永久产权、较低的生活成本，很多农业转移人口对于转化为市民有诸多顾虑，不愿意放弃农村居民的收益。相当一部分农业转移人口对流出地农村仍有较强的依赖，完全市民化而剪断与家乡的联系是诸多农业转移人口不愿意的行动。因此，农业转移人口市民化更多体现了官方话语与宏观导向，并不一定是农民主体选择的目标。

二 个体化背景下农业转移人口群体的新变化

在全球化、现代化的浪潮下，中国社会变迁在加速，社会结构日趋多元与复杂化，现代性作为一种叠加的力量，将个体不断地从共同体中抽离出来。社会学家齐格蒙特·鲍曼干脆把这种社会结构形态称为"个体化社会"，并分析指出，个体化"所承载的是个体的解放，即从归属于自己、通过遗传获得与生俱来的社会属性等的确定性中解放出来，这种变化被正确地看作现代的境况中最明显和最有潜势的特征"（鲍曼，2002：49）。贝克则提出了个体化进程的四项基本特征：第一是去传统化；第二是个体的制度化抽离和再嵌入；第三是被迫追寻"为自己而活"，缺乏真正的个性；第四是系统风险的生平内在化。个体化并不意味着个人获得越来越多的选择自由，而是制度性动力推动的结果（贝克，2004：159）。个体与社会之间的关系始终是社会学关注的核心命题。面对整个社会的变迁，对新生代农业转移人口问题的解释需要关注整个中国社会的个体化变局，基于个体化视角对农业转移人口问题进行重新阐释。

（一）地域链接、宗族关联、社会关系的"脱域"

个体化变迁的社会背景赋予了社会成员社会关联的新特征。在社会关联中，血缘关系、地缘关系、家族关系、组织关系、族群关系、家庭关系等构成了社会关联的基础。在差序格局的社会，以血缘、地缘为中心构成了社会关系的基本格局，在这种社会关系中产生的是"集体主义"的伦理道德与稳定性的生活轨迹，在这种"去个人化"的社会结构与价值体系中，伴随的是约定俗成的生活路径，凸显的是个体对集体的责任与义务。改革开放后，随着经济模式的改变、国家权力的让渡，社会成员获取资源的方式多元化，对国家、集体的依赖性大大减弱。在市场经济体制下，标准化的人生道路被"可选择的人生"所替代，社会尊重个体的多样性与独立自主性，"个人主义"被释放出来。在这一个体化进程中，"个体利益"也被赋予了正当性，人们考虑的更多是个体的感受与利益得失，在日常生活中个体的价值意识越来越强烈，社会成员是"为自己而活"，考虑更多的是个体的收入、想过什么样的生活,一切活动的目的也是满足个体的利益诉求。个人主义这个备受传统文化排斥的词语具有了正当性与合法性,并在市场经济的助推下催化成一种普遍的社会行为准则和内心道德意识(冯莉,2014)。

在这种个体化的变革中,农业转移人口与原有社会关联的断裂尤为剧烈和彻底。在流动过程中,与原来乡村的地域社会关联断裂,原来地缘、血缘的社会关系基于城市务工的缘由而支离破碎,亲缘、乡邻等在陌生的城市社会中无法复制与获得。尽管他们大多还是通过亲友或者身边同学、朋友的介绍而获得人生的第一份工作,在城市中社会关系往来仍然以亲友、同乡为主,在过年过节还是会回到农村,但是,在个体化变局下,由于受"个人利益至上"等价值体系的影响,农业转移人口更多关注的是个体生活的满足,在务工生活中关注的是个人收入、生活享受、物质满足,淡化了原有的地域关联与亲缘关系。不断流动的生活加剧了这一群体与原有的共同体的疏离,也更加强化了个体的自主意识与以个人为中心的生活模式与价值体系。

个体化变革使利益成为农业转移人口处理社会关系的重要维度,呈现关系理性的新特征。加之外出务工的现实,农业转移人口对亲缘、地缘、宗族关联的情感趋于淡化,农业转移人口与原有亲戚、家族、朋友的联系减少,与亲戚、家族的联系趋于个体利益计算的逻辑,传统的社会链接方式趋于淡化或断裂。"挣钱""为自己"成为农业转移人口生活的第一要义,外出务工后,家族成员、亲戚朋友间的红白喜事等的形式也趋于简化,缺席成为常态。个体化的时代变局形塑了农业转移人口独立自主的生活态度和立场,重塑了农业转移人口以自我为中心的情感与行动。城乡流动、底层就业、不断漂泊的现实进一步深化了农业转移人口"个体化"的生活模式与生活逻辑,弱化了亲戚、婚姻或家庭的链接,最终造成家庭功能弱化、亲密关系淡化,传统的社会关系遭遇挑战。家庭、家族、亲戚等在形式与实质上都已成为一个符号,不仅作为其物质载体的房屋或村落空心、衰落,其子女抚养教育、生活亲密依赖、社会支持以及提供安全保护等基本功能也严重缺损。在个体化变局的价值牵引与乡城流动的进一步形塑下,农业转移人口的社会关联脱域于传统,最终导致亲属关系碎片化、家族关系空洞化、地域关系符号化、家庭关系离散化等一系列状态。

农业转移人口在与原有家乡社区、家族、亲缘关系脱域的过程中，在城市却没有带来新的社会关系嵌入。由于农业转移人口灵活多变、不稳定的就业形式，在城市很难和同事建立稳定的关系；低层次的就业岗位、边缘化的社会地位使其很难嵌入城市社会关系体系中；居住的临时性与边缘性导致这一群体与城市社区的关联性较差。这最终导致农业转移人口在城市中缺乏强有力的关系支撑，与周围的社会成员处于临时关系或无关系的状态。

（二）个体化变局下"个人主义"的彰显

个体化是伴随着现代化不断撕裂传统的文化网络，使个体从传统地方性知识以及乡村认同、传统的生活模式以及价值认同中解放出来的过程。随着打工大潮以及非农化、市场化等因素的浸染，农村的社会结构已经向个体化、断裂化位移，在这样的场域中，新生代农业转移人口淡化了对家庭、集体的责任意识，更加关注自己的利益诉求，城市个体化的生活模式与流动经历进一步助推了这一群体的"个人主义"。个体化进程中"为自己而活"的意识浸透于农业转移人口的头脑，"自我意识"不断强化，在漂泊与变动的生涯中唯一的生活目标变成了满足个人利益与消费需求。

> 过年回家，大家讨论的都是挣了多少钱，买了什么消费品，物质生活怎么样。关心的都是与自己利益相关的事。（打工青年，201505015ZKM，女，23岁）
>
> 现在的生活都是自己说了算，我不愿意受太多约束，在这里可以自由安排自己的生活，买自己喜欢的东西，自由些，也不必在乎别人的看法。（打工青年，201505007LXD，男，24岁）
>
> 其他都不重要，感觉挣钱才是硬道理。（打工青年，201505011LHD，男，26岁）
>
> 现在年轻人都是为自己考虑，做事先考虑自己能从中得到什么。（打工青年，201505004LXM，女，29岁）

第二章　宏观结构变迁与农业转移人口的诉求

在"个人权益"的话语影响下，农业转移人口的行为逻辑更多是"为自己"，在人际交往、生产生活、休闲娱乐等方面呈现的是以"个人为中心"的理性行为模式，追求个体利益最大化。对家庭、集体和社会的责任意识淡化，对社会与他人的担当意识更无从谈起。在公领域缺乏奉献与责任意识，在私领域更多的是满足个体的生活享受。与老一代农业转移人口不同，在社会认同方面，新生代农业转移人口呈模糊的状态。老一代农业转移人口直接脱胎于农村社会，虽然在城市务工但对农村社会有着很强的价值归属和情感眷恋，在社会认同上也认同于自身的农民身份。

在个体化变局下，新生代农业转移人口对农村和城市均没有强烈的认同感，有的只是个体意识与自我，他们的生活模式更多是基于"挣钱－花钱"的行为逻辑，不愿意承受生活的苦难，行为动力来自经济收入与物质享受。他们的"个人主义"主要表现在以下方面。

第一，乡土认同缺失、心理归属断裂，心灵深处的精神脉动已无从谈起，超越个人情感与体验的乡村共同体记忆已支离破碎。

第二，在不确定的人生选择中，缺乏长远规划与长远打算，有"为自己而活"的热情，但缺乏生活隐忍的动力，有的只是对物质提高的期待与利益满足的算计。

第三，农业转移人口已经普遍具有更高的生活期望，敢于追求现代的城市生活方式，追求物质和精神生活享受。在长期的城市生活中，农业转移人口长时间对城市现代生活的体验，开阔了他们的眼界，增加了他们对新生事物的接受性，尤其是对异己事物的宽容性，降低了他们的行为保守性和心理封闭性，使他们逐渐适应了城市的生活方式和生存环境，强化了他们融入城市的意愿和对城市的归属感。

第四，农业转移人口普遍自尊心强、责任感不够、承受力弱，当面临非工非农的社会处境、恶劣的工作环境以及权益被侵害时，他们的内心容易处于焦虑和恐慌之中，很难承受挫折的打击，习惯于把一切责任都推给制度、环境或者他人。

在个体价值凸显、传统归属断裂、人生多重选择、未来模糊不定的个体化变局中，新生代农业转移人口的人生价值定位处于多重张力之中。新生代农业转移人口成长于市场经济渐行的新时代，生活在个体化日盛的新时期，离农的价值指向、现代化的强势话语、"个人至上"的自由选择等造成了新生代农业转移人口的行为淡化了传统的伦理道德文化，无论生活缘由还是个体选择均从个人利益出发。

（三）个体化变局下的职业困惑

新生代农民从传统的羁绊中解脱出来，在城市生活中看似可以自由选择自己的生活，但是在实际的城市就业中，基于本身的学历层次、职业技能等个人因素的限制以及城市就业岗位需求、城市生活成本、融入的体制障碍、阶层流动壁垒等因素的制约，这一群体自主选择就业形式、生活方式、居住地域的自由度非常有限，呈现职业岗位低端化、人际交往单一化、生活方式单调化等特征。

第一，职业选择困惑——犹豫与不确定。相较于老一辈子承父业或者单纯的亲戚、朋友式的"熟人"交换信息的方式，新生代农业转移人口获得职业信息的方式和渠道变得多样。

> 平常就会登录一些发布职业招聘信息的网站呀，然后就把自己的简历发过去，如果对方给了面试邀请，就过去面试。（20160203SC-XQY[①]）

手机和电脑的普遍使用加速了信息的流动和交换，通过互联网求职也成为新生代农业转移人口求职的一个重要渠道。不仅求职的方式变得多样，在职业选择上的种类也明显增多。通过访谈得知，他们的职业已经摆脱了老一辈的单一性。笔者在C村的访谈中发现，该村的老一代务工者基本都是夫妻结伴而行，绝大多数从事建筑行业的工作，这种"标配式"的打工模式在老一代农业转移人口群体内成为不假思索的命定模式。而该村的新生代农业转移人口从事类似的高强度体力劳动的个案几乎为零，他们不再继续老一代的工作，选择的范围更广，虽然还有部分依旧在建筑行业或工厂工作，但是他们中的大多数活跃在区别于老一辈所从事的一、二产

---

① 本书采取如下的形式对访谈对象进行编码，20160203代表对个案进行访谈的时间为2016年2月3日，SC代表四川，XQY则是个案的代码。

业之外的第三产业，如快递、美容美发美甲、销售、个体户、汽车维修以及需要更多脑力劳动和技术含量的平面设计等行业。但是职业选择空间的增大，也会给新生代农业转移人口带来烦恼。

> 我现在就是不晓得自己要干啥，之前到一个火锅店当服务员，但是一天天起早贪黑的，一个月还只有两三千块钱的工资……想出来（从火锅店辞职），可是你说我又能去做个啥，有时候也想自己去做个小生意啥的，可是万一赔了呢？本来家里就莫得（没有）啥子钱。我现在就想入个啥子行，然后一直干下去，这样一直换来换去的也不是办法呀，可是关键在于入哪行嘛……（20160212SC-LWH）

职业的种类变得多样、获取招聘信息渠道的增多使得新生代农业转移人口群体在就业上有了更多的选择和机会。但是，不同于父辈的"命定"模式，他们虽然有了众多的选择，却不知道从何下手，面临行业的选择时犹疑不决，充满着不确定。"他们并不知道要什么，能做什么以及不能做什么，所以总在不停地尝试，从一个工种到另一个工种，从一个企业到另一个企业，从一个城市到另一个城市。"（黄闯，2012）

第二，职业忠诚困惑——短工化。职业困惑的第二个表现即短工化。频繁地换工作和跳槽现象十分严重。农业部曾做过一项关于新生代农业转移人口的调查，结果显示有57.1%的新生代农业转移人口两年内至少更换过一次工作，2010年新生代农业转移人口中只有20%在城市稳定就业，近80%处于不稳定状态（韩长赋，2012）。笔者在整理访谈资料时也发现，外出务工超过三年的新生代农业转移人口大都有过换工作的经历。

> 我感觉到我融入了那里的时候我就走掉了，也没什么状态的改变，就比较稳的时候我就走掉了，各方面很熟悉的时候我就走掉了。（20160212JX-HXN）

> 当时也没有想太多，就是觉得手上的工作做久了觉得烦了，正好我哥们儿介绍说有个好工作，我就去了，反正不做就不做了呗，也没多大事儿，人家也不会管你，让我做个不喜欢的工作，我肯定不愿

意，人嘛，开心最重要。(20160206SC-HFC)

辞职，甚至是不经领导同意直接离职的现象在新生代农业转移人口群体内显得十分常见，虽然部分受访者在辞工之前早已找到"下家"，但更多受访者是任性辞职，对于下一份工作没有任何计划，一切都是先辞职再说。大量的辞工经历和换工作经历一方面在不同程度上满足了他们相应的追求，但同时也会带来一系列的不良后果，为新生代农业转移人口群体自身、企业以及社会都带来巨大的负面影响。

一是职业的任意变动性造成了他们工作和生活的极大不稳定，频繁地更换工作，使得他们不能积累更多的技术和经验，因而不利于提高自身的职业技能，虽然有一定的工作年限，但最终还是一事无成，不能找到自己稳定的发展方向，不利于新生代农业转移人口长期的职业规划与发展。

二是寻求下一份工作要付出一定的时间和成本，就业的短工化会增加寻找工作的成本和时间，造成资源浪费。当问到"换工作期间的经济来源"时，他们的回答是"用之前工作的积蓄""跟父母一起吃住"。可见，越是频繁地换工作就越增加他们时间和经济上的成本，最终不利于自身的发展。

三是频繁地更换工作使他们无法建立熟悉的社会圈子，没有较深的人际关系，缺乏归属感，无法真正意义上再嵌入城市社会，职业和心理上都带来巨大压力。

短工化除了给新生代农业转移人口自身带来负面影响，也给企业和社会带来不良影响，对于企业来说，频繁的人员异动会增加用工上的成本，也容易引发"用工荒"的现象。此外，新生代农业转移人口的频繁换工作不可避免地带来流动性的增大，客观上也加速了整个社会的流动，使社会处于不稳定之中。

第三，职业目标困惑——发展迷茫。目标不清晰、对未来发展道路缺乏清晰的规划也构成新生代农业转移人口群体的职业困惑之一。当问及"外出打工的目的都有什么？有没有如挣钱、定居城市、学技术等明确的目标""你理想中的工作是什么样子的？什么职业？多少收入？想达到什么样的社会阶层"等问题时，他们的回答是：

> 没有想过……经济状况至少是能够养家糊口。让父母生活过好一点，自己生活轻松一点。做了那么久嘛，也没有找到特别喜欢的。（20160125HB－LH）
>
> 理想工作啊，上班时间短一点，夜里不用加班。（20160122SD－WQL）
>
> 目前还没想过，等赚了一点钱再考虑到底做哪方面比较适合。（20160212JS－JKWJ）
>
> "我理想的工作肯定是自己开个店子，自己当个小老板。"可是当问及"打算做什么生意"时，该受访者回答："那不晓得。只是想自己做点生意。"笔者追问其"想达到什么样的社会阶层"时，他的回答是："那都没想过的，反正自己起码要吃得好、穿得好就行了。或者，只要不说是我自己做生意亏钱就行了。上次开那个服装店还不是一样的，亏了，就没有搞了。我当时说想做生意，然后我出点钱，爸妈出点钱。"（20160128HB－LC）

从以上回答可以看出，新生代农业转移人口对于职业，大多缺乏一个清晰的目标；对于自己，他们没有明确的定位；对于未来的发展，他们是迷茫而困惑的。

总之，对于新生代农业转移人口而言，看似自由选择的人生，其实并没有自由选择可言。他们在职业选择、经济收入、阶层归属等方面的选择性非常有限，由于技术、文化层次等的有限性，他们在看似自由的劳动力市场中一直处于底层的地位，突破的可能性较小。在市场经济的自由竞争中，他们面临着诸多风险，一旦丧失劳动能力，就没有了生活来源。一方面，个体前所未有地获得了主宰人生的机会；另一方面，这种自主又不是绝对的自主，绝非在真空中任意戏耍的行动逻辑自主和选择，始终处在生活表层之下那个高效紧密编织起来的制度性社会中，甚至明明无法决定也必须做决定（李荣山，2012）。清华大学社会学系课题组的调查数据显示，除了有41%的农业转移人口通过换工作在薪酬待遇上获得提高之外，其技术等级、在用工单位的发展前景方面都难以得到较大的改观,伴随农业转移人口"短工化"式职业流动的只是一种"水平化"的流动(黄斌欢,2014)。对于新生代农业转移人口而言,他们的自由选择背后隐藏了国家关于城乡二元的不同制度、体制限制,比如在就业领域的户籍限制、对于"农民"身份的歧视、城乡二元的劳动力分割等。基于新生代农业转移人口原有的身份烙印,这一群体的选择注定是在有限的范围内,很难突破阶层的壁垒,实现职业、身份、就业领域、收入的自由选择与转换。

三 农业转移人口的总体诉求

通过数据分析城市农业转移人口的困境与诉求,可以帮助我们准确掌握城市农业转移人口的现实处境,以便为农业转移人口服务管理提供决策基础。为了便于分析,我们将农业转移人口的总体诉求分为四大类,包括工作、创业、个人生活与社会交往、家庭生活。

(一) 工作

1. 工作机会

(1) 就业与劳动权益

劳动权益是劳动者作为人力资源的所有者的最基本权益,政府对农业转移人口权益保护主要体现在四个方面的权利保护上,一是劳动报酬的权利,二是休息休假的权利,三是劳动安全卫生保护的权利,四是享受社会保险和接受职业技术培训的权利。

表 2-3 显示了被访者的累计换工作与近三年换工作的情况。在累计工作年限方面,被访者平均工作年限为 7.85 年,其中目前工作地为省会城市的被访者时间会短一些,而县级、地级城市会长一些,但不同工作地的被访者之间并没有显著差异。工作以来累计换工作平均约 3.50 次,其中乡镇务工经商者的换工作次数会显著多些,达到 4 次,其他地点小于 4 次,相互之间存在显著差异,但差异并不大。从平均工作时长看,工作以来的平均工作时长为 2.81 年,其中县城与地级市被访者的平均时长约为 3 年,显著高于其他工作地被访者,但差异也并不大。

表 2-3 变换工作情况

样本量（人）	工作以来			近三年	
	累计工作年限	累计换工作次数	每次工作时长（年）	近三年换工作次数	每次工作时长（年）
2889	7.85	3.50	2.81	1.27	1.63

从近三年的情况看，平均换工作次数为 1.27 次，存在一定的差异，但平均时长约为 1.63 年。从上述描述可知，多数外出务工经商者的工作年限并不长，平均都不到 10 年，而且频繁换工作，尤其是近三年的情况，每次工作的平均时长都不到 2 年。显然，农业转移人口存在换工作频繁、工作不稳定的情况。

那么是什么因素导致他们频繁换工作呢？图 2-3 显示了他们找工作要考虑的一些因素。从图中可知，"收入高"是大多数被访者找工作考虑的首要因素，占比约 62%。

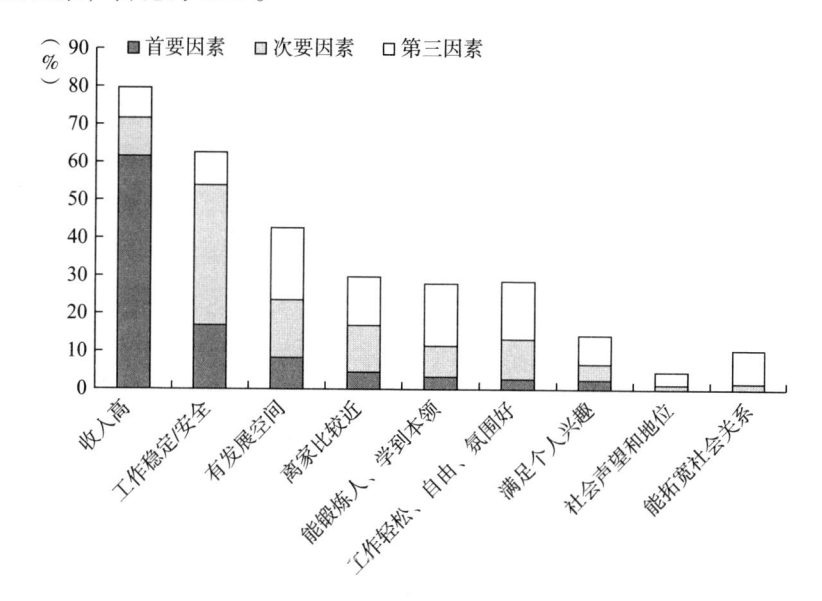

图 2-3 找工作优先考虑因素

在考虑的次要因素中，以选择"工作稳定/安全"居多，占比约 37%。"有发展空间"、"离家比较近"、"工作轻松、自由、氛围好"及"能锻炼人、学到本领"分别占比约 15%、12%、10% 和 8%，同时这些因素也是第三因素的主要选择对象。

由此可见，农业转移人口找工作的两个核心要素是"收入高"和"工作稳定/安全"。反过来，我们也可以明白他们频繁换工作的原因在于：一方面对工资收入不满意，工资水平低，他们在频繁换工作中寻找工资高的工作；另一方面工作本身不稳定、不安全，如建筑业，迫使他们不得不频繁换工作。

表2-4显示了对换工作次数影响因素的分析结果。

表2-4 变换工作次数的负二项回归模型稳健分析结果

因变量：换工作次数	模型1 累计换工作次数	模型2 近三年换工作次数
性别（女性=0）	0.176*** （0.035）	0.195*** （0.056）
代际（80前=0）		
80后	-0.235*** （0.044）	0.406*** （0.078）
90后	-0.554*** （0.055）	0.621*** （0.082）
受教育程度（小学及以下=0）		
初中	0.005 （0.056）	-0.123 （0.102）
高中/中专/技校	-0.085 （0.061）	-0.055 （0.106）
大专/自考本科	-0.388*** （0.080）	-0.144 （0.119）
民族（汉=0）		
少数民族	0.271*** （0.071）	0.235* （0.105）
党员（否=0）	-0.056 （0.075）	-0.121 （0.152）
务工经商年龄	-0.034*** （0.004）	-0.013* （0.006）
职业技能（无=0）		
有但无证书	-0.139*** （0.041）	-0.271*** （0.063）
初级	-0.138* （0.059）	-0.197+ （0.107）
中级	-0.113+ （0.060）	-0.366*** （0.099）
高级	-0.217* （0.096）	-0.482** （0.148）
求职方式（自己找=0）		
亲友介绍	0.065 （0.042）	-0.018 （0.063）
中介组织	0.028 （0.050）	0.095 （0.110）
其他	-0.121+ （0.062）	-0.217+ （0.114）
与同城老乡交往	-0.037* （0.018）	-0.009 （0.026）

续表

因变量：换工作次数	模型 1 累计换工作次数	模型 2 近三年换工作次数
与同城外地人交往	0.036[+] （0.019）	0.067[*] （0.030）
与同城当地人交往	-0.036[*] （0.017）	-0.072[**] （0.026）
地区（东部=0）		
中部	0.013 （0.043）	-0.049 （0.064）
西部	0.000 （0.067）	-0.123 （0.096）
常数项	2.279[***] （0.133）	0.380 （0.240）
N	2910	2927
pseudo R^2	0.035	0.018

注：[+] $p<0.10$，[*] $p<0.05$，[**] $p<0.01$，[***] $p<0.001$。

根据被访者的不同特征，我们比较他们在累计换工作次数和近三年换工作次数的差异时有如下发现。

首先，人力资本变量对被访者换工作次数有显著影响。回归分析表明，职业技能可以同时显著降低累计换工作和近三年换工作的次数，且职业技能等级越高，换工作的次数越少。换工作行为受到受教育程度的影响较小，高中及以下受教育程度者与小学受教育程度者没有显著差异，拥有大专/自考本科学历者，其换工作次数会显著低一些。由此可见，职业技能对工作稳定性具有重要作用。

其次，社会资本对城市流动人员的换工作次数也有显著影响。与同城老乡交往次数越多的个体，累计换工作的次数会显著偏低；而与同城当地人交往次数越多，可以显著降低累计换工作和近三年换工作的次数。另外，与同城外地人交往次数越多的个体，则会显著增加累计换工作和近三年换工作的次数。上述分析结果表明，老乡关系对长期找工作有显著作用，而本地社会关系同时有利于长期和短期找工作，在一定程度上说明了两者在提供就业信息上的可靠性和有效性；而同城当地人与同城外地人在提供就业信息上可能存在质量差异，即同城当地人更可能提供稳定工作的信息源，而同城外地人更可能提供离开现在工作的信息源。

此外，在人口学特征方面，无论是累计换工作次数还是近三年换工作次数，男性都要显著高于女性；从代际看，"80后""90后"在累计换工作次数上要显著少于80年代以前出生者，但近三年换工作次数则显著高于后者。其他方面，少数民族个体的换工作次数要显著高于汉族个体的换工作次数，务工经商年龄越大的个体，累计换工作次数和近三年换工作次数都显著偏低。

（2）晋升机会

表2-5显示了有单位的被访者对自身工作晋升可能性的评估。从表中可知，总体上仅不到40%的人认为自己有可能得到晋升，其余60%多的人对工作中的晋升机会持悲观态度。

表2-5 晋升机会

样本量（人）	占比（%）					均值
	几乎不可能	不太可能	不好说	很有可能	肯定会	
2020	12.56	23.26	26.20	19.69	18.29	2.92

从表2-6可以看出，与晋升机会的不可能性一致，超过60%的被访者迫切希望工作地政府或社区能够提供就业机会和用工信息。

表2-6 就业机会/用工信息诉求

样本量（人）	占比（%）					均值
	不迫切	比较不迫切	一般	比较迫切	非常迫切	
2884	4.26	2.39	24.72	33.01	35.61	3.93

表2-7显示了晋升可能性与就业机会诉求的回归分析结果，从模型3、模型4的回归分析看，差异表现在以下方面。

表2-7 晋升可能性与就业机会诉求的Ologit模型稳健回归结果

	模型3	模型4
	晋升可能性	就业机会诉求
性别（女性=0）	0.214* (0.100)	0.048 (0.091)
代际（80前=0）		
80后	0.407** (0.154)	0.180 (0.143)
90后	0.447* (0.199)	0.123 (0.178)

续表

	模型 3	模型 4
	晋升可能性	就业机会诉求
受教育年限	0.027（0.020）	-0.013（0.019）
婚姻（未婚=0）		
已婚	-0.115（0.128）	0.000（0.117）
离异/丧偶	-0.795[+]（0.428）	-0.031（0.321）
务工经商年龄	-0.013（0.011）	0.009（0.010）
目前城市就业年限	-0.028[*]（0.013）	-0.032[**]（0.012）
每天工作时间	-0.124[***]（0.034）	0.053[+]（0.031）
职业技能（无=0）		
有但无证书	0.512[***]（0.123）	-0.115（0.113）
初级	0.714[***]（0.157）	0.054（0.149）
中级	0.937[***]（0.190）	-0.160（0.168）
高级	1.166[***]（0.258）	-0.107（0.232）
求职方式（自己找=0）		
亲友介绍	-0.293[*]（0.117）	-0.151（0.106）
中介组织	-0.001（0.193）	0.140（0.173）
其他	-0.108（0.211）	-0.111（0.191）
劳动合同签订（未签=0）		
1年以内	0.096（0.164）	0.240（0.154）
1~2年	0.198（0.148）	0.105（0.132）
3~5年	0.383[*]（0.164）	-0.100（0.155）
5年以上	0.270（0.223）	0.318（0.209）
参加工会（没工会=0）		
没有参加	-0.118（0.122）	-0.190[+]（0.112）
参加	-0.055（0.150）	-0.098（0.148）
职业地位（上层非体力=0）		
下层非体力	-0.479[**]（0.176）	-0.063（0.169）
上层体力	-0.941[***]（0.159）	0.170（0.163）
下层体力	-1.177[***]（0.180）	0.297[+]（0.178）
其他	-1.030[***]（0.231）	-0.281（0.206）

续表

	模型3	模型4
	晋升可能性	就业机会诉求
单位性质（国有=0）		
私营	0.475** (0.167)	0.044 (0.165)
外资/合资	0.727*** (0.187)	-0.108 (0.192)
其他	0.294 (0.238)	0.008 (0.232)
单位行业（制造业=0）		
建筑业	0.104 (0.150)	-0.034 (0.136)
商业	0.248+ (0.146)	0.033 (0.118)
生活服务业	0.351* (0.178)	-0.324* (0.145)
其他	0.595+ (0.311)	-0.637+ (0.345)
单位规模（1~29人=0）		
30~99人	0.095 (0.148)	-0.013 (0.128)
100~299人	0.079 (0.154)	-0.108 (0.132)
300~999人	-0.056 (0.164)	-0.120 (0.156)
1000~2999人	0.189 (0.181)	-0.045 (0.167)
3000人及以上	0.573* (0.247)	0.010 (0.217)
工作地点（乡镇=0）		
县城	0.193 (0.173)	0.115 (0.161)
地级市	0.151 (0.164)	-0.066 (0.154)
省会	0.197 (0.163)	-0.134 (0.156)
地区（东部=0）		
中部	0.161 (0.117)	-0.088 (0.109)
西部	0.153 (0.173)	-0.261 (0.164)
截距1	-2.431*** (0.599)	-3.100*** (0.575)
截距2	-0.925 (0.594)	-2.567*** (0.569)
截距3	0.359 (0.594)	-0.616 (0.563)
截距4	1.776** (0.595)	0.847 (0.563)
N	1575	1933
pseudo R^2	0.085	0.014

注：+ $p<0.10$，* $p<0.05$，** $p<0.01$，*** $p<0.001$。

①在个人特征方面，男性认为自己晋升的可能性要显著高于女性，

"80后""90后"被访者对晋升可能性的评估显著高于80年代以前出生的人,不同受教育年限者之间没有显著差异。

②在工作特征方面,在所在城市工作时间越长,被访者反而认为自己晋升的可能性越小,这可能是工作选择过程的结果,即那些对晋升要求越高的人,换工作或城市的可能性越大。每天工作时间越长者,其认为自己晋升的可能性越小;与工作时间相对应,职业地位越低的人,其认为自己晋升的可能性越小。工作技能显示了人力资本优势,即工作技能级别越高,认为自己晋升的可能性越大。求职方式的分析结果表明,亲友介绍的工作,其晋升的可能性显著低于自己找的工作。劳动合同方面,签订3~5年合同的被访者,其认为自己晋升的可能性显著高于未签订合同者。

③在企业特征方面,在私营企业和外资/合资企业工作的人晋升可能性显著高于国有单位。此外,仅生活服务业从业者的晋升可能性显著高于制造业者,而单位规模上,仅3000人及以上的企业才有显著的晋升可能性。

模型4显示的就业机会诉求回归分析结果表明,除了行业和目前城市就业年限外,不同特征群体内部都不存在显著差异,这说明所有进城务工者都有很迫切的就业机会和信息需求。

2. 工作技能

(1) 职业技能与培训

表2-8显示了被访者的职业技能状况。从表中可知,总体上约有41%的个体没有职业技能,其中工作地在乡镇的被访者有近50%的人没有任何职业技能,与其他工作地被访者存在显著差异。

表2-8 职业技能状况

单位:人,%

样本量	无	有但无证书	初级证书	中级证书	高级证书
2901	41.23	35.13	11.38	8.34	3.93

有技能但无证书者占到35.13%,也就是说多数有技能者缺乏正式的职业认证,其中县城被访者所占比例较高,达到38%。其余有职业认证的被访者约占24%,高级资格认证者仅占约4%。

调查还询问了"初中毕业后,您参加的技能学习和培训情况",分析结果见表2-9。

表2-9 技能培训状况

样本量(人)	无(%)	有	
		占比(%)	均值
2909	59.47	40.53	1.50

注:问卷先后总共调查了最少5次技能培训状况,因此调查结果是一个截尾数据,参加过5次培训的人不到50人。

为了解技能培训的整体效果,我们整合求取了多次培训的帮助程度均值,表2-10呈现了技能培训的整体效果。多次综合的培训效果并不理想,"比较有帮助"和"非常有帮助"的比例不到10%,均值为2.13。虽然均值差异性检验存在显著差异,但各工作地点之间的帮助水平差异很小,都属于"帮助很小"水平。

表2-10 技能培训的整体效果

样本量(人)	占比(%)					均值
	没有帮助	帮助很小	一般	比较有帮助	非常有帮助	
2888	29.97	39.02	21.60	6.97	2.44	2.13

技能培训帮助不大并没有降低被访者对技能培训需求的迫切性。如表2-11所示,超过60%的被访者对技能培训比较迫切或非常迫切,总体均值也达到了3.73,偏向"比较迫切"水平。

表2-11 技能培训诉求

样本量(人)	占比(%)					均值
	不迫切	比较不迫切	一般	比较迫切	非常迫切	
2888	5.75	4.19	28.98	33.10	27.98	3.73

(2)培训效果

表2-12显示了技能培训效果与技能培训诉求的回归分析结果。由于对技能培训效果的评估包括了初中毕业工作以来的所有培训,所以我们区

分了全样本和企业就业样本。

如表 2-12 所示,模型 5 全样本所得技能培训效果分析表明,不同职业技能水平者在培训效果的评估上存在显著差异,职业技能水平越高者认为技能培训的帮助越小;在务工经商年龄上也存在类似效应,外出务工经商年龄越大者,对技能培训的助益评估越低。这一结果可能与技能培训的层次和种类有关系,对于有经验和有正式技能者而言,这类培训的效果不佳。此外,"90 后"对技能培训的效果会显著更认可些。

表 2-12 技能培训效果与培训诉求的 Ologit 模型稳健回归结果

因变量	技能培训效果		技能培训诉求	
	模型 5	模型 6	模型 7	模型 8
	全样本	企业就业样本	全样本	企业就业样本
性别(女性 =0)	0.144 (0.108)	0.176 (0.141)	-0.005 (0.069)	0.023 (0.092)
代际(80 前 =0)				
80 后	0.177 (0.163)	0.480* (0.214)	0.157 (0.100)	0.120 (0.134)
90 后	0.413* (0.209)	0.669* (0.279)	0.146 (0.131)	0.179 (0.174)
受教育程度(小学及以下 =0)				
初中	-0.182 (0.232)	-0.647* (0.310)	0.307** (0.118)	0.330* (0.161)
高中/中专/技校	-0.009 (0.232)	-0.304 (0.311)	0.394** (0.125)	0.397* (0.169)
大专/自考本科	0.041 (0.257)	-0.322 (0.337)	0.373** (0.144)	0.214 (0.197)
婚姻(未婚 =0)				
已婚	0.174 (0.133)	0.131 (0.175)	-0.135 (0.091)	-0.168 (0.118)
离异/丧偶	-0.032 (0.453)	0.031 (0.592)	-0.185 (0.229)	-0.051 (0.332)
务工经商年龄	-0.027* (0.013)	-0.004 (0.016)	-0.008 (0.008)	-0.006 (0.011)
目前城市就业年限	-0.014 (0.013)	0.007 (0.019)	-0.027* (0.009)	-0.028 (0.013)
职业技能(无 =0)				
有但无证书	-0.833*** (0.13)	-1.17*** (0.187)	0.014 (0.077)	0.030 (0.112)
初级	-1.085*** (0.17)	-0.98*** (0.223)	0.373** (0.115)	0.198 (0.150)
中级	-1.380*** (0.19)	-1.63*** (0.256)	0.275* (0.124)	0.113 (0.159)
高级	-1.294*** (0.29)	-0.942** (0.336)	0.140 (0.204)	0.110 (0.230)
求职方式(自己找 =0)				
亲友介绍		-0.071 (0.163)		-0.137 (0.103)

续表

因变量	技能培训效果		技能培训诉求	
	模型5	模型6	模型7	模型8
	全样本	企业就业样本	全样本	企业就业样本
中介组织		-0.114（0.227）		0.033（0.166）
其他		-0.005（0.259）		-0.240（0.199）
劳动合同签订（未签=0）				
1年以内		0.506*（0.219）		0.253⁺（0.147）
1~2年		0.191（0.195）		0.085（0.132）
3~5年		0.055（0.221）		0.131（0.151）
5年以上		0.130（0.330）		0.503*（0.208）
参加工会（没工会=0）				
有没参加		-0.142（0.177）		-0.031（0.113）
参加		-0.343⁺（0.209）		-0.012（0.147）
职业地位（上层非体力=0）				
下层非体力		-0.034（0.241）		0.087（0.176）
上层体力		0.200（0.208）		-0.051（0.164）
下层体力		0.250（0.256）		0.143（0.180）
其他		-0.049（0.316）		-0.049（0.204）
单位性质（国有=0）				
私营		0.009（0.231）		0.007（0.156）
外资/合资		-0.052（0.288）		-0.122（0.187）
其他		-0.164（0.354）		-0.066（0.226）
单位行业（制造业=0）				
建筑业		-0.096（0.203）		-0.011（0.137）
商业		-0.266（0.182）		0.070（0.123）
生活服务业		-0.073（0.247）		-0.212（0.140）
其他		0.238（0.387）		0.130（0.312）
单位规模（1~29人=0）				
30~99人		-0.335⁺（0.201）		0.016（0.132）
100~299人		-0.217（0.212）		-0.039（0.134）
300~999人		0.170（0.234）		-0.004（0.156）
1000~2999人		-0.417（0.295）		0.062（0.171）

续表

因变量	技能培训效果		技能培训诉求	
	模型5	模型6	模型7	模型8
	全样本	企业就业样本	全样本	企业就业样本
3000人及以上		0.139 (0.334)		0.081 (0.207)
工作地点（乡镇=0）				
县城		-0.152 (0.232)		0.158 (0.144)
地级市		-0.348 (0.238)		0.165 (0.142)
省会		-0.454* (0.231)		-0.143 (0.139)
地区（东部=0）				
中部	0.038 (0.134)	0.085 (0.166)	-0.011 (0.080)	-0.000 (0.104)
西部	0.337+ (0.182)	0.477* (0.226)	-0.209+ (0.120)	-0.158 (0.165)
截距1	-2.055*** (0.45)	-2.142** (0.655)	-2.76*** (0.263)	-3.05*** (0.44)
截距2	-0.252 (0.445)	-0.23 (0.648)	-2.16*** (0.259)	-2.33*** (0.44)
截距3	1.253** (0.444)	1.413* (0.650)	-0.376 (0.253)	-0.463 (0.432)
截距4	2.564*** (0.461)	2.922*** (0.693)	1.054*** (0.254)	1.002* (0.433)
N	1243	862	3103	1940
pseudo R^2	0.029	0.052	0.012	0.015

注：+ $p<0.10$，* $p<0.05$，** $p<0.01$，*** $p<0.001$。

模型6显示，除了职业技能、代际差异外，初中受教育程度者对技能培训效果认可度显著低于小学及以下者。在企业特征方面，仅劳动合同签订有显著差异，其中签订1年以内劳动合同者的技能培训效果认可度显著高于未签订者。

在技能培训诉求方面，如模型7所示，受教育程度与职业技能水平不同者对技能培训的需求存在显著差异，其中受教育程度更高者，拥有初级和中级职业技能水平者对技能培训的需求显著更高。模型8中，职业技能水平的差异消失，仅中学受教育程度者对技能培训的需求显著高于小学及以下者。这说明企业就业者对技能培训存在普遍需求，相互之间差异很小。

（二）创业

关于农业转移人口的创业情况，我们从创业意愿、创业经历与效益及创业诉求三个方面进行分析。

1. 创业意愿

首先看全体被访者的创业意愿,如表 2-13 所示。

表 2-13 创业意愿

样本量（人）	占比（%）				均值
	不强烈或没想法	不太强烈	比较强烈	强烈	
2885	14.52	29.50	37.33	18.65	2.60

从表 2-13 可知,整体上看,大约 56% 的被访者创业意愿强烈或比较强烈,不同地点的被访者在创业意愿上没有显著的差异。也就是说,不分地点,被访者都有较为强烈的创业意愿。

为进一步明确影响创业意愿的因素,表 2-14 对所有被访者和企业就业被访者进行了回归分析。

表 2-14 创业意愿的 Ologit 模型稳健回归结果

因变量：创业意愿	模型 9	模型 10
	全样本	企业样本
性别（女性=0）	0.650*** (0.072)	0.764*** (0.108)
代际（80 前=0）		
80 后	0.428*** (0.109)	0.241 (0.170)
90 后	0.530*** (0.143)	0.387+ (0.223)
受教育程度（小学及以下=0）		
初中	0.531*** (0.133)	0.599** (0.225)
高中/中专/技校	0.622*** (0.138)	0.752*** (0.227)
大专/自考本科	0.740*** (0.160)	0.653* (0.255)
党员（否=0）	-0.132 (0.133)	-0.342+ (0.190)
参军（否=0）	0.620** (0.199)	0.722* (0.329)
婚姻（未婚=0）		
已婚	0.368*** (0.096)	0.275* (0.138)
离异/丧偶	-0.034 (0.293)	0.793 (0.493)
家庭人口数	0.057* (0.025)	0.079* (0.037)

续表

因变量：创业意愿	模型 9	模型 10
	全样本	企业样本
务工经商年龄	-0.041*** (0.008)	-0.042*** (0.013)
目前城市就业年限	-0.015+ (0.009)	-0.046*** (0.014)
职业技能（无=0）		
有但无证书	0.318*** (0.081)	0.398** (0.130)
初级	0.285* (0.112)	0.159 (0.162)
中级	0.575*** (0.122)	0.419* (0.175)
高级	0.680*** (0.202)	0.697** (0.261)
工作晋升可能性		0.282*** (0.043)
参加工会（没工会=0）		
有没参加		-0.292* (0.120)
参加		-0.085 (0.153)
职业地位（上层非体力=0）		
下层非体力		-0.019 (0.176)
上层体力		-0.401* (0.173)
下层体力		-0.185 (0.192)
其他		0.075 (0.233)
单位性质（国有=0）		
私营		-0.074 (0.167)
外资/合资		-0.054 (0.195)
其他		-0.338 (0.243)
单位行业（制造业=0）		
建筑业		-0.102 (0.157)
商业		0.107 (0.151)
生活服务业		-0.190 (0.177)
其他		-0.027 (0.325)
单位规模（1~29人=0）		
30~99人		-0.211 (0.157)
100~299人		-0.081 (0.157)
300~999人		-0.173 (0.162)
1000~2999人		-0.390* (0.188)

续表

因变量：创业意愿	模型 9	模型 10
	全样本	企业样本
3000 人及以上		-0.226（0.234）
工作地点（乡镇=0)		
县城		0.126（0.168）
地级市		-0.426**（0.160）
省会		-0.206（0.160）
地区（东部=0)		
中部	0.106（0.085）	0.510***（0.126）
西部	0.079（0.122）	0.567**（0.181）
截距 1	-0.840**（0.297）	-0.667（0.572）
截距 2	0.858**（0.296）	1.343*（0.575）
截距 3	2.702***（0.301）	3.348***（0.583）
N	3014	1557
pseudo R^2	0.043	0.079

注：$^+ p<0.10$，$^* p<0.05$，$^{**} p<0.01$，$^{***} p<0.001$。

创业意愿的回归分析结果如下。

（1）在个体与家庭特征方面，性别、受教育程度、参军经历、婚姻和家庭人口数等几个特征在全样本模型和企业样本模型中均存在显著差异，说明这几个变量较为稳健。其中男性的创业意愿显著高于女性；在全样本中，受教育程度越高，创业意愿越强烈，在企业样本中，高中/中专/技校学历者的创业意愿最高；参军服兵役的经历会显著提高个体的创业意愿；已婚者的创业意愿显著高于未婚者；最后，家庭人口数越多，创业意愿越高。代际差异仅在全样本中显著，"80 后""90 后"新生代个体的创业意愿更高，但在企业样本中没有显著差异。

（2）在工作经历方面，农业转移人口进城时的年龄越大，创业意愿显著越低，换句话说，务工经商的时间越长，创业意愿越强烈；在目前所在城市的就业年限对创业意愿有显著的负向影响，但在全样本中作用不显著；职业技能对创业意愿有显著的正向作用，而且职业技能等级越高，创业意愿越强烈。

(3) 在单独企业样本模型中，在不同特征企业工作的被访者之间差异不太显著。值得说明的是，在企业工作自评晋升可能性越大的人，其创业意愿显著越强烈。

综合来看，人力资本因素，包括受教育程度、参军经历、职业技能等与创业意愿显著正相关。

2. 创业经历与效益

在调查中，我们还了解了有创业经历者的创业情况，包括创业效益、创业初始投资、资金来源以及享受的优惠政策等。

表2-15显示了有无创业经历和有创业经历者的创业效益。

表2-15 创业经历与效益

单位：人，%

样本量	有创业经历	创业效益		
		失败	不好	好
2885	20.42	30.75	24.84	44.41

从表2-15可以看出，整体上被访者中有创业经历的人仅约1/5，即创业者仅占少数。对于有创业经历者，调查结果表明，他们中约31%的人创业失败，约25%的人创业效益不好，约44%的人创业效益好。

表2-16显示了对创业效益影响因素的回归分析。从表中可知，对创业效益存在影响的因素主要是务工经商年龄、目前城市就业年限、创业优惠政策、初始投资以及创业年份等。

具体而言，外出务工经商时的年龄越大，越可能避免创业失败，其可能原因是年龄越大，阅历和经验越丰富，投资会越谨慎；而目前城市就业年限越长，越可以显著降低创业者陷入经验困境和失败的可能性。

在资金投入方面，初始资金投入越大，创业经营陷入困境的可能性越小，但对创业效益没有显著影响。

最后，创业优惠政策可以同时显著降低创业者陷入困境、发生失败的可能性，说明优惠政策对于创业者的成功具有积极作用。

表 2-16　创业效益的 Mlogit 模型稳健回归分析

因变量：创业效益（好 =0）	模型 11	
	不好 = 1	失败 = 2
性别（女 = 0）	-0.458 + （0.262）	0.377（0.246）
代际（80 前 = 0）		
80 后	-0.141（0.311）	-0.066（0.296）
90 后	0.324（0.500）	-0.530（0.477）
受教育程度（小学及以下 = 0）		
初中	0.086（0.368）	0.390（0.366）
高中/中专/技校	0.047（0.393）	-0.019（0.401）
大专/自考本科	1.167 *（0.528）	0.794（0.518）
参军（否 = 0）	0.003（0.520）	0.769 +（0.402）
婚姻（未婚 = 0）		
已婚	-0.302（0.319）	-0.555 +（0.308）
离异/丧偶	-0.027（0.729）	-1.120（0.788）
务工经商年龄	-0.065 **（0.024）	-0.017（0.021）
目前城市就业年限	-0.081 **（0.027）	-0.053 **（0.021）
职业技能（无 = 0）		
有但无证书	0.121（0.286）	0.175（0.258）
初级	0.417（0.413）	0.645 +（0.367）
中级	0.615（0.380）	-0.111（0.400）
高级	-0.294（0.526）	-1.244 +（0.667）
初始投资（1 万元以下 = 0）		
1 万～10 万元	-0.424（0.274）	-0.653 *（0.262）
11 万～30 万元	-0.832 +（0.468）	-0.829 +（0.452）
31 万～100 万元	-0.369（0.972）	-15.546 ***（0.54）
100 万元以上	-0.181（0.498）	-0.193（0.448）
创业优惠政策（无 = 0）	-0.771 *（0.363）	-1.439 ***（0.427）
创业年份	-0.038（0.024）	-0.043 *（0.022）
创业行业（工业 = 0）		
商业制造业	-0.100（0.380）	-0.115（0.353）
建筑建材业	0.390（0.458）	-0.438（0.448）
农业和农村服务业	1.021 +（0.537）	0.527（0.482）
运输业	0.100（0.561）	-0.683（0.552）

第二章　宏观结构变迁与农业转移人口的诉求

续表

因变量：创业效益（好=0）	模型11	
	不好=1	失败=2
其他	-0.525（0.454）	-0.318（0.417）
创业地点（村=0）		
县城	-0.031（0.316）	-0.268（0.308）
地级市	-0.289（0.322）	-0.245（0.298）
省会城市	0.002（0.332）	-0.414（0.319）
地区（东部=0）		
中部	0.572*（0.291）	0.673*（0.262）
西部	0.723+（0.400）	0.487（0.412）
常数项	77.695（47.924）	87.086*（43.237）
N	600	
pseudo R^2	0.105	

注：+ $p<0.10$，* $p<0.05$，** $p<0.01$，*** $p<0.001$。

3. 创业诉求

既然创业优惠政策对创业具有显著的积极影响，那么我们就对优惠政策做进一步分析。

从表2-17可以看出，享受到优惠政策的农业转移人口创业者并不多，比例不到10%，不同创业地点的优惠政策享受者比例存在显著差异，其中地级市享受优惠政策者比例最低，仅约5%，而乡镇享受优惠政策者比例最高，约占16%。从享受的具体政策来看，税费优惠、创业培训/技能培训和贷款担保/优惠所占比例较大，在所有享受优惠者中，分别占43.06%、41.67%和32.39%。在不同的创业地点中，乡镇和县城创业者享受政策优惠的人口比例较大。

表2-17　创业享受优惠政策

创业地点	样本量（人）	有优惠政策（%）	相关优惠政策（%）					
			创业培训/技能培训	贷款担保/优惠	设立创业扶持基金	税费优惠	物流运输用水用电补贴	减免缓交社保金	发放失业保险金
乡镇	204	15.69	45.45	40.63	18.75	46.88	15.63	25.00	21.88

续表

创业地点	样本量（人）	有优惠政策（%）	相关优惠政策（%）							
^	^	^	创业培训/技能培训	贷款担保/优惠	设立创业扶持基金	税费优惠	物流运输用水用电补贴	减免缓交社保金	发放失业保险金
县城	152	9.87	33.33	33.33	33.33	46.67	46.67	40.00	26.67
地级市	157	5.10	54.55	36.36	18.18	36.36	9.09	18.18	9.09
省会	128	7.03	30.77	7.69	8.33	35.71	15.38	15.38	7.69
合计	641	9.98	41.67	32.39	20.00	43.06	21.13	25.35	18.31
显著性		0.005	0.571	0.195	0.433	0.855	0.053	0.443	0.462

从工商税费减免诉求看，表示"比较迫切"和"非常迫切"的总和超过59%，也就是说，不分地点，被访者都较为迫切地希望政府可以给予减免工商税费的优惠政策（见表2-18）。

表2-18 创业工商税费减免诉求

样本量（人）	占比（%）					均值
^	不迫切	比较不迫切	一般	比较迫切	非常迫切	^
2882	7.04	5.34	28.24	28.35	31.02	3.71

表2-19显示了被访者的创业优惠政策诉求的相关因素分析。

表2-19 创业优惠政策诉求的Ologit模型稳健回归结果

因变量：创业优惠政策诉求	模型12	模型13
^	全样本	创业者样本
性别（女=0）	0.048（0.070）	0.131（0.192）
代际（80前=0）		
80后	-0.011（0.104）	-0.058（0.252）
90后	0.015（0.139）	-0.280（0.448）
受教育程度（小学及以下=0）		
初中	0.243*（0.121）	1.034***（0.28）
高中/中专/技校	0.364**（0.127）	0.943***（0.283）
大专/自考本科	0.532***（0.147）	0.663+（0.366）
参军（否=0）	0.169（0.139）	0.107（0.342）

续表

因变量：创业优惠政策诉求	模型 12	模型 13
	全样本	创业者样本
婚姻（未婚=0）		
已婚	0.060（0.093）	0.219（0.256）
离异/丧偶	0.093（0.266）	1.184*（0.591）
务工经商年龄	-0.015*（0.008）	-0.002（0.017）
目前城市就业年限	0.002（0.009）	-0.005（0.018）
职业技能（无=0）		
有但无证书	-0.005（0.079）	0.113（0.200）
初级	0.225*（0.115）	0.411（0.285）
中级	0.307**（0.119）	0.153（0.276）
高级	0.432*（0.186）	0.461（0.351）
创业经历（无=0）	0.373***（0.085）	—
初始投资（1万元以下=0）		
1万~10万元		0.179（0.208）
11万~30万元		0.269（0.342）
31万~100万元		0.269（0.945）
100万元以上		-0.241（0.316）
创业优惠政策（无=0）		0.293（0.262）
创业年份		0.034*（0.017）
创业行业（工业=0）		
商业制造业		0.289（0.291）
建筑建材业		-0.306（0.362）
农业和农村服务业		-0.215（0.394）
运输业		-0.009（0.403）
其他		0.004（0.337）
创业地点（村=0）		
县城		-0.323（0.234）
地级市		0.213（0.234）
省会城市		0.088（0.242）
创业效益（失败=0）		
不好		-0.009（0.224）

续表

因变量：创业优惠政策诉求	模型 12	模型 13
	全样本	创业者样本
好		0.266（0.205）
地区（东部 = 0）		
中部	-0.144⁺（0.084）	-0.212（0.200）
西部	-0.092（0.121）	-0.069（0.310）
常数项		
截距 1	-2.507***（0.270）	66.807*（33.713）
截距 2	-1.885***（0.264）	67.276*（33.720）
截距 3	-0.261（0.261）	68.763*（33.739）
截距 4	0.929***（0.262）	70.119*（33.748）
N	3034	590
pseudo R^2	0.009	0.031

注：$^+ p < 0.10$，$^* p < 0.05$，$^{**} p < 0.01$，$^{***} p < 0.001$。

首先，在全样本中，创业经历对政策需求有显著影响，创业者对优惠政策的需求迫切程度显著高于未创业者。

其次，人力资本因素的影响显著。在全样本中，受教育程度对优惠政策诉求存在显著的正向影响。受教育程度越高，对创业优惠政策的诉求越迫切；在创业者样本中，受教育程度同样存在显著差异，并且回归系数大于全样本的回归系数。但与全样本中不同，创业者受教育程度越高对创业优惠政策的渴望程度反而会低一些，说明创业过程中，学历低者对优惠政策诉求更强烈和迫切。在职业技能方面，在全样本中，与无职业技能者相比，职业技能水平越高，对创业优惠政策的需求越强烈，但在创业者样本中，有无职业技能者之间并没有显著差异。表 2-20 的均值分析表明，无论有无职业技能，有创业经历者的政策诉求迫切程度均值都高于未创业者，且前者的内部差异小于后者。

此外，在全样本中，外出务工经商年龄越大者，对政策的需求越小，但在创业者中没有显著差异。以上分析表明，人力资本因素对创业政策需求有显著影响，同时有创业经历者的政策需求普遍更为迫切。

表 2-20　创业工商税费减免诉求的交叉分析

均值（标准差）		职业技能	
		无	有
创业经历	无	3.60（1.20）	3.72（1.31）
	有	3.83（1.15）	3.88（1.17）

（三）个人生活与社会交往

在个人生活与社会交往方面，农业转移人口的主要困难包括居住、身心与身份、社会交往等方面。

1. 居住

城市居住困境主要表现为租不到合适的房子、租房价格贵。下文我们从租房信息和廉租房供给两个方面诉求分析进城农业转移人口的城市居住需求。

（1）租房信息

从调查情况看，对租房信息有迫切需求的人数比例约为49%，平均迫切程度为3.43，在迫切程度上偏"一般"。差异性检验表明，不同工作地的被访者对租房信息供给的迫切性没有显著差异。表 2-21 显示了被访者对提供租房信息的诉求。

表 2-21　提供租房信息诉求

样本量（人）	占比（%）					均值
	不迫切	比较不迫切	一般	比较迫切	非常迫切	
2878	10.88	7.12	32.56	27.10	22.34	3.43

（2）廉租房供给

与提供租房信息相比，显然被访者对提供廉租房的诉求更为迫切，其中有62%的人明确表示对廉租房有迫切需求，迫切程度均值为3.79，偏向"比较迫切"。不同工作地的被访者存在一定的显著差异，其中省会城市农业转移人口的廉租房诉求最为迫切，表达"非常迫切"的人数比例达到36%。

为进一步明确对租房信息和廉租房有诉求者的群体特征，表 2-22 进行了回归分析。

表 2-22 提供租房信息与廉租房诉求的 Ologit 模型稳健回归结果

因变量	模型 14 提供租房信息 （全样本）	模型 15 提供租房信息 （企业样本）	模型 16 提供廉租房 （全样本）	模型 17 提供廉租房 （企业样本）
性别（女=0）	0.053 (0.066)	0.070 (0.089)	0.062 (0.067)	0.076 (0.092)
代际（80前=0)				
80后	0.010 (0.101)	0.017 (0.137)	0.028 (0.102)	0.136 (0.137)
90后	-0.014 (0.133)	-0.062 (0.184)	-0.135 (0.133)	-0.050 (0.174)
受教育程度（小学及以下=0）				
初中	0.108 (0.110)	0.163 (0.148)	0.105 (0.116)	0.088 (0.162)
高中/中专/技校	0.185 (0.115)	0.158 (0.157)	0.199[+] (0.119)	0.109 (0.169)
大专/自考本科	0.291[*] (0.136)	0.209 (0.185)	0.357[*] (0.139)	0.222 (0.195)
婚姻（未婚=0）				
已婚	-0.140 (0.091)	-0.090 (0.119)	0.002 (0.091)	0.023 (0.117)
离异/丧偶	0.016 (0.251)	0.257 (0.308)	0.132 (0.209)	0.401 (0.247)
务工经商年龄	-0.000 (0.007)	0.006 (0.010)	-0.006 (0.007)	-0.004 (0.011)
目前城市就业年限	-0.02[**] (0.008)	-0.029[**] (0.01)	-0.016[+] (0.009)	-0.022[+] (0.01)
与同城老乡交往	0.065[+] (0.036)	0.060 (0.047)	0.083[*] (0.035)	0.046 (0.045)
与同城外地人交往	0.116[**] (0.041)	0.045 (0.053)	0.081[*] (0.041)	0.088[+] (0.052)
与同城当地人交往	0.016 (0.035)	0.056 (0.046)	-0.024 (0.036)	-0.051 (0.047)
劳动合同签订（未签=0）				
1年以内		0.403[**] (0.133)		0.260[+] (0.135)
1~2年		0.269[*] (0.137)		0.128 (0.133)
3~5年		0.192 (0.138)		0.251[+] (0.137)
5年以上		0.64[***] (0.194)		0.72[***] (0.207)
职业地位（上层非体力=0）				
下层非体力		0.099 (0.163)		0.018 (0.157)
上层体力		0.002 (0.147)		-0.046 (0.145)
下层体力		0.349[*] (0.159)		0.280[+] (0.154)
其他		0.084 (0.189)		0.191 (0.202)
单位性质（国有=0）				
私营		0.186 (0.152)		0.144 (0.152)
外资/合资		0.088 (0.177)		0.007 (0.176)

续表

因变量	模型14 提供租房信息 （全样本）	模型15 提供租房信息 （企业样本）	模型16 提供廉租房 （全样本）	模型17 提供廉租房 （企业样本）
其他		0.229（0.215）		0.099（0.215）
单位行业（制造业=0）				
建筑业		-0.141（0.134）		-0.165（0.143）
商业		0.165（0.122）		0.167（0.115）
生活服务业		0.042（0.142）		-0.098（0.136）
其他		0.364（0.267）		0.253（0.276）
单位规模（1~29人=0）				
30~99人		0.150（0.125）		-0.033（0.130）
100~299人		0.201（0.131）		-0.186（0.133）
300~999人		0.297*（0.149）		-0.033（0.151）
1000~2999人		0.202（0.173）		-0.064（0.168）
3000人及以上		0.279（0.214）		-0.028（0.220）
工作地点（乡镇=0）				
县城		0.157（0.148）		0.265*（0.154）
地级市		0.270+（0.140）		0.349*（0.144）
省会		0.248+（0.139）		0.379**（0.143）
地区（东部=0）				
中部	-0.022（0.083）	-0.059（0.11）	0.075（0.084）	-0.062（0.110）
西部	0.119（0.115）	0.068（0.158）	0.077（0.117）	0.086（0.164）
截距1	1.489***（0.31）	-0.774（0.483）	-1.87***（0.310）	-1.60***（0.483）
截距2	-0.889**（0.31）	-0.188（0.481）	-1.236***（0.31）	-0.947*（0.480）
截距3	0.691*（0.312）	1.418**（0.482）	0.081（0.307）	0.318（0.480）
截距4	1.92***（0.314）	2.72***（0.485）	1.256***（0.31）	1.556**（0.482）
N	3089	1943	3093	1942
pseudo R^2	0.006	0.014	0.004	0.011

注：+ $p<0.10$，* $p<0.05$，** $p<0.01$，*** $p<0.001$。

从表2-22可知，与租房信息和廉租房诉求显著相关的因素并不多。

从模型14和模型15可知，目前城市就业年限对提供租房信息诉求有显著负向影响，这表明来到本地时间越短，对租房信息的需求越大。另外，在全样本中，与同城老乡交往和与同城外地人交往密切者，其对租房信息的需求显著更大；受教育程度方面，大专/自考本科者的租房信息需求会显著更大些。在企业样本中，不同劳动合同签订期限者，其租房信息需求存在显著差异，其中签订2年以下短期和5年以上长期劳动合同者对租房信息的需求显著高于未签订者。

在廉租房方面，除了与同城老乡交往和与同城外地人交往密切者，签订5年以上长期合同者，在地级市和省会城市工作的人，对廉租房的需求显著更大外，其他特征没有显著差异。也就是说，对廉租房的需求普遍很高，不同特征群体之间不存在显著差异。

2. 身心与身份

在身心健康方面，农业转移人口主要存在"身患疾病""心情不畅""心里有落差""身份认同模糊"等困境。下文将从精神健康和身份认同两方面分析农业转移人口的身心健康。

（1）精神健康

本次调查采用了中文健康问卷（Chinese Health Questionnaire-12）对被访者进行精神健康调查，该量表的目标是筛选出严重精神问题或精神疾病的高危人群。根据世界卫生组织的建议（石其昌等，2005），我们对"从来没有"、"偶尔"、"经常"和"大部分时间有"分别赋值0、0、1、1，在此基础上将12条测量指标得分加总，所得求和值最低分为0分，最高分为12分。根据计算结果，将被访者分为高危人群（大于等于4分），中危人群（2或3分）和低危人群（0或1分）。三个群体的比例分布见表2-23。

如表2-23所示，总体上农业转移人口中精神健康处于高危状态者占到20.41%，组内均值为5.48，也就是说，有约1/5的人患有严重的精神疾病；同时中危人群也占到约1/4的比例，组内均值为2.39。

表2-23 精神健康

样本量（人）	占比（%）			均值
	低危人群	中危人群	高危人群	
2822	54.04	25.55	20.41	1.95

差异性检验表明,不同工作地的农业转移人口的精神健康状态存在显著差异。其中在乡镇工作的人高危比例达到 26.7%,显著高于其他工作地人口,中高危人群合计超过了 50%;在县城工作的人高危比例也高于总体均值,约占 23%,中高危人群合计约为 48%。

如表 2-24 所示,在全样本模型中,与女性相比,男性发生中危精神疾病的可能性显著更小。换句话说,女性发生中危精神疾病的可能性更大,但两性之间发生高危精神疾病的可能性没有显著差异。与 80 年代前出生的人相比,"80 后"发生高危精神疾病的可能性显著更小。换言之,高龄组和低龄组发生高危精神疾病的可能性更大。此外,离异/丧偶者发生高危精神疾病的可能性显著大于未婚者。

表 2-24 精神健康的 Mlogit 模型稳健回归结果

因变量:精神健康 (低危=0)	模型 18 全样本		模型 19 企业样本	
	中危=1	高危=2	中危=1	高危=2
性别(女性=0)	-0.249** (0.090)	-0.092 (0.098)	-0.223+ (0.126)	-0.374* (0.148)
代际(80前=0)				
80后	0.073 (0.136)	-0.288* (0.144)	0.120 (0.191)	-0.566** (0.204)
90后	0.335+ (0.176)	-0.011 (0.192)	0.268 (0.242)	-0.328 (0.266)
受教育程度(小学及以下=0)				
初中	-0.175 (0.152)	-0.298* (0.156)	-0.348 (0.216)	-0.140 (0.237)
高中/中专/技校	-0.297+ (0.159)	-0.335* (0.167)	-0.451* (0.229)	-0.287 (0.256)
大专/自考本科	-0.507** (0.186)	-0.621** (0.203)	-0.570* (0.269)	-0.327 (0.307)
婚姻(未婚=0)				
已婚	-0.038 (0.122)	0.009 (0.139)	-0.114 (0.159)	-0.263 (0.190)
离异/丧偶	0.261 (0.343)	0.805** (0.312)	0.791+ (0.448)	0.924+ (0.477)
务工经商年龄	-0.012 (0.009)	-0.032** (0.010)	-0.021 (0.014)	-0.049** (0.015)
目前城市就业年限	-0.005 (0.010)	-0.025* (0.012)	-0.013 (0.015)	-0.028+ (0.017)
与同城老乡交往	-0.051 (0.044)	-0.070 (0.047)	-0.075 (0.058)	-0.191** (0.069)
与同城外地人交往	0.063 (0.051)	0.101+ (0.054)	0.020 (0.066)	0.075 (0.078)
与同城当地人交往	-0.046 (0.043)	-0.032 (0.047)	-0.024 (0.057)	-0.001 (0.070)

续表

因变量：精神健康（低危=0）	模型18 全样本 中危=1	高危=2	模型19 企业样本 中危=1	高危=2
劳动合同签订（未签=0）				
1年以内			-0.249 (0.204)	0.121 (0.215)
1~2年			0.124 (0.174)	0.308 (0.207)
3~5年			-0.103 (0.197)	-0.172 (0.236)
5年以上			-0.318 (0.318)	0.712* (0.280)
与直接管理者冲突			0.127* (0.063)	0.391*** (0.069)
与同事沟通谈心			0.014 (0.063)	0.124+ (0.073)
工作危险			-0.072 (0.071)	0.051 (0.078)
工作有害健康			0.100 (0.066)	0.145* (0.071)
工作环境恶劣			0.154* (0.070)	0.419*** (0.075)
职业地位（上层非体力=0）				
下层非体力			-0.333 (0.227)	0.240 (0.263)
上层体力			-0.391+ (0.202)	-0.425+ (0.238)
下层体力			-0.085 (0.221)	0.196 (0.249)
其他			-0.086 (0.278)	0.428 (0.298)
单位性质（国有=0）				
私营			-0.387+ (0.208)	-0.009 (0.266)
外资合资			-0.171 (0.237)	-0.100 (0.312)
其他			-0.044 (0.282)	0.200 (0.344)
单位行业（制造业=0）				
建筑业			-0.006 (0.181)	0.024 (0.211)
商业			0.081 (0.173)	0.412* (0.190)
生活服务业			0.069 (0.197)	0.150 (0.214)
其他			0.440 (0.411)	-1.094+ (0.630)
单位规模（1~29人=0）				
30~99人			-0.007 (0.171)	-0.051 (0.199)
100~299人			0.134 (0.178)	0.214 (0.202)
300~999人			-0.220 (0.205)	-0.067 (0.234)
1000~2999人			0.360 (0.228)	-0.026 (0.278)

续表

因变量：精神健康（低危=0）	模型18 全样本		模型19 企业样本	
	中危=1	高危=2	中危=1	高危=2
3000人及以上			-0.048（0.292）	-0.066（0.363）
工作地点（乡镇=0）				
县城			-0.108（0.208）	-0.031（0.224）
地级市			-0.095（0.198）	-0.332（0.216）
省会			-0.113（0.194）	-0.640**（0.218）
地区（东部=0）				
中部	0.068（0.112）	0.137（0.125）	0.133（0.150）	0.126（0.175）
西部	0.502**（0.158）	0.776***（0.168）	0.416+（0.217）	0.813***（0.239）
截距	-0.105（0.392）	0.157（0.423）	0.168（0.637）	-1.334+（0.795）
N	3029		1879	
pseudo R^2	0.016		0.089	

注：+ $p<0.10$，* $p<0.05$，** $p<0.01$，*** $p<0.001$。

受教育程度与精神疾病发生显著相关，数据分析表明，受教育程度越高，发生中高危精神疾病的可能性越小。外出务工经商年龄越大者，在目前城市就业年限越长者，其精神健康处于高危状态的可能性越小。

企业样本的影响因素与全样本存在差异。在企业样本模型中，女性比男性发生高危精神疾病的可能性显著更大。受教育程度越高者发生中危精神疾病的可能性越小，但发生高危精神疾病的可能性与低学历者没有显著差异。社会交往方面，与同城老乡交往可以显著降低高危精神疾病发生的可能性。

在企业管理方面，签订5年以上长期合同者发生高危精神疾病的可能性显著大于未签订者。在工作沟通方面，与直接管理者的冲突越频繁，越会同时显著激发中高危精神症状的发生。工作环境的影响很大，其中工作有害健康的程度越大，发生高危精神疾病的可能性显著越大，而工作环境恶劣同时提高了中高危精神疾病发生的可能性。在行业特征中，商业从业者高危精神疾病发生的可能性显著大于制造业从业者。在省会城市工作的人高危精神疾病发生的可能性显著更小。

（2）身份认同

身份认同模糊是进城农业转移人口的另一重要身心困境，其具体表述有"不被这个城市所认同""工农不分""没有归属感""身份得不到认可""总觉得自己是外地人"等。总体上看，被访者的身份认同多样，并不集中。其中认同自己既是工人也是农民的比例最高，约为38%，其次是工人和农民的身份认同，约占1/5，城市新市民的认同比例约为18%。由此可见，农业转移人口的身份认同确实比较模糊。

此外，我们还测量了"在城市，觉得自己只是一个'过客'"的情况，如表2-25所示。

表2-25 城市"过客"感知

样本量（人）	占比（%）					均值
	非常符合	比较符合	有点符合	不大符合	完全不符	
2857	13.82	29.57	29.60	22.97	4.04	2.74
显著性	0.080					0.0019

数据分析结果表明，大多数被调查者认同自己是一个"过客"，其中超过43%的人比较或非常认同自己是城市的"过客"。

表2-26对被访者的身份认同进行了回归分析，结果如下。

表2-26 身份认同的Mlogit模型稳健回归结果

因变量：身份认同（农民=0）	模型20			
	工人=1	农民工=2	城市新市民=3	不清楚=4
性别（女性=0）	-0.380* (0.158)	-0.299* (0.14)	-0.207 (0.166)	-0.632* (0.250)
代际（80前=0）				
80后	0.522* (0.229)	0.134 (0.197)	0.650** (0.251)	0.127 (0.378)
90后	1.279*** (0.317)	0.453 (0.290)	1.16*** (0.339)	0.687 (0.479)
受教育程度（小学及以下=0）				
初中	0.129 (0.235)	0.278 (0.203)	0.791* (0.340)	0.288 (0.441)
高中/中专/技校	0.560* (0.261)	0.422* (0.230)	1.494*** (0.354)	0.890* (0.449)
大专/自考本科	0.403 (0.322)	0.490* (0.288)	1.824*** (0.404)	1.700*** (0.509)

续表

因变量：身份认同（农民＝0）	模型20			
	工人＝1	农民工＝2	城市新市民＝3	不清楚＝4
婚姻（未婚＝0）				
已婚	0.034（0.211）	－0.073（0.196）	－0.208（0.219）	－0.118（0.329）
离异/丧偶	0.855（0.625）	0.667（0.554）	0.199（0.736）	0.833（0.922）
务工经商年龄	0.003（0.016）	0.002（0.014）	0.008（0.017）	－0.033（0.035）
目前城市就业年限	0.029（0.018）	0.003（0.016）	0.041*（0.019）	0.004（0.028）
职业技能（无＝0）				
有但无证书	0.83***（0.176）	0.63***（0.16）	0.697***（0.2）	0.785**（0.278）
初级	0.024（0.260）	0.236（0.223）	0.433+（0.253）	－0.567（0.458）
中级	0.756*（0.338）	0.851**（0.31）	1.166***（0.33）	0.097（0.525）
高级	0.092（0.387）	－0.160（0.360）	0.408（0.388）	－0.065（0.584）
参加工会（没工会＝0）				
有没参加	0.653**（0.216）	0.370+（0.200）	0.662**（0.222）	0.039（0.374）
参加	0.311（0.250）	0.049（0.226）	0.318（0.253）	0.375（0.384）
养老保险（无＝0）	0.093（0.182）	0.211（0.161）	－0.044（0.194）	0.296（0.284）
医疗保险（无＝0）	0.065（0.169）	0.231（0.150）	0.300+（0.178）	－0.144（0.272）
失业保险（无＝0）	0.128（0.228）	0.213（0.209）	0.169（0.235）	－0.386（0.371）
与同城老乡交往	－0.143+（0.075）	－0.135*（0.07）	－0.182*（0.079）	－0.38**（0.129）
与同城外地人交往	0.193*（0.085）	0.149*（0.076）	0.176+（0.093）	－0.013（0.140）
与同城当地人交往	0.051（0.071）	0.017（0.065）	0.172*（0.078）	0.338**（0.113）
地区（东部＝0）				
中部	0.341+（0.180）	0.522**（0.16）	0.414*（0.192）	0.194（0.289）
西部	0.016（0.271）	0.323（0.236）	0.363（0.280）	0.209（0.423）
截距	－1.579*（0.661）	－0.498（0.597）	－3.208***（0.74）	－1.194（1.228）
N	2891			
pseudo R^2	0.057			

注：+ $p<0.10$，* $p<0.05$，** $p<0.01$，*** $p<0.001$。

第一，在个人特征方面，与女性相比，男性更不认同自己是工人、农民工或认同不清晰，即更倾向于认同自己的农民身份。与80年代前出生的人相比，"80后"和"90后"更倾向于认同自己是工人或城市新市民。在教育方面，受教育程度越高，被访者越认同自己是城市新市民，同时也存在认同更为模糊的情况，此外高中/中专/技校学历者比较认同自己是工人。

第二，在工作特征方面，在目前就业城市工作时间越长，越认同自己是城市新市民。在职业技能方面，有技能但无证书者和中级职业技能者显著认同自己是工人、农民工或城市新市民等，同时有技能但无证书者还存在显著的身份认同不清。有意思的是，企业有工会但未参加者的工人和城市新市民认同更加显著，而参加工会者与没工会者没有显著差异。此外，是否参加社会保险对身份认同没有显著影响。

第三，在社会交往方面，与同城老乡交往密切会显著降低个人的农民工、城市新市民或其他身份认同，即更倾向于认同自己是农民；而与同城外地人交往密切会显著提升个人的工人和农民工认同；与同城当地人交往会显著提升城市新市民或其他身份的认同。

第四，中部地区农业转移人口更为认同自身的农民工和城市新市民身份。

3. 社会交往

农业转移人口的社会交往困难主要包括语言不通、受到歧视、缺少朋友和人际信任等。下文将从社交网络、人际信任和社会平等三方面进行分析。

（1）社交网络

我们将农业转移人口的交往分为与同城老乡、同城外地人、同城当地人的交往。表2-27显示，农业转移人口与同城老乡交往偏多的比例合计超过了60%。农业转移人口与同城外地人的交往比例相对低一些，交往频率一般的比例约为42%，偏多的比例合计不超过40%。与同城当地人的交往处于一般状态，均值分析结果也是如此（见表2-28）。

表2-27 与同城老乡、同城外地人和同城当地人交往情况

类别	样本量（人）	占比（%）					均值
		非常少	比较少	一般	比较多	非常多	
与同城老乡交往	2897	3.07	10.04	26.72	38.56	21.61	3.66
与同城外地人交往	2896	3.87	16.06	41.85	30.04	8.18	3.23
与同城当地人交往	2897	8.60	22.16	35.14	24.37	9.73	3.04

表 2-28 与同城当地人交往意愿

样本量（人）	占比（%）					均值
	完全不愿意	不太愿意	没想法	比较愿意	十分愿意	
2858	1.57	17.67	14.77	53.92	12.07	3.57

为明确影响交往现状和意愿的因素，我们对两者进行了回归分析，结果见表 2-29。

表 2-29 与同城当地人交往现状的 OLS 模型和交往意愿的 Ologit 模型回归结果

因变量	模型 21 交往现状 （全样本）	模型 22 交往现状 （企业样本）	模型 23 交往意愿 （全样本）	模型 24 交往意愿 （企业样本）
性别（女性 = 0）	-0.008 (0.069)	-0.077 (0.090)	0.194** (0.073)	0.147 (0.097)
代际（80 前 = 0）				
80 后	0.362*** (0.103)	0.471*** (0.137)	0.081 (0.108)	0.070 (0.150)
90 后	0.328* (0.130)	0.543** (0.167)	-0.065 (0.141)	-0.096 (0.197)
受教育程度（小学及以下 = 0）				
初中	-0.128 (0.118)	0.068 (0.162)	0.259* (0.121)	0.388* (0.171)
高中/中专/技校	0.076 (0.125)	0.207 (0.175)	0.267* (0.129)	0.384* (0.183)
大专/自考本科	0.444** (0.146)	0.351* (0.206)	0.337* (0.151)	0.401* (0.208)
婚姻（未婚 = 0）				
已婚	-0.050 (0.092)	0.005 (0.115)	-0.075 (0.101)	-0.133 (0.133)
离异/丧偶	-0.286 (0.257)	0.208 (0.377)	-0.125 (0.307)	0.255 (0.403)
务工经商年龄	-0.002 (0.007)	-0.001 (0.010)	0.011 (0.007)	0.010 (0.010)
目前城市就业年限	0.054*** (0.008)	0.044*** (0.012)	-0.006 (0.009)	-0.005 (0.013)
职业技能（无 = 0）				
有但无证书	0.105 (0.077)	0.222* (0.110)	0.177* (0.082)	0.188 (0.118)
初级	0.314** (0.116)	0.392* (0.152)	0.291* (0.125)	0.252 (0.156)
中级	0.549*** (0.126)	0.685*** (0.163)	0.429** (0.136)	0.262 (0.171)
高级	0.775*** (0.195)	0.607** (0.223)	0.137 (0.188)	0.079 (0.230)
与同城老乡交往	—	—	0.131*** (0.039)	0.111* (0.051)
与同城外地人交往	—	—	0.037 (0.044)	0.081 (0.057)

续表

因变量	模型21 交往现状 （全样本）	模型22 交往现状 （企业样本）	模型23 交往意愿 （全样本）	模型24 交往意愿 （企业样本）
与同城当地人交往	—	—	0.665*** (0.041)	0.621*** (0.054)
参加工会（没工会＝0）				
有没参加		0.287** (0.111)		0.062 (0.124)
参加		0.196 (0.141)		0.067 (0.151)
劳动合同签订（未签＝0）				
1年以内		0.028 (0.136)		0.017 (0.154)
1～2年		0.051 (0.128)		0.110 (0.143)
3～5年		0.212 (0.148)		0.080 (0.143)
5年以上		0.511** (0.195)		0.136 (0.205)
职业地位（上层非体力＝0）				
下层非体力		0.050 (0.159)		-0.046 (0.173)
上层体力		-0.409** (0.155)		-0.047 (0.167)
下层体力		-0.247 (0.175)		-0.090 (0.186)
其他		-0.120 (0.202)		0.202 (0.225)
单位性质（国有＝0）				
私营		-0.264+ (0.146)		-0.061 (0.168)
外资/合资		-0.171 (0.180)		0.086 (0.198)
其他		-0.097 (0.213)		-0.002 (0.242)
单位行业（制造业＝0）				
建筑业		0.119 (0.132)		0.036 (0.143)
商业		0.005 (0.119)		0.202 (0.137)
生活服务业		0.346** (0.134)		0.386* (0.154)
其他		-0.478 (0.380)		0.326 (0.411)
单位规模（1～29人＝0）				
30～99人		-0.279* (0.131)		0.087 (0.136)
100～299人		-0.305* (0.134)		-0.009 (0.145)
300～999人		-0.544*** (0.152)		0.015 (0.159)
1000～2999人		-0.228 (0.174)		-0.080 (0.178)
3000人及以上		-0.326 (0.215)		0.221 (0.232)

续表

因变量	模型21 交往现状 （全样本）	模型22 交往现状 （企业样本）	模型23 交往意愿 （全样本）	模型24 交往意愿 （企业样本）
工作地点（乡镇=0）				
县城		0.312* (0.155)		-0.131 (0.164)
地级市		0.157 (0.150)		-0.140 (0.156)
省会		-0.079 (0.145)		-0.062 (0.159)
地区（东部=0）				
中部	-0.244** (0.081)	-0.164 (0.110)	-0.081 (0.091)	-0.057 (0.121)
西部	0.027 (0.122)	0.050 (0.166)	0.158 (0.128)	0.289+ (0.173)
截距1	-2.019*** (0.253)	-2.139*** (0.412)	-1.166*** (0.347)	-1.343* (0.530)
截距2	-0.440+ (0.248)	-0.485 (0.406)	1.650*** (0.324)	1.638** (0.501)
截距3	1.111*** (0.248)	1.121** (0.407)	2.515*** (0.327)	2.501*** (0.502)
截距4	2.734*** (0.251)	2.722*** (0.411)	5.468*** (0.344)	5.502*** (0.518)
N	3120	1940	3065	1914
pseudo R^2	0.021	0.037	0.065	0.068

注：+ $p<0.10$，* $p<0.05$，** $p<0.01$，*** $p<0.001$。

表2-29中模型21和模型22显示了与同城当地人交往现状的回归分析结果。在个人特征方面，"80后"和"90后"与同城当地人的交往显著更加密切；在工作特征方面，目前城市就业年限越长，与当地人的交往越频繁；职业技能对与当地人交往也有显著影响，职业技能级别越高者，其与当地人交往的频率越高。在企业样本中，企业有工会但未参加者、签订5年以上劳动合同者、生活服务业者及在县城工作者与当地人的交往显著更频繁，而上层体力劳动者、在30~999人规模企业工作者与当地人的交往频率显著更低。

模型23和模型24显示了与同城当地人的交往意愿，由表中结果可知，受教育程度对交往意愿有显著影响，受教育程度越高者，交往意愿越强烈；社会交往现状也对交往意愿有显著影响，其中与同城老乡和同城当地人交往越密切，与当地人交往的意愿就越强烈，与外地人的交往频率对其没有显著影响。

在全样本中，男性与当地人交往的意愿显著高于女性，除高级职业技能者外，职业技能等级越高者，与当地人的交往意愿越强烈。在企业样本中，除了生活服务业者的交往意愿更为强烈外，其他特征差异并不显著。

（2）人际信任

不信任他人和不被他人信任都会给社会交往带来障碍，表2-30从对工作地市民的信任和初见陌生人信任两个方面分析进城农业转移人口在城市的交往信任状况。总体上看，对本地市民的信任呈"正态"分布，以认为本地市民"可信与不可信各占一半"为主，信任与不信任的比例差不多。对于初次接触的陌生人，整体上偏于不信任，其中认为多数不可信的比例合计约60%，而认为多数可信的比例不到10%，说明被访者的陌生人信任较低。

表2-30 本地市民和陌生人的信任情况

类别	样本量（人）	占比（%） 绝大多数不可信	大多数不可信	可信与不可信各占一半	大多数可信	绝大多数可信	均值
本地市民信任	2893	7.95	19.74	47.87	19.77	4.67	2.93
陌生人信任	2903	26.63	33.76	30.62	7.48	1.52	2.23

表2-31对市民信任和陌生人信任进行了回归分析，了解影响两种人群信任的因素。

表2-31 市民信任与陌生人信任的Ologit模型稳健回归分析

因变量	模型25 市民信任（全样本）	模型26 市民信任（企业样本）	模型27 陌生人信任（全样本）	模型28 陌生人信任（企业样本）
性别（女性=0）	0.104（0.070）	0.045（0.095）	0.242***（0.069）	0.158⁺（0.094）
代际（80前=0）				
80后	-0.136（0.109）	-0.183（0.153）	-0.038（0.103）	-0.119（0.143）
90后	-0.220（0.143）	-0.240（0.196）	-0.041（0.135）	-0.064（0.184）
受教育程度（小学及以下=0）				
初中	0.036（0.120）	0.135（0.170）	-0.011（0.118）	0.132（0.164）
高中/中专/技校	0.199（0.125）	0.220（0.179）	0.160（0.124）	0.309⁺（0.174）

续表

因变量	模型25 市民信任 （全样本）	模型26 市民信任 （企业样本）	模型27 陌生人信任 （全样本）	模型28 陌生人信任 （企业样本）
大专/自考本科	0.329*（0.144）	0.228（0.202）	0.517***（0.144）	0.726***（0.204）
婚姻（未婚=0）				
已婚	0.143（0.092）	0.143（0.122）	-0.088（0.092）	-0.020（0.122）
离异/丧偶	-0.190（0.226）	0.016（0.306）	0.167（0.225）	0.338（0.287）
务工经商年龄	0.033***（0.008）	0.033**（0.010）	0.021**（0.007）	0.020*（0.009）
目前城市就业年限	0.020*（0.008）	0.009（0.012）	0.016*（0.008）	0.006（0.012）
职业技能（无=0）				
有但无证书	0.285***（0.080）	0.437***（0.116）	0.139*（0.080）	0.208*（0.113）
初级	0.405***（0.113）	0.279（0.142）	0.228*（0.114）	-0.039（0.147）
中级	0.490***（0.143）	0.584**（0.179）	0.428***（0.128）	0.368*（0.166）
高级	0.282（0.203）	0.428（0.261）	0.030（0.189）	0.185（0.243）
与同城老乡交往	0.092**（0.035）	0.097*（0.047）	0.094**（0.034）	0.088（0.045）
与同城外地人交往	0.093*（0.042）	0.106（0.053）	0.172***（0.040）	0.145**（0.051）
与同城当地人交往	0.358***（0.037）	0.355***（0.047）	0.197***（0.034）	0.227***（0.044）
参加工会（没工会=0）				
有没参加		0.257*（0.118）		0.241*（0.118）
参加		0.215（0.144）		0.099（0.147）
劳动合同签订（未签=0）				
1年以内		-0.079（0.140）		0.137（0.139）
1~2年		-0.197（0.127）		-0.088（0.128）
3~5年		0.164（0.140）		0.040（0.144）
5年以上		0.382（0.242）		0.163（0.233）
职业地位（上层非体力=0）				
下层非体力		0.150（0.170）		0.033（0.162）
上层体力		-0.357*（0.163）		-0.144（0.149）
下层体力		-0.252（0.176）		-0.219（0.167）
其他		-0.241（0.218）		-0.055（0.213）
单位性质（国有=0）				
私营		0.322*（0.156）		0.035（0.151）

续表

因变量	模型25 市民信任 (全样本)	模型26 市民信任 (企业样本)	模型27 陌生人信任 (全样本)	模型28 陌生人信任 (企业样本)
外资/合资		0.117 (0.187)		-0.088 (0.185)
其他		-0.023 (0.240)		-0.153 (0.230)
单位行业(制造业=0)				
建筑业		0.299* (0.135)		0.514*** (0.134)
商业		0.035 (0.130)		0.085 (0.126)
生活服务业		0.147 (0.153)		0.137 (0.151)
其他		-0.061 (0.366)		0.141 (0.389)
单位规模(1~29人=0)				
30~99人		0.094 (0.133)		0.266* (0.131)
100~299人		0.125 (0.138)		0.384** (0.137)
300~999人		0.010 (0.149)		0.240 (0.149)
1000~2999人		-0.133 (0.165)		0.145 (0.173)
3000人及以上		0.030 (0.207)		-0.057 (0.191)
工作地点(乡镇=0)				
县城		-0.008 (0.162)		-0.016 (0.154)
地级市		-0.127 (0.153)		-0.074 (0.147)
省会		-0.316* (0.154)		-0.146 (0.146)
地区(东部=0)				
中部	0.068 (0.080)	0.038 (0.105)	0.082 (0.082)	0.077 (0.109)
西部	-0.030 (0.122)	-0.081 (0.166)	0.059 (0.120)	0.020 (0.169)
截距1	0.310 (0.337)	0.309 (0.511)	1.318*** (0.306)	1.488** (0.473)
截距2	1.868*** (0.336)	1.871*** (0.509)	2.837*** (0.310)	2.977*** (0.477)
截距3	4.125*** (0.346)	4.154*** (0.518)	4.768*** (0.319)	5.034*** (0.485)
截距4	6.101*** (0.358)	6.122*** (0.530)	6.661*** (0.343)	6.883*** (0.501)
N	3096	1931	3106	1936
pseudo R^2	0.036	0.054	0.025	0.040

注: $^+ p<0.10$, $^* p<0.05$, $^{**} p<0.01$, $^{***} p<0.001$。

在市民信任方面,无论是全样本模型还是企业样本模型,务工经商年龄、职业技能及与同城老乡、外地人和当地人的交往对市民信任有正向影响。外出务工经商年龄越大，职业技能等级越高，与同城老乡、外地人和当地人的交往越密切，尤其是与同城当地人的交往越密切，对本地市民的信任感就越强。在陌生人信任中也存在类似效应。此外，在受教育程度方面，大专/自考本科者会比小学及以下者更信任市民和陌生人。

在企业样本中，企业有工会但未参加者、建筑业从业者显著更信任本地市民和初见陌生人。上层体力劳动者比上层非体力劳动者更不信任本地市民，而在私营企业工作的比在国有企业工作的显著更信任本地市民。在陌生人信任方面，在30~299人规模企业工作的显著比在30人以下企业工作的更信任陌生人。

（3）社会平等

社会平等的困境主要是"受到歧视"，期望获得在就业和地位上的平等，因此我们从被访者对城里人认知的现状，及"不要歧视外来创业农业转移人口"和"和城市市民一样的地位"两个诉求方面进行分析。

表2-32显示了被访者对城里人认知的综合测量结果。总的来看，进城农业转移人口对城里人的认知较为温和，处于一般水平状态。不同工作地被访者在"城里人歧视农民工"和"城乡就业不平等"两方面存在显著差异，其中在省会城市和地级市工作的人态度会消极一些，但差异不大。

表2-32 对城里人认知

工作地点	样本量（人）	均值		
		城里人歧视农民工	城里人态度恶劣	城乡就业不平等
乡镇	458	5.69	4.25	5.24
县城	629	5.70	4.10	5.40
地级市	914	5.93	4.17	5.53
省会	898	5.95	4.12	5.59
合计	2899	5.85	4.15	5.48
显著性		0.0036	0.5168	0.0047

注：三个变量是通过因子分析法合成，7个指标的信度系数为0.7047，巴特利特球形检验卡方值为4284.501，p值为0.000，KMO值为0.767。其中"多数城里人是友好的""多数城里人很虚伪、很做作"2个指标合成"城里人态度恶劣"因子，"城里人享受的好处超出了他们所应得的""多数城里人对农民工有戒备心理""多数城里人内心看不起农民工""城里人在经济上'剥削'了农民工"4个指标合成"城里人歧视农民工"因子，"在社会上，能力相当的农民工和城市市民的就业机会是一样的"1个指标生成"城乡就业不平等"因子，三个因子的累计方差解释比例为67.42%。最后对所获因子值做了10分化处理，因此三个指标的取值范围为0~10，分值越高看法越消极。

表 2-33 显示了农业转移人口的消除歧视和地位平等诉求。从中可知，整体上有 64% 左右的人希望消除城市人对他们的歧视，并获得与城市市民一样的地位，两者的均值分别为 3.78 和 3.87，在诉求上均倾向于"比较迫切"和"非常迫切"，且不同工作地的人之间不存在显著差异。

表 2-33 消除歧视和地位平等诉求

	样本量（人）	占比（%）					均值
		不迫切	比较不迫切	一般	比较迫切	非常迫切	
消除歧视诉求	2881	6.39	4.93	25.55	30.68	32.45	3.78
地位平等诉求	2881	5.08	3.73	26.36	28.44	36.39	3.87

我们对歧视现状与消除歧视诉求、地位不平等与获得地位平等诉求进行回归分析（见表 2-34 和表 2-35）。

表 2-34 城里人歧视 OLS 模型与消除歧视诉求 Ologit 模型稳健回归结果

因变量	模型 29 城里人歧视（全样本）	模型 30 城里人歧视（企业样本）	模型 31 消除歧视（全样本）	模型 32 消除歧视（企业样本）
性别（女性=0）	0.050 (0.068)	0.096 (0.086)	0.101 (0.070)	0.142 (0.090)
代际（80 前=0）				
80 后	-0.121 (0.101)	-0.032 (0.130)	-0.101 (0.104)	-0.037 (0.135)
90 后	-0.248⁺ (0.132)	-0.181 (0.171)	-0.247⁺ (0.131)	-0.170 (0.175)
受教育程度（小学及以下=0）				
初中	0.037 (0.110)	-0.052 (0.147)	0.164 (0.119)	0.303* (0.151)
高中/中专/技校	-0.061 (0.117)	-0.223 (0.160)	0.357** (0.125)	0.404* (0.163)
大专/自考本科	-0.054 (0.135)	-0.214 (0.180)	0.323* (0.146)	0.279 (0.191)
婚姻（未婚=0）				
已婚	-0.004 (0.090)	0.024 (0.109)	0.054 (0.092)	0.058 (0.117)
离异/丧偶	-0.436⁺ (0.245)	-0.287 (0.294)	0.154 (0.250)	0.414 (0.285)
务工经商年龄	-0.003 (0.006)	0.004 (0.008)	0.006 (0.007)	0.017⁺ (0.009)
目前城市就业年限	-0.007 (0.008)	-0.013 (0.011)	-0.012 (0.008)	-0.005 (0.011)
职业技能（无=0）	0.075 (0.071)	0.123 (0.096)	0.096 (0.072)	0.152 (0.102)
医疗保险（无=0）	-0.150* (0.066)	-0.084 (0.084)	-0.189** (0.069)	-0.176⁺ (0.090)

续表

因变量	模型29 城里人歧视（全样本）	模型30 城里人歧视（企业样本）	模型31 消除歧视（全样本）	模型32 消除歧视（企业样本）
与同城老乡交往	0.050（0.033）	0.072⁺（0.041）	0.118**（0.036）	0.108*（0.045）
与同城外地人交往	0.109**（0.038）	0.100*（0.048）	0.020（0.042）	0.027（0.053）
与同城当地人交往	-0.139***（0.032）	-0.140***（0.041）	-0.029（0.035）	-0.096*（0.044）
职业地位（上层非体力=0）				
下层非体力		-0.239⁺（0.145）		-0.164（0.170）
上层体力		-0.075（0.131）		-0.399*（0.155）
下层体力		-0.011（0.145）		-0.038（0.169）
其他		-0.073（0.193）		-0.355⁺（0.211）
单位性质（国有=0）				
私营		0.146（0.138）		0.302⁺（0.156）
外资/合资		0.050（0.161）		0.107（0.184）
其他		0.263（0.202）		0.300（0.225）
单位行业（制造业=0）				
建筑业		-0.197（0.121）		-0.138（0.138）
商业		0.088（0.110）		-0.084（0.116）
生活服务业		-0.192（0.132）		0.101（0.150）
其他		-0.380（0.370）		-0.359（0.288）
单位规模（1~29人=0）				
30~99人		0.009（0.121）		0.041（0.125）
100~299人		0.162（0.122）		0.009（0.129）
300~999人		0.048（0.136）		0.291*（0.142）
1000~2999人		0.130（0.159）		0.325⁺（0.174）
3000人及以上		0.337（0.227）		0.142（0.227）
工作地点（乡镇=0）				
县城		0.074（0.147）		-0.157（0.153）
地级市		0.315*（0.138）		0.130（0.146）
省会		0.326*（0.135）		0.121（0.148）
地区（东部=0）				
中部	0.043（0.081）	-0.128（0.104）	0.018（0.085）	-0.060（0.112）

续表

因变量	模型 29 城里人歧视 （全样本）	模型 30 城里人歧视 （企业样本）	模型 31 消除歧视 （全样本）	模型 32 消除歧视 （企业样本）
西部	-0.050 (0.121)	-0.217 (0.156)	-0.263* (0.122)	-0.286⁺ (0.157)
常数项	5.969*** (0.286)	5.595*** (0.434)		
截距 1			-2.073*** (0.313)	-1.762*** (0.480)
截距 2			-1.447*** (0.308)	-1.180* (0.474)
截距 3			0.085 (0.305)	0.405 (0.470)
截距 4			1.372*** (0.306)	1.688*** (0.472)
N	2955	1910	2971	1927
R^2/pseudo R^2	0.018	0.035	0.007	0.014

注：⁺ $p<0.10$，* $p<0.05$，** $p<0.01$，*** $p<0.001$。

由表 2-34 可知，影响城里人歧视认知和消除歧视诉求的因素很少。在全样本中，有医疗保险可以显著降低进城农业转移人口的城里人歧视感和消除歧视的迫切感。社会交往网络对歧视感有显著影响，其中与同城外地人交往越密切，歧视感越强烈，而与同城本地人交往越密切，则可以显著降低歧视感；在消除歧视诉求方面，与同城老乡的交往越多，对消除歧视的诉求越迫切。此外，在地级市与省会城市工作的歧视感显著更强烈。

如表 2-35 所示，不同受教育程度者的地位感知存在显著差异，其中大专/自考本科者的地位不平等感特别强烈，而高中/中专/技校、大专/自考本科者获得与市民相同地位的迫切性显著高于小学及以下者。已婚者获得地位平等诉求显著强于未婚者。与同城本地人交往越密切，地位不平等感越弱。

表 2-35 地位不平等 OLS 模型与获得平等诉求 Ologit 模型稳健回归结果

因变量	模型 33 地位不平等 （全样本）	模型 34 地位不平等 （企业样本）	模型 35 获得平等 （全样本）	模型 36 获得平等 （企业样本）
性别（女性=0）	0.055 (0.069)	-0.042 (0.091)	0.026 (0.071)	0.087 (0.092)

续表

因变量	模型33 地位不平等 (全样本)	模型34 地位不平等 (企业样本)	模型35 获得平等 (全样本)	模型36 获得平等 (企业样本)
代际 (80前=0)				
80后	-0.109 (0.105)	-0.101 (0.140)	0.088 (0.104)	0.185 (0.133)
90后	-0.123 (0.135)	-0.081 (0.179)	-0.020 (0.141)	0.141 (0.178)
受教育程度 (小学及以下=0)				
初中	-0.238* (0.114)	0.041 (0.159)	0.119 (0.118)	0.320* (0.157)
高中/中专/技校	-0.133 (0.122)	0.227 (0.171)	0.284* (0.123)	0.396* (0.166)
大专/自考本科	0.370** (0.143)	0.756*** (0.20)	0.335* (0.144)	0.438* (0.191)
婚姻 (未婚=0)				
已婚	-0.161+ (0.096)	-0.154 (0.118)	0.249** (0.095)	0.284* (0.118)
离异/丧偶	-0.041 (0.248)	-0.157 (0.379)	0.218 (0.253)	0.369 (0.339)
务工经商年龄	-0.006 (0.007)	-0.009 (0.009)	-0.009 (0.007)	0.001 (0.009)
目前城市就业年限	-0.012 (0.008)	-0.013 (0.011)	-0.003 (0.008)	0.004 (0.012)
职业技能 (无=0)	-0.052 (0.072)	-0.067 (0.098)	0.097 (0.073)	0.117 (0.102)
医疗保险 (无=0)	-0.171* (0.070)	-0.028 (0.092)	0.025 (0.069)	0.065 (0.090)
与同城老乡交往	0.036 (0.036)	-0.015 (0.045)	0.093** (0.035)	0.071 (0.044)
与同城外地人交往	-0.041 (0.040)	-0.071 (0.050)	0.013 (0.040)	0.013 (0.052)
与同城当地人交往	-0.218*** (0.03)	-0.26*** (0.042)	0.007 (0.035)	-0.033 (0.045)
职业地位 (上层非体力=0)				
下层非体力		-0.086 (0.159)		-0.237 (0.163)
上层体力		0.313* (0.144)		-0.254+ (0.147)
下层体力		0.503** (0.156)		-0.067 (0.166)
其他		0.098 (0.201)		-0.234 (0.206)
单位性质 (国有=0)				
私营		-0.155 (0.151)		-0.048 (0.148)
外资/合资		-0.219 (0.176)		-0.143 (0.174)
其他		-0.308 (0.217)		-0.091 (0.217)
单位行业 (制造业=0)				
建筑业		0.190 (0.131)		-0.018 (0.130)
商业		0.086 (0.117)		0.008 (0.120)

续表

因变量	模型33 地位不平等 （全样本）	模型34 地位不平等 （企业样本）	模型35 获得平等 （全样本）	模型36 获得平等 （企业样本）
生活服务业		-0.167 (0.144)		0.102 (0.144)
其他		-0.635* (0.292)		-0.126 (0.313)
单位规模（1~29人=0）				
30~99人		-0.147 (0.124)		-0.015 (0.133)
100~299人		-0.272* (0.127)		-0.143 (0.130)
300~999人		-0.082 (0.139)		0.082 (0.145)
1000~2999人		-0.200 (0.173)		-0.002 (0.177)
3000人及以上		-0.396⁺ (0.226)		0.257 (0.230)
工作地点（乡镇=0）				
县城		0.253⁺ (0.150)		-0.030 (0.152)
地级市		0.203 (0.139)		0.119 (0.145)
省会		0.300* (0.137)		0.160 (0.150)
地区（东部=0）				
中部	-0.073 (0.084)	-0.131 (0.109)	-0.068 (0.087)	-0.209⁺ (0.112)
西部	-0.183 (0.120)	-0.192 (0.154)	-0.120 (0.122)	-0.134 (0.161)
常数项	6.71*** (0.302)	6.768*** (0.46)		
截距1			-2.32*** (0.305)	-2.31*** (0.455)
截距2			-1.745*** (0.30)	-1.69*** (0.449)
截距3			-0.016 (0.295)	0.066 (0.444)
截距4			1.16*** (0.296)	1.251** (0.445)
N	2955	1910	2984	1935
R^2/pseudo R^2	0.036	0.070	0.004	0.008

注：⁺ $p<0.10$，* $p<0.05$，** $p<0.01$，*** $p<0.001$。

在企业样本中，体力劳动者的地位不平等感显著更为强烈，在省会城市工作被访者地位不平等感更为强烈。

（四）家庭生活

关于家庭生活，我们主要从家庭分离和家庭关系两个方面进行分析，说明农业转移人口的家庭生活现状及相关影响因素。

1. 家庭分离

家庭分离是目前农业转移人口家庭生活的主要形态，包括夫妻分离和亲子分离。

表2-36显示了已婚被访者与配偶共同生活的时间。由表可知，有约52%的人是全年长期与配偶生活在一起的，约10%的人分离3~6个月，约12%的人分离半年到9个月，约1/4的人与配偶分离9个月以上。此外，不同工作地被访者与配偶共同生活时间存在显著差异，其中在乡镇工作的与配偶全年共同生活十个月及以上的占约62%，大大高于其他工作地被访者。

表2-36 与配偶共同生活时间

工作地点	样本量（人）	占比（%）					
		没有过	1个月内	1~3个月	4~6个月	7~9个月	10~12个月
乡镇	321	2.80	5.30	10.28	8.10	11.84	61.68
县城	393	2.04	7.12	16.28	12.72	6.87	54.96
地级市	499	1.81	6.63	19.48	12.45	9.44	50.20
省会	431	2.09	8.82	17.63	13.23	12.30	45.94
合计	1644	2.13	7.06	16.43	11.87	10.04	52.47
显著性		0.001					

已婚者中约有61%的人有18岁以下的未成年小孩，约28%的人至少有2个18岁以下孩子，约4%的人有3个18岁以下孩子。

调查结果显示，同与配偶共同生活相比，与18岁以下小孩全年长期生活在一起的被访者比例低很多。在与第一个孩子的共同生活中，仅约37%的人可以与大孩全年生活十个月以上，其余有约56%的人与大孩分离半年以上。与第二个孩子的共同生活时间也存在相似的比例分布，而与第三个孩子长时间生活在一起的比例更低，超过60%的人要与三孩分离半年以上。

此外，我们还调查了被访者对小孩成长需要陪伴的看法。从表2-37可知，绝大多数被访者都同意小孩的成长需要父母陪伴，且不同工作地被访者之间不存在显著差异。这说明他们多数人与孩子的长期分离是迫于无奈的。

表 2-37 小孩成长需要父母陪伴

工作地点	样本量（人）	占比（%）比较不同意	一般	比较同意	十分同意	均值
乡镇	333	3.00	13.21	40.24	43.54	4.24
县城	409	1.22	13.20	48.17	37.41	4.22
地级市	513	1.56	11.70	49.32	37.43	4.23
省会	446	1.57	9.64	45.96	42.83	4.30
合计	1701	1.76	11.82	46.38	40.04	4.25
显著性			0.114			0.32

表 2-38 显示了夫妻分离和亲子分离的相关影响因素。

表 2-38 夫妻分离与亲子分离的 logit 模型稳健回归结果

因变量：（3个月及以下=0）	模型37 夫妻分离（全样本）	模型38 夫妻分离（企业样本）	模型39 亲子分离（全样本）	模型40 亲子分离（企业样本）
性别（女性=0）	0.497*** (0.107)	0.392* (0.153)	0.960*** (0.147)	0.826*** (0.223)
代际（80前=0）				
80后	-0.053 (0.128)	-0.196 (0.182)	-0.618*** (0.171)	-0.509* (0.245)
90后	-0.051 (0.256)	0.005 (0.354)	-0.664* (0.401)	-1.433* (0.604)
受教育程度（小学及以下=0）				
初中	0.087 (0.148)	0.272 (0.216)	-0.489* (0.224)	-0.168 (0.334)
高中/中专/技校	0.141 (0.163)	0.171 (0.239)	-0.560* (0.249)	-0.600 (0.368)
大专/自考本科	-0.368 (0.229)	-0.241 (0.332)	-0.646* (0.335)	-0.201 (0.509)
务工经商年龄	-0.006 (0.008)	-0.010 (0.012)	0.023 (0.015)	0.019 (0.022)
目前城市就业年限	-0.086*** (0.011)	-0.091*** (0.016)	-0.077*** (0.016)	-0.080*** (0.023)
到县城车程（不到1小时=0）				
1~2小时	0.299** (0.115)	0.075 (0.159)	0.128 (0.162)	0.238 (0.239)
3~5小时	0.028 (0.224)	-0.111 (0.310)	-0.238 (0.301)	-0.175 (0.432)
6小时及以上	0.373 (0.583)	0.990 (0.865)	0.922 (0.787)	1.563 (1.236)
到省城车程（不到1小时=0）				
1~2小时	0.174 (0.329)	-0.265 (0.497)	0.054 (0.435)	0.137 (0.721)
3~5小时	0.173 (0.323)	-0.282 (0.493)	0.087 (0.425)	0.010 (0.723)

续表

因变量：(3个月及以下=0)	模型37 夫妻分离 （全样本）	模型38 夫妻分离 （企业样本）	模型39 亲子分离 （全样本）	模型40 亲子分离 （企业样本）
6小时及以上	0.252（0.331）	-0.389（0.500）	0.216（0.442）	0.002（0.724）
与同城老乡交往	0.091⁺（0.052）	0.060（0.072）	-0.132⁺（0.074）	-0.175（0.116）
与同城外地人交往	0.064（0.058）	-0.051（0.081）	0.147⁺（0.086）	0.179（0.136）
与同城当地人交往	-0.171***（0.050）	-0.167*（0.070）	-0.250***（0.072）	-0.340**（0.108）
参加工会（没工会=0）				
有没参加		0.279（0.214）		0.323（0.336）
参加		-0.043（0.233）		-0.677*（0.316）
劳动合同签订（未签=0）				
1年以内		-0.376（0.264）		0.259（0.422）
1~2年		-0.072（0.230）		-0.063（0.326）
3~5年		-0.018（0.259）		0.223（0.383）
5年以上		-0.027（0.297）		-0.121（0.453）
职业地位（上层非体力=0）				
下层非体力		0.096（0.289）		-0.113（0.449）
上层体力		-0.136（0.249）		-0.735⁺（0.387）
下层体力		-0.127（0.269）		-0.770⁺（0.430）
其他		-0.039（0.335）		-0.627（0.536）
单位性质（国有=0）				
私营		0.431⁺（0.250）		0.228（0.456）
外资/合资		0.327（0.308）		0.098（0.516）
其他		0.140（0.341）		-0.010（0.608）
单位行业（制造业=0）				
建筑业		0.420*（0.200）		0.407（0.300）
商业		0.039（0.223）		-0.166（0.337）
生活服务业		0.640*（0.255）		0.497（0.384）
其他		-0.005（0.498）		-0.181（0.786）
单位规模（1~29人=0）				
30~99人		0.362⁺（0.205）		-0.210（0.300）
100~299人		0.563*（0.219）		-0.062（0.331）

续表

因变量：(3个月及以下=0)	模型37 夫妻分离 （全样本）	模型38 夫妻分离 （企业样本）	模型39 亲子分离 （全样本）	模型40 亲子分离 （企业样本）
300~999人		0.268（0.251）		0.30（0.372）
1000~2999人		-0.038（0.317）		0.258（0.455）
3000人及以上		0.314（0.370）		0.935（0.663）
工作地点（乡镇=0）				
县城		0.242（0.233）		0.235（0.335）
地级市		0.283（0.220）		0.615[+]（0.337）
省会		0.540[*]（0.229）		1.213[***]（0.355）
地区（东部=0）				
中部	0.473[***]（0.132）	0.583[**]（0.186）	0.658[***]（0.185）	0.701[**]（0.271）
西部	0.073（0.184）	0.298（0.257）	0.116（0.244）	0.246（0.372）
常数项	-0.487（0.487）	-0.191（0.785）	1.188[+]（0.718）	1.340（1.324）
N	1695	971	1067	622
pseudo R^2	0.077	0.107	0.111	0.178

注：[+] $p<0.10$，[*] $p<0.05$，[**] $p<0.01$，[***] $p<0.001$。

由表2-38可知，影响家庭分离的因素并不多。在性别方面，男性与配偶和孩子长期分离的可能性显著高于女性。目前城市就业年限可以显著降低长期与配偶和孩子分离的可能性，即在目前城市就业年限越长，与配偶和孩子长期分离的可能性越小。在社会交往中，与同城当地人交往越密切者，其与配偶和孩子长期分离的可能性越小。在省会城市工作的与配偶和孩子长期分离的可能性显著高于在乡镇工作的农业转移人口。

值得注意的是，交通距离对家庭分离的影响不显著，这可能说明交通条件不是家庭分离的重要原因，而是工作性质或安排使然。

2. 家庭关系

农业转移人口进城务工经商导致了家庭分离。下文从夫妻关系、与孩子关系及与父母/公婆关系三个方面分析农业转移人口的家庭关系。

表2-39显示了被访者夫妻间、与孩子和与父母/公婆的关系。结果表明，被访者夫妻间、与孩子和与父母/公婆的关系都良好和谐，仅极少数人关系差。这其中与孩子的关系最好，均值为4.71，其次是夫妻关系，均

值为 4.61，最后是与父母/公婆的关系，均值为 4.54。

表 2-39 夫妻关系、与孩子关系、与父母/公婆关系情况

	样本量（人）	占比（%）					均值
		很好	较好	一般	比较差	很差	
夫妻关系	1519	72.77	16.94	9.40	0.42	0.48	4.61
与孩子关系	1519	77.49	16.98	5.07	0.46	0	4.71
与父母/公婆关系	1519	66.07	22.85	10.03	0.74	0.31	4.54

从表 2-40 可以看出，影响夫妻关系的因素较多，而影响与孩子和与父母/公婆关系的因素较少。

表 2-40 三种家庭关系的 logit 模型稳健回归结果

因变量：（关系好=0）	模型 41 夫妻关系	模型 42 与孩子关系	模型 43 与父母/公婆关系
性别（女性=0）	-0.772** (0.264)	-0.065 (0.356)	-1.250*** (0.269)
代际（80前=0）			
80 后	0.236 (0.313)	-0.114 (0.416)	0.191 (0.311)
90 后	0.490 (0.591)	-0.550 (1.322)	0.355 (0.553)
受教育程度（小学及以下=0）			
初中	-0.568+ (0.330)	-1.135* (0.466)	-0.824** (0.305)
高中/中专/技校	-1.419*** (0.426)	-1.408* (0.558)	-1.785*** (0.407)
大专/自考本科	-1.766* (0.791)	-1.260 (0.916)	-2.423** (0.796)
务工经商年龄	-0.005 (0.042)	0.002 (0.050)	-0.014 (0.039)
目前城市就业年限	0.015 (0.033)	0.053 (0.042)	0.008 (0.031)
每天工作时间	0.113* (0.054)	0.109 (0.070)	-0.019 (0.050)
与同城老乡交往	-0.213+ (0.120)	-0.278+ (0.157)	0.073 (0.118)
与同城外地人交往	0.167 (0.155)	-0.004 (0.189)	0.150 (0.132)
与同城当地人交往	-0.273+ (0.141)	-0.156 (0.175)	-0.151 (0.122)
家庭人口数	-0.227* (0.105)	0.051 (0.142)	-0.115 (0.105)
劳动力人口数	0.153+ (0.084)	0.030 (0.190)	0.001 (0.112)
家庭收入满意度	-0.418** (0.149)	-0.131 (0.166)	-0.651*** (0.153)

续表

因变量：（关系好 = 0）	模型 41 夫妻关系	模型 42 与孩子关系	模型 43 与父母/公婆关系
精神健康（低危 = 0）			
中危	1.075** (0.328)	0.724 (0.448)	0.586⁺ (0.322)
高危	1.248*** (0.324)	0.556 (0.496)	0.846** (0.297)
与配偶同住时间（没有过 = 0）			
1 个月内	-3.244** (1.076)	-1.077 (1.064)	-0.626 (1.151)
1~3 个月	-2.024* (0.888)	-0.556 (0.972)	-0.473 (1.021)
4~6 个月	-2.141* (0.888)	-0.246 (1.028)	-0.148 (1.051)
7~9 个月	-2.685** (0.936)	-1.529 (1.124)	-0.534 (1.046)
10~12 个月	-2.291** (0.818)	-0.759 (0.872)	-0.242 (0.966)
与第 1 个 18 岁以下小孩生活时间（没有过 = 0）			
1 个月内	-1.064 (0.883)	-1.050 (0.662)	-0.721 (0.992)
1~3 个月	-0.661 (0.877)	-1.635* (0.725)	-0.316 (0.956)
4~6 个月	-1.301 (0.930)	-3.335** (1.158)	-1.224 (1.036)
7~9 个月	-0.469 (0.914)	-2.538⁺ (1.312)	-0.052 (0.962)
10~12 个月	-1.004 (0.856)	-2.377*** (0.714)	-0.438 (0.934)
地区（东部 = 0）			
中部	0.217 (0.324)	0.805 (0.564)	0.348 (0.323)
西部	0.248 (0.477)	0.909 (0.754)	0.751⁺ (0.429)
常数项	2.726 (1.739)	-0.428 (1.911)	1.824 (1.816)
N	895	894	883
pseudo R^2	0.193	0.158	0.183

注：⁺ $p < 0.10$，* $p < 0.05$，** $p < 0.01$，*** $p < 0.001$。

在模型 41 中，与夫妻关系显著相关的因素有性别、受教育程度、每天工作时间、家庭人口数、家庭收入满意度、精神健康状况、与配偶同住时间。具体而言，男性外出务工经商导致夫妻关系变差的可能性显著更小，换句话说，女性外出务工导致夫妻关系变差的可能性更大。高中及以上受教育程度者的夫妻关系显著比小学及以下者好。每天工作时间越长，夫妻关系变差可能性越大。家庭人口数越多，夫妻关系变差的可能性越小。家庭收入满意度越高，夫妻关系变差的可能性越小。精神健康状态与夫妻关系显著相关，其中患中高危精神疾病者的夫妻关系显著变差，不过夫妻关系也可能影响被访者的精神健康，两者可能互为因果，因此需要谨慎。最后，夫妻分离时间越长，夫妻间关系变差的可能性越大。

影响与孩子关系的因素很少，仅受教育程度和与孩子生活时间。具体而言，高中与初中文化水平者因外出务工恶化与孩子关系的可能性显著小于小学及以下者。与孩子分离时间越长，亲子关系变差的可能性越大。

模型43表明，女性外出务工导致婆媳关系变差的可能性大于男性外出务工导致亲子关系变差的可能性。受教育程度越高，外出务工导致与父母/婆媳关系变差的可能性越小。满意的家庭收入可以显著降低与父母/婆媳关系变差的可能性。患高危精神疾病者与父母/婆媳关系变差的可能性显著高于低危者。

（五）小结

根据数据分析，我们可以对农业转移人口在城市的工作和生活困境与诉求进一步归纳如下。

第一，工作上，仍有不少人遭遇工资拖欠，尤其是建筑业；工资收入不公平感强烈，绝大多数人迫切希望提高薪资；频繁换工作，每份工作平均时长不到3年，晋升空间小，多数人希望政府提供就业机会与信息；约2/5的人没有任何职业技能，但现有技能培训效果普遍较差，多数人迫切希望政府或社区提供职业技能培训；约1/5的人处于工作有危险、有害健康和环境恶劣状态，单位特征有体力劳动、私营、建筑业、规模大和县乡地区；少数人会与直接管理者经常冲突及不太与同事沟通；创业上，大多数人有强烈的创业意愿，不过仅有两成的人有创业经历，创业者中约三成的人失败了，创业资金少且来源单一，享受优惠政策的人不到一成，多数人对创业享受工商税费减免有迫切需求。

第二，个人生活上，多数人对廉租房有迫切需求，这些人本地就业时间短，同当地人交往隔绝；两成的人患高危精神疾病，工作环境权益损害对患中高危精神疾病有显著影响；群体身份认同模糊多样，包括了农民、工人、农民工、城市新市民，部分人甚至无法明确自己的身份；社会交往中与老乡交往多，与当地人交往少，但期望与当地人交往的意愿强烈，不过他们目前对本地人和陌生人的信任度又偏低；他们对城市人歧视的看法较敏感，超过六成的人希望消除歧视，拥有社会保障和增进与当地人的交往可以降低歧视感知。

第三，家庭生活上，近半数的已婚者与配偶分离3个月以上，超过2/3的有18岁以下孩子者与小孩分离3个月以上；绝大多数人家庭关系和谐，值得关注的是，精神健康与家庭关系存在显著的正相关关系。

新型城镇化不是钢筋水泥的城镇化，而是人的城镇化，解决上述农业转移人口面临的问题，满足他们的诉求就是新型城镇化的核心任务。

第三章 农业转移人口的职业流动[*]

进入城市的农业转移人口,是推动经济发展、农民增收和城市化进程的重要力量。农业转移人口的职业流动不仅对宏观的经济社会发展具有显著意义,对其自身而言,职业流动还是他们利用市场提供的机会和资源、更好地实现自我价值和创造家庭财富的重要途径。

在农业转移人口现象出现不久的20世纪80年代和90年代,农业转移人口绝大多数是在劳动力密集型产业里从事产业工人的工作。当前,农业转移人口群体事实上已涵盖了从摆地摊、捡废品等自谋职业到具有一定资产的私营企业主;从无须技能或低技能的普通工人到技术和管理精英。也就是说,其内部现如今已经出现了较为明显的分化,体现为层化的职业特征。我们若不对该群体职业的内部差异性特征给予足够关注和重视,不仅研究的观点和结论难以牢靠,而且针对农业转移人口群体的新政策和新制度也会面临重大缺陷。因此,研究该群体的职业分割与流动现状及其影响因素,对我们更深入地理解农业转移人口的新特征和新问题具有重要意义,也能对建构一个跨越次级劳动力市场的分层和流动模型提供经验上的启发。本章着力于揭示农业转移人口职业分割的基本特征及其决定机制,并考察影响农业转移人口尤其是新生代农业转移人口职业流动的具体因素。

---

[*] 本章在课题组已发表的2篇论文的基础上加以补充和修改而成(《农民工的职业分割与向上流动》,《中国人口科学》2012年第5期;《农民工的职业流动及其影响因素——基于职业分层与代际差异视角的考察》,《人口与经济》2013年第5期)。

一 问题提出与文献回顾

（一）问题提出

农业转移人口职业身份的复杂性问题与精英的形成和再生产问题密切地联系在一起。以往一般认为，农业转移人口虽是农村精英，但进城后是进入城市的次级劳动力市场，很难实现真正意义上的向上社会流动。李强通过较早的一项调查发现，由于缺乏地位积累、地位继承和社会资源，加上向上流动的渠道单一，农业转移人口实现向上流动和地位上升的概率并不大（李强，1999）。而研究表明，农业转移人口通过永久式迁移实现在城市定居更是非常难（王德文、蔡昉、张国庆，2008）。但正如李强在10多年前就已经观察到的那样，农业转移人口群体里存在一部分素质较高的底层精英，而精英群体被集体排他，必定会激化社会矛盾（李强，2000）。

国内早期研究受到美国关于劳动力与工作匹配的社会网络理论的影响，多从社会关系网络角度探讨农业转移人口的亲缘、地缘和姻缘等关系对其求职和就业的影响，至此业已形成较为一致的共识，即社会关系网络对农业转移人口求职、就业和职业地位的影响是显著的和正面的（李培林，1996；王汉生等，1997；翟学伟，2003；刘林平，2005）。以往的研究同样证明了，人力资本（文化程度、正规培训和技术）对于农业转移人口获得较高的经济社会地位具有重要影响，且是他们成为管理、专业技术人员和公司职员的基本条件（赵延东、王奋宇，2002；姚先国、俞玲，2006）。人力资本和社会资本变量还被用于女性农业转移人口的往复式流动和永久性回流的研究（余驰、石智雷，2011）、农业转移人口的职业声望和生活满意度研究（陈成文、王修晓，2004）。虽然学术界通常认为农业转移人口劳动力市场具有完全竞争的特点，但在中国独特的社会结构和制度背景下，不同资本的效力和限度在哪，仍是值得探索和反省的问题。

（二）文献回顾

"空位竞争模型"理论认为，劳动者经济收入的不平等并不取决于个体特征的差异，而是由劳动者所处的结构性位置（职业层次）决定的，个体劳动者经济社会地位提升的主要途径是通过竞争进入那些职业层次较高的岗位，因此劳动者的职业层次会对其职业流动产生积极的影响（Grusky，2001：438-446）。李培林等人的研究指出，中国特有的户籍制度造成了农业转移人口就业与生存的困境，体制因素是致使农业转移人口职业流动相当频繁的重要原因（李培林、李炜，2007）。张春泥的研究同样发现，尽管存在人力资本和行业对农业转移人口职业流动的影响，但户籍制度仍作为一个独立因素影响其职业的稳定性（张春泥，2011）。宏观视角的制度解释显然是不充分的。对于农业转移人口个体而言，他们职业流动的具体原因千差万别，年龄增长、人力资本积累、家庭责任感、工作环境和职业病等因素都可能成为农业转移人口变换工作的原因。

传统人口迁移理论认为，个人的迁移是个人为了达到预期收入最大化而进行的，但新迁移经济学强调了家庭作为流动决策主体的重要性，家庭成员往往根据家庭预期收入最大化的原则进行外出或者是流动的决策（洪小良，2007）。新迁移经济学理论对于深受儒家文化影响的中国社会来说可能具有更强的解释力，有望从家庭视角对农业转移人口回流和迁移的动因提供新的解释。石智雷和杨云彦从家庭决策的视角分析了家庭禀赋对迁移劳动力回流的影响及其作用机制，考察了家庭的各种资本条件对迁移劳动力回流农村的复杂影响（石智雷、杨云彦，2012）。第一代农业转移人口中的相当部分在外出之前已经结婚，承担着较大的家庭责任，进城打工的最终目的还是通过稳定的工资收入来实现家庭预期收入的最大化，因此结婚状态会导致流动性减弱。有研究发现，结婚显著地减小了农业转移人口的职业流动概率，未婚新生代农业转移人口职业转移的概率比已婚新生代农业转移人口高，这主要是因为未婚新生代农业转移人口没有家庭的负担，受羁绊小（夏显力、张华、郝晶辉，2011）。家庭责任是影响农业转移人口职业流动的重要因素，但家庭责任除了婚姻状况，我们认为还有必要考虑家庭劳动力的数量以及家庭的子女数量，后者同样可能成为农业转移人口做出决策需要考虑的重要因素。

农业转移人口群体的代际差异较早便受到了学者们的关注。黄祖辉、刘雅萍验证了两代农业转移人口在就业方面的差异，结果表明两代农业转移人口在务工月工资收入、兼业性、工作经验方面存在显著差异（黄祖辉、刘雅萍，2008）。白南生等的研究发现收入低是农业转移人口流动的最主要原因，但流动原因日益多元化，尤其是新生代农业转移人口离职原因和老一代农业转移人口具有显著差异（白南生、李靖，2008）。代际差异究竟会导致新生代农业转移人口的职业流动体现怎样的不同，事实上仍是一个值得深入研究的问题。

虽然以往研究较少关注职业分层对劳动力流动的影响，但劳动力市场分割视角的不少研究可以给本研究提供重要启发。劳动力市场分割理论强调制度和社会性因素以及劳动者特征对就业的重要影响（桑普斯福特、桑纳托斯，2000：185~218）。不少研究者在劳动力市场分割问题的具体操作上往往以劳动者性别做区分（Mukherjee, 2002），也有研究以职业威望和职权为分析视角（Huffman and Cohen, 2004：121-147）。吴愈晓的研究表明，高学历劳动者与低学历劳动者分处初级和次级这两个分割的劳动力市场，职业流动是后者提高经济社会地位的一个重要途径，而对于前者而言，职业流动对其经济社会地位的提高没有显著影响（吴愈晓，2011）。这一结论对于文化程度普遍不高的农业转移人口群体是否适用，仍有待研究。国内外学者的研究一致表明，劳动力市场存在分割是普遍存在的现象，且这种分割会对人们的职业流动产生重要影响。而劳动力市场分割形成的重要机制之一便是职业分层。职业分层对农业转移人口群体的职业流动究竟会产生怎样的影响便是我们重点研究的问题之一。

在西方学术界，关于职业转换的研究高度强调结构和时机因素对职业发展的影响（Rosenfeld, 1992）。同样地，对中国农业转移人口的一些研究亦强调国家政策和身份制度对农业转移人口的地位获得施加了压倒性影响，认为农业转移人口的非市民身份是造成其在城市劳动力市场中处于劣势地位的关键因素（项飚，1996；Solinger, 1999），身份地位对他们的劳动力市场过程及其结果能够施加独立和实质性的影响（Cindy, 2002），制度阻隔是农业转移人口难以融入城市生活的重要原因（Zhou & Cai, 2008；Wu & Rosenbaum, 2008）。尽管西方社会学和经济学界在职业转换研究领域业已产生大量成果，但劳动力的职业转换和向上流动在中国有其自身独有的特征和机制。而农业转移人口又是一个非常独特的社会群体。各种资本的作用机制及其效应，只有结合中国的具体制度背景和该群体的自身特质才能得到进一步的阐释和澄清。

总之,从既有相关研究来看,当前农业转移人口职业分割的总体性状况及其职业流动的影响机制问题,尚缺乏全国性数据的支撑。一些研究虽对农业转移人口的内部分化做了初步探索,却多停留于感性认识层面。同时,也甚少有研究探索过哪些具体因素在影响农业转移人口的流动轨迹,特别是针对农业转移人口的向上流动机制还缺乏分析性解释。我们这项研究的一个前提假设是,农业转移人口都面临相同的结构约束和制度桎梏,而他们若要获得更好的工作和更高的经济社会地位,关键的影响因素在于他们自身拥有的资本所带来的竞争优势。农业转移人口拥有的资本差异度决定了哪些人能够利用优势并抓住由国家和市场带来的机会,进而突破结构约束和制度屏障而实现向上流动。

二 农业转移人口的职业分割与流动现状

(一) 农业转移人口职业分割状况

在调查[①]时,我们将其职业划分为 10 种不同类别,分别是自谋职业、非技术工人(普工)、技术工人、办公室一般工作人员、工程师及高级技术人员、服务行业人员、中层及以上管理人员、私营企业主、家庭主妇及其他。调查发现:自谋职业占 16.80%,非技术工人(普工)占 12.79%,技术工人或熟练工人占 29.69%,办公室一般工作人员占 10.80%,工程师及高级技术人员占 2.40%,服务行业人员占 9.91%,中层及以上管理人员占 3.43%,私营企业主占 2.88%,家庭主妇或失业占 2.91%,其他职业占 8.41%。农业转移人口内部的职业已经出现了很明显的分割,以至于部分农业转移人口无论其客观的职业身份还是主观的身份认同,都很难用"农民工"这一称谓来指代。首先,近 1/10 的农业转移人口已经出现了"去农民工化"特征,成为技术精英(工程师及高级技术人员)、管理精英(中层及以上管理人员)或私营企业主。显然,他们借由自身努力突破了结构约束和制度屏障,通过职业转换实现了地位提升。其次,有超过 1/5

---

① 分析使用的数据来自课题组的 2012 年"农村籍进城工作/创业人员调查"。

的农业转移人口所从事的职业表现出了"去体力化"特征，成为办公室一般工作人员或服务行业人员，变成了低端白领，传统的农民工特征在他们身上也已经淡化。最后，尽管有将近一半的农业转移人口（45%）仍然属于传统的产业工人，但只有约1/10的农业转移人口是仍以出卖劳动力为生的普通工人，有将近1/3的农业转移人口已经是具有一定技术的熟练工人。

  农业转移人口所从事的职业涵盖了从摆地摊、捡废品等自谋职业到具有一定资产的私营企业主；从无须技能或低技能的普通工人到技术和管理精英。在经历了不同的职业过程后，当前中国农业转移人口的职业业已呈现明显的多元化特征，但统一的身份类属掩盖了该群体内部业已出现的分化和差异事实。① 而农业转移人口自身的主体性完全可以使他们中的优秀分子突破各种结构和制度的桎梏脱颖而出，通过获得具有更高经济和社会地位的职业而实现向上流动。因此，在研究过程中，我们如果仍然依据早期的认识和观点来预设农业转移人口的社会类属和阶层地位，便会忽视他们存在向上流动的事实可能性。虽然绝大多数的农业转移人口在进城之初的确处于相似的阶层位置、面临相同的制度约束，进入的是次级劳动力市场，但不能排除一部分农业转移人口在某些方面体现较高素质和潜力，具备可利用资源和善于抓住市场机会的能力，从而能够通过若干年的努力突破制度障碍和结构约束，进入初级劳动力市场从事中高端职业。尽管在制度意义上，这一小部分人仍属农业转移人口范畴（拥有农村户口，在城市从事非农工作），但在职业上他们已经跨越了阶层间的藩篱，提升了自身的经济社会地位。②

  我们认为，农业转移人口的上述职业分化现象是其主体性与制度和结构约束互动的结果。农业转移人口的主体性既包括他们所拥有的先赋性因素，如性别和年龄，也包括人力资本、政治资本和社会资本等若干自致性

---

① 这种分化可能在近10年才凸显出来。早期农民工中的绝大多数处于次级劳动力市场，从事相同或相近的工作，具有较为统一的劳动力特征。但经过在城市多年的闯荡以后，在市场机制和其他因素的综合作用下，农民工群体内部的职业分化成为不可避免的自然现象。

② 在我们看来，"农民工"作为一种制度性身份的概念内涵已无法涵盖其职业意义，更无法表达部分农民工精英群体独特的身份认同和权益诉求。

因素。上述变量构成了本研究的自变量。

（二）农业转移人口职业流动状况

从数据结果来看，临时性和不稳定性是农业转移人口职业和工作的显著特征。自2009年到2011年，约有51.67%的农业转移人口更换过工作，即有过职业流动经历。发生过职业流动的农业转移人口平均换过2.52份工作，表明农业转移人口群体的职业流动性总体而言比较大。表3-1对发生过职业流动的农业转移人口群体的基本情况与未发生过职业流动的群体做了对比。

表3-1 自变量基本描述

变量名称		总样本 均值	总样本 标准差	发生过职业流动 均值	发生过职业流动 标准差	未发生过职业流动 均值	未发生过职业流动 标准差
个人特征	性别	0.601	0.48	0.60	0.49	0.603	0.48
	年龄（岁）	31.17	10.11	29.08	9.41	33.39	10.36
人力资本积累	文化程度	4.09	1.66	4.21	1.67	3.97	1.63
	技术职称	1.93	1.06	1.87	1.03	1.98	1.08
家庭责任	婚姻程度	0.57	0.49	0.49	0.50	0.67	0.47
	家庭劳动力数量（个）	2.94	1.27	3.05	1.26	2.83	1.27
	子女数量（个）	0.82	0.93	0.66	0.87	1.00	0.96
工作状况	工作时间	9.47	2.83	9.42	2.63	9.52	3.02
	职业层次	1.44	0.67	1.47	0.67	1.41	0.68
	劳动合同签订方式	2.23	1.68	2.16	1.57	2.30	1.79
	职业流动次数	1.30	1.94	2.52	2.06	0	0
观测值		3025		1563		1462	

结果显示，未发生过职业流动的农业转移人口的年龄远远大于发生过职业流动的农业转移人口，表明职业流动以新生代农业转移人口为主，新生代农业转移人口的职业流动更加频繁。新生代农业转移人口更难以安分守己地从事工作、满足于现状，流动性更强。尽管新生代农业转移人口与工作单位签订劳动合同的比例为43%，比第一代农业转移人口的签订比例

（约30%）要高，但劳动合同签订率更高并不意味着职业流动性更低。首先，签订两年以上劳动合同的新生代农业转移人口占比为17%，第一代只有13%。两代农业转移人口即使签有劳动合同，也多为短期合同，并无明显的代际区别。其次，第一代农业转移人口更多地在一些非正式、不规范的低端或次级劳动力市场上就业，加上该群体人力资本相对匮乏、家庭负担较重、自身诉求不高等特性，决定了其职业流动性反而要更低。

结果还表明，农业转移人口的职业流动与人力资本积累状况存在相关关系。被调查对象大部分是初中和高中文化，平均受教育年限不足12年。新生代农业转移人口的受教育年限明显高于第一代农业转移人口，但也没有达到12年。

在技术职称方面，农业转移人口普遍有技术但没有技术证书，但新生代农业转移人口在技术职称方面的人力资本程度略高于第一代农业转移人口。调查发现：没什么技术的占42.99%，有技术但没有技术证书的占35.70%，有初级技术证书的占10.23%，有中级技术证书的占7.98%，有高级技术证书的仅占3.10%。而发生过职业流动的农业转移人口与未发生过职业流动的农业转移人口相比，其在受教育程度上的差别并不是特别明显。发生过职业流动的农业转移人口的受教育程度只是略高于未发生过职业流动的农业转移人口。但在技术职称方面则出现相反情形，即技术职称方面越高的农业转移人口，其职业流动越低。

农业转移人口的婚姻和家庭结构状况也对其职业流动有显著影响。在本调查的新生代农业转移人口中，未婚的比例为63%，第一代农业转移人口基本已结婚。从表3-1中可以看出，婚姻状况是影响农业转移人口职业流动的重要因素。未发生过职业流动的农业转移人口的已婚率明显高于发生过职业流动的农业转移人口。在家庭劳动力数量方面，未发生过职业流动的农业转移人口的家庭劳动力数量略低于发生过职业流动的农业转移人口。我们认为这可能与家庭劳动力数量越多家庭负担越小有关。在子女数量方面，发生过职业流动的农业转移人口的子女数量远远低于未发生过职业流动的农业转移人口的子女数量。对此我们分析，大多数农业转移人口的子女处于义务教育和高中阶段，频繁换工作会造成收入不稳定，进而对子女教育产生负面影响，因此对于这种情况下的农业转移人口来说，他们换工作的频率会大大减少。

我们还从代际差异和职业分层的角度考察了农业转移人口的流动动机，试图从动机角度来考察其职业流动的原因，分析结果如表3-2所示。对于绝大多数农业转移人口而言，其职业流动最主要和最原始的目标是一致的，即寻求货币收入的提高和家庭经济状况的改善。调查结果也显示，两代农业转移人口职业流动最主要的目的是追求更高的收入，但第一代农业转移人口追求高收入的比例要明显高于新生代农业转移人口，这与第一代农业转移人口大部分已婚，家庭责任较重有关。而对工作安全方面的考虑，两代农业转移人口无显著性差异。其他五项充分体现了两代农业转移人口流动动机的代际差异。第一代农业转移人口在收入更高和工作安全之外更追求离家比较近的工作，而新生代农业转移人口职业流动考虑更多的是有发展空间、能学到本领的工作。在满足个人兴趣的流动动机方面，新生代农业转移人口也远远高于第一代农业转移人口。可见，新生代农业转移人口不仅仅满足于货币收入的提高，他们还在发展机会和个人理想上有诉求，这也表明新生代农业转移人口向上流动的愿望要比第一代农业转移人口更加强烈。

表3-2 农业转移人口流动动机的代际差异与职业分层

单位：%

		收入更高	工作安全	有发展空间	离家比较近	工作轻松、自由	满足个人兴趣	能学到本领
代际差异	第一代	68.63	16.89	2.68	7.15	2.06	0.80	1.34
	新生代	59.15	16.29	10.70	2.85	3.06	3.06	4.27
职业分层	低端职业	68.53	15.56	4.66	3.73	2.62	1.63	2.74
	中端职业	54.52	16.72	13.55	4.85	3.34	3.34	3.34
	高端职业	55.15	13.60	13.24	4.78	2.21	3.68	5.51

从职业分层方面来看，两代农业转移人口的职业类别都以低端职业为主，但新生代农业转移人口和第一代农业转移人口仍然存在明显的区别。第一代农业转移人口有76.77%的人分布在低端职业，而新生农业转移人口只有59.90%，远远低于第一代农业转移人口。在中端职业上，新生代农业转移人口又比第一代农业转移人口高约14%，这表明新生代农业转移

人口的职业层次要明显优于第一代农业转移人口。表3-2显示，从事低端职业的农业转移人口的职业流动动机在追求货币收入增长方面远远高于从事中端和高端职业的农业转移人口，而在寻求职业发展空间方面却远低于中端和高端职业的农业转移人口。总之，农业转移人口所处的职业层次对其职业选择有显著影响。从事低端职业者由于货币收入相对较低，尤其看重货币收入的提高，而从事中端和高端职业者可能收入相对不错，因此更加注重职业的发展空间，更加注重向上流动的机会。

三　农业转移人口职业分割的影响因素

（一）变量处理

这里的因变量为农业转移人口调查时的职业类别。在调查时，一部分人处于暂时性的失业状况或者做家庭主妇，其职业类型无法归类。虽然可以用他们从事的上一份职业来进行替代，但为了保持调查时点的同一性，我们剔除了这些样本。此外还有一些职业无法进行归类，我们处理为其他职业。研究的自变量主要是农业转移人口的个体特征变量（自变量的描述性统计见表3-1）。在自变量的处理上，年龄一般会作为连续变量直接引入模型中去。但为了对新生代农业转移人口和第一代农业转移人口的职业选择进行比较，我们将年龄处理为分类变量。其中，1980年后出生的定为新生代农业转移人口，虚拟变量取值为1。这一处理虽然会缺失关于年龄的更详细的信息，但有助于揭示农业转移人口职业分割的代际差异。

此外，我们用受教育年限、工作经验和专业技术水平三个变量来测度农业转移人口的人力资本。其中，专业技术水平包括从没有任何技术到拥有高级技术证书5个等级，在实证分析中作为连续变量处理。党员身份通常都被视为个人政治能力的重要指标。在研究中，我们还加入了是否曾经担任村干部和是否有过参军经历这两个指标来共同测定农业转移人口的政治资本。因为在农村，这两个变量通常被视为农民政治资源和组织能力的重要表征。在社会资本的测量中，通常的处理方法是测量一个群体拥有的社会网络的类型、密度和质量。但由于社会资本的含量与获得的职业类型之间具有极强的内生性，即不同的职业本身可能决定了该群体所拥有的社会资本类型和含量；此外，一个群体拥有的社会资本越多并不意味着他们在择业和晋升过程中就动用了其社会资本，即存在"潜在的社会资本"与"已经动用的社会资本"之差别。所以就职业选择的问题而言，研究对象实际动用的社会资本事实上更具分析意义。这里的社会资本是指农业转移人口在获取该工作时所动用的个人的社会关系，动用社会资本的虚拟变量取值为1。

（二）模型及解释

由于因变量职业类别是定类变量，因此应使用多项 logistic 回归模型（multinomial logistic regression models）来检验多个主体特征变量的效应。我们将其他职业作为因变量的参考类别群体，这样 logistic 回归系数就是相对于其他职业而言，自变量对进入某个特定职业类别的对数发生率影响的大小，模型的分析结果见表3-3。

表3-3 农业转移人口职业获得的多元 logistic 回归模型

	自谋职业	非技术工人/干苦力	技术工人/熟练工人	办公室一般工作人员	工程师及高级技术人员	服务行业人员	中层及以上管理人员	私营企业主
男性	-0.0246 (-0.12)	0.608** (2.83)	0.420* (2.20)	-0.714*** (-3.31)	-0.0372 (-0.11)	-0.842*** (-3.94)	0.00809 (0.03)	0.349 (1.15)
新生代	-0.941*** (-3.54)	-0.877** (-3.19)	-0.188 (-0.73)	0.172 (0.52)	-0.604 (-1.26)	-0.565* (-1.98)	0.312 (0.76)	-0.588 (-1.56)
人力资本								
受教育年限	-0.0221 (-0.53)	-0.129** (-2.99)	-0.0699 (-1.79)	0.368*** (7.82)	0.317*** (4.20)	0.0407 (0.91)	0.281*** (4.64)	0.0545 (0.89)
工作经验	0.0676** (3.04)	0.0336 (1.46)	0.0645** (2.95)	0.0619* (2.35)	0.0704 (1.90)	0.0282 (1.15)	0.129*** (4.49)	0.0633* (2.15)
专业技术水平	0.0239 (0.23)	-0.801*** (-5.75)	0.428*** (4.48)	0.194 (1.86)	0.647*** (4.64)	-0.0569 (-0.50)	0.239 (1.86)	0.136 (0.95)
政治资本								
党员	0.0103 (0.03)	-1.130* (-1.99)	-0.227 (-0.59)	0.174 (0.44)	-0.170 (-0.29)	0.0529 (0.12)	-0.370 (-0.70)	0.436 (0.84)
村干部	-0.102 (-0.19)	0.238 (0.41)	-0.293 (-0.55)	0.141 (0.24)	-1.051 (-0.92)	0.0191 (0.03)	0.0465 (0.06)	-0.0429 (-0.06)

续表

	自谋职业	非技术工人/干苦力	技术工人/熟练工人	办公室一般工作人员	工程师及高级技术人员	服务行业人员	中层及以上管理人员	私营企业主
参军经历	-0.189 (-0.44)	-0.511 (-1.01)	-0.700 (-1.67)	-0.231 (-0.47)	-29.31 (-0.00)	-0.178 (-0.36)	-0.0904 (-0.16)	-1.044 (-1.46)
社会资本	0.256 (1.22)	1.335*** (6.18)	0.969*** (4.93)	0.370 (1.60)	-0.300 (-0.75)	0.615** (2.78)	-0.0924 (-0.30)	0.0449 (0.14)
常数项	1.224* (2.33)	2.641*** (4.85)	0.546 (1.08)	-4.278*** (-6.50)	-5.865*** (-5.59)	0.664 (1.17)	-5.207*** (-6.13)	-1.756* (-2.25)

注：括号内为 t 值。$^* p < 0.05, ^{**} p < 0.01, ^{***} p < 0.001$。

表3-3给出了农业转移人口的主体性特征对其职业获得影响的多元回归模型。我们首先考察的是农业转移人口个体特征中的先赋性变量，即性别和年龄对于不同职业获得的影响。基于性别的职业分割在几乎所有的国家都是普遍盛行的现象（Mukherjee，2002）。我们这里的分析结果表明，对于农业转移人口劳动力市场而言，非技术工人、技术工人、办公室一般工作人员、服务行业人员等职业领域存在明显的性别区隔，但性别变量在其他职业领域的影响并不显著。具体来说，男性从事非技术工人和技术工人的概率发生比比女性分别高出了83.7%和52.2%。这一方面固然是因为这些岗位对体力的要求更高，但另一方面也显示出了女性的职业选择倾向，即女性农业转移人口更不愿意从事那些对体力要求较高的职业。而在办公室一般工作人员和服务行业人员等职业领域，在控制其他变量的情况下，女性从事上述职业的发生比要显著高于男性。比较上述职业的性别差异状况可以发现，女性从事低端小白领职业的概率比男性要大。此外，我们进一步比较了技术精英、管理精英和私营企业主等职业领域的性别差异。分析结果表明，在农业转移人口获得这些高端职业的道路上不存在明显的性别差异。这表明高端职业的获得并不依赖个体的先赋性特征。而且，私营企业主这一职业也不存在显著的性别差异。这其中的一个重要原因可能是，中国的私营企业往往采取的是家庭企业或家族企业的方式，即夫妻共同创业的方式。

我们将年龄变量编码为新生代农业转移人口和第一代农业转移人口，主要比较了职业获得的代际差异。一项较为权威的调查表明，近年来新生代农业转移人口已逐渐成为农业转移人口劳动力市场的主体，占农业转移人口总体数量的60%以上（全国总工会课题组，2010）。两代农业转移人口的成长环境存在很大差异，因此两代农业转移人口在职业选择和地位获得上也可能存在显著差别。这里的实证分析发现，两代农业转移人口除了在自谋职业、非技术工人和服务行业人员这三个职业领域存在显著差别外，在其他职业领域并无显著不同。就职业特性而言，上述职业显然都属于农业转移人口劳动力市场里层次最低的范畴，其共同特点是稳定性差、缺乏发展空间和提升机会，而且职业声望比较低。显然，分析结果暗示新生代农业转移人口倾向于摈弃上述职业选择，更有可能去选择那些稳定性更高、发展空间和提升机会较大的职业。不过需要指出的是，在其他职业领域，两代农业转移人口之间并不存在显著差别。特别是那些中高端职业，在控制其他各种变量的前提下，新生代农业转移人口也没有显著的优势。对此可能的解释是，中高端职业在工作经验和技能上有着更高的要求，而新生代农业转移人口在这方面尚且需要时间的积累。

受教育年限、工作经验和专业技术水平是测量人力资本的三个重要变量。不过这三种形态的人力资本对不同职业获得的具体影响不甚清楚。分析表明，受教育年限对办公室一般工作人员、工程师及高级技术人员以及中层及以上管理人员等职业具有显著的正回报效应，对非技术工人则有显著的负面影响。而对于自谋职业、技术工人、服务行业人员和私营企业主等职业，受教育年限没有显著影响。我们用在城市的累计工作时间长度来测量农业转移人口的工作经验。一般而言，农业转移人口受教育程度比较低，而文凭的劣势可通过工作经验得到显著弥补，因此工作经验是他们人力资本的重要构成要素。分析结果发现，工作经验对自谋职业、技术工人、办公室一般工作人员、中层及以上管理人员和私营企业主等职业具有显著影响，即工作时间越长，则从事上述职业的发生比也越高。相反，工作经验对非技术工人、技术类职业和服务行业人员的工作没有显著影响。结合受教育年限对职业获得的影响，我们发现，工作经验对职业发展的回报更为复杂。对于一部分农业转移人口来说，工作经验和时间的积累意味着社会关系网络的扩大、经济实力的增强和管理能力的提高，因而会有助于农业转移人口从事中层及以上管理人员和私营企业主等职业。但对另一部分人而言，工作经验和时间的积累却只意味着其工作的简单重复，因此只是长期从事自谋职业和技术工人之类的工作。专业技术水平是农业转移人口弥补其欠缺较高受教育程度的另一个重要因素。分析结果表明，较高的专业技术水平是农业转移人口成为技术精英的重要条件，但对管理精英和私营企业主等职业的获得并无显著影响。

综合上述三个不同的人力资本变量对职业获得的影响，我们可以得出这样的结论：人力资本是农业转移人口通往精英的重要条件，但是三种不同类型的人力资本对获取不同中高端职业的影响是不同的。受教育年限有助于他们获得办公室文员、技术精英和管理精英等职业，工作经验有助于获得办公室文员、管理精英和私营企业主等职业，而专业技术水平仅对他们成为技术精英有回报效应。而且，受教育年限和专业技术水平对农业转移人口摆脱低端职业都有显著的影响。此外，从回归系数的大小上看，受教育年限和专业技术水平比工作经验的回报效应更大。如受教育年限每增加一年，从事办公室一般工作人员职业的发生比增加44.5%，成为中层及以上管理人员的发生比增加32.4%；而工作经验增加一年，成为办公室一般工作人员发生比仅增加6.4%，成为中层及以上管理人员的发生比增加13.8%。这表明，虽然工作经验的积累也有助于农业转移人口实现向上流动，但其效应没有受教育程度那么明显。鉴于受教育程度较低恰恰是农业转移人口获得更好职业的最大劣势之一，这一结果也部分地解释了农业转移人口向上流动的关键障碍所在。

在农村，政治资本是区分精英与普通农民的重要指标。政治资本包括是否为党员、是否曾担任村干部和是否具有参军经历等身份特征。关于中国的市场转型研究发现，由于权力在市场转型的过程中仍然得到了维续，政治资本在市场化进程中仍然具有显著的回报效应（Bian and Logan，1996；Parish and Michelson，1996）。不过另有研究指出，政治资本的回报效应是分职业场域的。如魏昂德等人对中国职业流动的研究发现，在中国成为管理精英和技术精英所需要的关键性先决条件是不同的。具体而言，在通往管理岗位上，党员身份这一政治资本具有明显的回报效应，但对于技术精英的影响不显著（Walder et al.，2000）。本研究发现，除了党员身份对从事非技术工人职业有显著的负面影响外，政治资本对其他各种类型的职业获得均无显著影响。也就是说，对于农业转移人口这一群体而言，政治资本并不是他们能否成为管理精英的重要条件。上述结果之所以会出现，主要是因为绝大多数的农业转移人口集中在次级劳动力市场中（工作单位主要是私营和民营企业），而这一类型的劳动力市场更多地体现自由劳动力市场的特征，因此政治资本的多寡对于个人升迁而言并不具有重要意义。

我们还考察了农业转移人口的社会资本含量对其职业选择的影响。既有研究较多地探讨了不同的社会资本类型、社会资本强度对职业获得的影响（Granovetter，1974；Bian，1997）。但社会资本对不同职业的影响是有差异的，这一点值得在农业转移人口中加以关注。我们考察了每份工作的获得方式，并重点关注在获得该份职业时他们是否动员了个人的社会关系。分析结果表明，农业转移人口获得产业工人和服务行业人员等劳动力密集型职业时对社会资本具有较大的依赖性。具体从非技术工人职业来说，相对于不使用社会资本而言，依靠社会资本获取该职业的发生比提高了2.80倍；技术工人职业通过社会资本获取的发生比提高了1.64倍，而服务行业人员职业依靠社会资本获取的发生比提高了85.0%。但社会资本对其他类型职业的获取没有显著影响。因此我们的研究结论是，社会资本只对农业转移人口获得低端职业有显著影响，对获得各类中高端职业则没有明显作用。

（三）基于职业的向上流动及其决定因素

对农业转移人口而言，通过职业转换实现向上流动是他们改善自身处境和提升地位的重要途径。我们在前文考察了农业转移人口的职业分割现状及其影响因素，而在此基础上进一步分析蕴含在职业过程中的流动结果及其决定因素，尤其是农业转移人口基于职业的向上流动机制，显然具有重要意义。这里的向上流动是指农业转移人口的当前职业较其初始职业体现了职业地位和身份的明显提升。前述研究已经表明，农业转移人口自身的个体性特征对不同职业的获得有着复杂的影响机制，并揭示出他们的向上流动是其主体性突破了结构约束和制度屏障的结果。然而，他们得以实现其职业转换和向上流动的原因并不太清楚。因此本部分在前述分析基础上，尝试挖掘那些助其实现基于职业的向上流动的主体性因素。

流动是农业转移人口的基本生存状态。这种流动既包括空间流动，也包括其工作和职业身份的转换。本次调查发现，调查样本中仅有8.69%没有过工作变动经历，平均的工作变动次数为3.60次，最多的居然高达60次。如此频繁的变动经历的结果是什么？为比较初始职业与当前职业的流动结果，我们仅选取了那些具有职业变换经历的样本。鉴于农业转移人口职业的复杂特征，我们采取了一种较为简单的处理方法来考察农业转移人口基于职业的垂直向上流动，即根据职业声望、待遇和权力将职业划分为低端、中端和高端三个不同层级，然后对初始职业与当前职业所处的层级予以比较。处理方法及统计结果如表3-4所示。

表3-4 农业转移人口职业类别与职业分层及其比较

单位：人，%

职业分层	职业类别	初始职业	当前职业
低端职业	自谋职业、非技术工人/干苦力、技术工人/熟练工人、服务行业人员（低端）	1832 (73.99)	1634 (64.79)
中端职业	办公室一般工作人员/销售人员、服务行业人员（中端）	557 (22.50)	641 (25.42)
高端职业	工程师及高级技术人员、中层及以上管理人员、私营企业主	87 (3.51)	247 (9.79)

从表3-4可见，七成以上的农业转移人口从事的首份工作属于低端职业范畴，仅有3.51%从事的工作属于高端职业范畴。一个符合逻辑的猜测是：这部分从事高端职业的农业转移人口在就业前便已经具备较高级别的技术证书或者初始职业选择的是自主创业。在经过复杂的工作变换经历后，农业转移人口当前职业所属层级的分布已经发生了一定的变化。这一变化集中体现在低端职业和高端职业从业人员的比例上。具体而言，低端职业的比例下降了近10个百分点，而高端职业的比例则较初始职业上升了约6个百分点，中端职业的比例也略有上升。可以说，农业转移人口当前职业与初始职业之分布特征的变化过程也是该群体内部不断分化的过程。

将初始职业与当前职业划分为不同层级后，我们进一步分析了农业转移人口基于职业的垂直向上流动。上述数据揭示，仅有10%的农业转移人口实现了职业的向上流动，即其当前职业较初始职业有明显提升，这表明农业转移人口实现职业向上流动的通道并不通畅。为进一步考察影响向上流动的主体性因素，我们将实现向上流动编码为虚拟变量1，其他设为0，然后引入反映农业转移人口主体性特征的变量考察其对职业流动的影响。表3-5是农业转移人口主体性特征变量对其职业流动影响的分析结果。

表3-5 农业转移人口向上流动的多元回归模型

	模型1	模型2	模型3	模型4	模型5
男性	-0.213* (-1.99)	-0.311** (-2.77)	-0.338** (-2.99)	-0.307** (-2.70)	-0.315** (-2.75)
新生代	0.158 (1.43)	0.260 (1.73)	0.294 (1.94)	0.287 (1.89)	0.298 (1.95)
受教育年限		0.123*** (5.32)	0.121*** (5.12)	0.110*** (4.64)	0.113*** (4.72)
工作经验		0.0415*** (4.05)	0.0402*** (3.91)	0.0386*** (3.73)	0.0343** (3.17)
专业技术水平		0.0592 (1.16)	0.0522 (1.01)	0.0373 (0.72)	0.0499 (0.96)
党员			-0.0199 (-0.09)	-0.0592 (-0.27)	-0.0164 (-0.08)
村干部			0.381 (1.37)	0.341 (1.22)	0.338 (1.21)
参军经历			0.438 (1.82)	0.433 (1.80)	0.413 (1.71)
社会资本				-0.479*** (-4.09)	-0.458*** (-3.89)
流动次数					0.180*** (3.44)
流动次数平方					-0.0100** (-2.93)
常数项	-1.528*** (-13.59)	-3.286*** (-11.19)	-3.279*** (-11.08)	-2.954*** (-9.70)	-3.452*** (-10.03)
N	2522	2495	2495	2495	2469
Log likelihood	-1164.2176	-1124.8	-1122.0433	-1113.3777	-1097.7589
pseudo R^2	0.0027	0.0231	0.0255	0.0330	0.0385

注：括号内为参照组。* $p<0.05$，** $p<0.01$，*** $p<0.001$。

模型1只考察了性别和年龄这两个先赋性个体特征变量。分析结果发现，相比女性而言，男性实现向上流动的发生比更小，比女性低近20%。而年龄对基于职业的向上流动并无显著影响，"80后"新生代农业转移人口相对"80前"农业转移人口而言，在向上流动上并没有体现更显著的优势。

在模型2中，我们进一步引进了受教育年限、工作经验和专业技术水平三个反映农业转移人口人力资本的变量。回归结果表明，受教育年限和工作经验对于职业的向上流动都有显著的回报意义，受教育年限每增加一年，其实现职业向上流动的发生比增加13.1%，而工作经验每增加一年，其实现职业向上流动的发生比增加4.2%。而专业技术水平没有显著影响。对于拥有技术证书的农业转移人口而言，其职业相对稳定，因此当前职业与初始职业可能更倾向于水平流动，这会导致技术证书对其向上流动的影响不显著。同时已有研究表明，农业转移人口在城市初级劳动力市场上所受到的地域歧视和户籍歧视要比在次级劳动力市场上高出很多（章元、高汉，2011），这种歧视也可能是其中的一个重要原因。不过，本次调查的一个缺憾在于没有调查初始职业与技术证书获得的前后关系，故上述结论仍需后续研究加以证明。

模型3加入了党员、村干部和参军经历等政治资本变量。分析结果表明，上述三个变量对于向上流动均无显著的影响。模型4中，我们引进了社会资本变量，即在寻找工作时是否通过社会关系获得。但结果表明，社会资本对农业转移人口的向上流动反而具有显著的负面影响。这也与前述的分析结果相符合，即越是通过动用社会资本获得的工作反而越是较差的工作。这是因为农业转移人口的社会资本主要是同质性的社会关系，而这类社会资本对促其向上流动时作用非常有限。

跳槽和离职是农业转移人口展现择业主体性的重要表征。寻找工作的过程也是不断寻找机会和不断尝试的过程。在之前的探索性研究中我们发现，新生代农业转移人口频繁地换工作并没有帮助其实现向上流动，而是呈现一种倒U形轨迹的特征，即并非流动次数越多，其实现职业向上流动的可能性越大，而是在经过一定的流动次数之后，其反而出现向下流动的趋势。模型5的分析结果再次验证了这一结论。在引进流动次数平方项后，我们发现该变量的回归系数为负数，而流动次数的回归系数为正，呈现倒

U形的发展轨迹。此外在模型5中，我们引入了所有的个体特征变量，发现前述4个模型中农业转移人口的个体特征变量对其向上流动的影响关系并没有发生变化。

综合上述研究，我们得出下述结论：通过职业转换过程，女性相比男性更容易实现基于职业的向上流动，而"80后"新生代农业转移人口与"80前"农业转移人口并无显著区别。这提醒我们，新生代农业转移人口尽管存在年龄和教育水平等方面的优势，但他们同样存在实现向上流动的困境。而大多数农业转移人口很难再回到农村，面对这种情况，政府相关部门更应关注这一群体向上流动的通道，给他们创造更多机会。

在人力资本方面，受教育年限和工作经验都是农业转移人口实现向上流动的重要影响变量，同时受教育年限的影响尤为突出。这表明，受教育程度较低的农业转移人口更难实现向上流动，而受教育程度较高的农业转移人口，虽然其初始职业可能较差，但他们实现向上流动的发生比要高很多。专业技术水平对农业转移人口的向上流动没有显著影响，这或许是由于技术证书拥有者的初始职业便是专业技术人员，其职业稳定性较高。政治资本既无助于农业转移人口获得更好的职业，也对他们实现向上流动没有助益。找工作动用社会资本的经历，对农业转移人口实现向上流动反而有负面作用。这表明社会资本只有助于低端职业的获得，而对中高端职业的获得不具有作用。最后，工作变动次数与农业转移人口的向上流动过程呈现倒U形曲线关系。

职业不仅决定了人们的社会地位，也是其经济收入和地位的主要影响因素。已有研究充分证明，较难进入高收入职业是农业转移人口未能提高自身经济社会地位的主要原因（Meng & Zhang，2001；王美艳，2005）。而一个健全的农业转移人口劳动力市场，离不开一个流动渠道通畅自由的机制。尽管农业转移人口群体得以诞生的前提即在于劳动力能够自由流动，我们这里的实证分析表明农业转移人口的向上流动面临诸多因素的阻隔。

四 农业转移人口职业流动的影响因素

（一）变量处理

以往研究较多的是关注农业转移人口是否发生职业流动及其流动途径

和方式，运用的是 Logit 模型，而我们关注问题的一个重要方面是农业转移人口职业流动次数的影响因素，并首次将劳动者的代际差异、职业层次、人力资本因素和职业流动放在同一分析框架中进行检验。因此将使用 Tobit 模型分析其职业流动影响因素，同时采用 Logit 模型分析其职业流动的概率。

在剔除没回答近三年职业流动次数选项的样本后，最终得到 3025 份问卷。按照学术界对农业转移人口代际划分的普遍做法，我们以 1980 年作为时间分割点，将 1980 年以前出生的划分为第一代农业转移人口，1980 年以后出生的划分为新生代农业转移人口。调查样本中第一代农业转移人口有 1122 人，新生代农业转移人口有 1903 人，分别占 37.09% 和 62.91%。样本中农业转移人口的平均年龄为 31.17 岁，第一代农业转移人口的平均年龄为 42.89 岁，新生代农业转移人口的平均年龄为 24.57 岁，其中最小的新生代农业转移人口仅为 15 岁。

职业分层是我们考察农业转移人口职业流动状况的重要维度。鉴于农业转移人口职业的复杂特征，我们采取一种较为简单的处理方法来考察农业转移人口的职业类别与职业分层，即基于职业声望、待遇和权力的综合考量，将农业转移人口所从事的职业划分为低端、中端和高端三个不同层级，分别赋值 1、2、3。主要自变量的设置与解释如表 3-6 所示。

表 3-6 主要自变量的设置与解释

变量类型	变量名称	变量赋值
个人特征	性别	男性为 1，女性为 0
	年龄	（岁）
	代际差异	新生代农业转移人口为 1，第一代农业转移人口为 0
人力资本积累	文化程度	文盲为 1，小学毕业为 2，初中毕业为 3，上过高中但没毕业为 4，高中毕业为 5，中专毕业为 6，大专及以上为 7
	技术职称	分类变量：没什么技术为 1，有技术但没有技术证书为 2，有初级技术证书为 3，有中级技术证书为 4，有高级技术证书为 5
家庭责任	婚姻程度	已婚为 1，未婚为 0
	家庭劳动力数量	（个）
	子女数量	（个）

续表

变量类型	变量名称	变量赋值
工作状况	工作时间	（小时）
	劳动合同签订方式	没有签订为1，半年以下为2，半年到1年为3，1~2年为4，2~5年为5，5年以上为6
	近三年职业流动次数	（次）

（二）计量模型及估计结果

农业转移人口近三年职业流动次数是一个受限被解释变量。虽然我们有全部的观测数据，但对于某些观测数据，被解释变量 y_i 就被压缩在一个点上了。例如，没有发生过职业流动的样本只能将其职业流动次数取值为零，而且这部分人所占的比重还比较大，此时，y_i 的概率分布就变成由一个离散点与一个连续分布所组成的混合分布，如果用 OLS 来估计，无论使用的是整个样本，还是去掉离散点后的子样本，都不能得到一致的估计。对于此类情况，我们通常采用 Tobit 模型对样本进行估计，模型中的回归系数为负就表示相对参照组而言，此变量对农业转移人口的职业流动次数有负面的影响，职业流动频率低。反之，回归系数为正则表示对农业转移人口流动次数有正面的影响，职业流动频率高。

农业转移人口职业流动的影响因素的分析结果见表 3-7，展示的分别是 Tobit 模型和 OLS 模型估计。两种方法估计的结果差异不大，但是 Tobit 模型展示的结果比 sigma 显著。因此，我们以 Tobit 模型估计为准。估计的结果表明，农业转移人口的个人特征、人力资本积累、家庭责任和工作状况对农业转移人口换工作的次数都存在不同程度的影响。农业转移人口的个人特征对他们换工作次数的影响相当显著。模型估计的结果表明，男性农业转移人口换工作的次数要高于女性农业转移人口，这可能与性别的性格差异有关。一般来说，女性更倾向于回报率一般但稳定的工作，而男性更倾向于回报率高但有一定风险的工作。根据前面的描述性统计分析，第一代农业转移人口的职业流动的频率不及新生代农业转移人口的职业流动的频率，这表明农业转移人口群体的职业流动次数是一个倒 U 形的流动趋势，即农业转移人口在职业发展的初期流动频繁，但随着年龄的增长，流动的成本日益增大，流动次数便会下降。

表 3 – 7　农业转移人口职业流动影响因素的回归分析

自变量	农业转移人口近三年职业流动次数			
	Tobit		OLS	
	系数	稳健性标准误	系数	稳健性标准误
男性（以女性为参照组）	0.356**	0.162	0.215**	0.0869
新生代（以第一代为参照组）	0.732***	0.236	0.216*	0.113
文化程度	0.00807	0.0514	-0.00939	0.027
技术职称	-0.281***	0.0732	-0.128***	0.036
婚姻程度	-0.997***	0.221	-0.512***	0.11
家庭劳动力数量	0.0545	0.053	0.023	0.026
子女数量	-0.0929	0.144	-0.0694	0.68
工作时间	-0.00715	0.0198	-0.00116	0.008
中端职业（以低端为参照组）	0.496***	0.198	0.259**	0.115
高端职业（以低端为参照组）	0.0851	0.268	0.0815	0.143
劳动合同签订方式	-0.169***	0.0505	-0.0826***	0.025
常数	0.582	0.462	1.698***	0.248
观测值	3025			

注：*** 表示在 0.01 水平上显著，** 表示在 0.05 水平上显著，* 表示在 0.1 水平上显著。

表 3-7 的模型估计结果表明，人力资本积累因素对农业转移人口职业流动的影响主要来自技术职称的提高。无论是第一代农业转移人口还是新生代农业转移人口，文化程度对农业转移人口职业流动次数的影响都是不显著的，这可能与农业转移人口的受教育程度普遍较低有关。这一结论与李培林、田丰的研究不谋而合，他们的研究表明影响两代农业转移人口社会融入状况的人力资本因素更显著地体现在农业转移人口的工作技能方面（李培林、田丰，2012）。进入 21 世纪以来，工作岗位越来越要求求职者有较高水平的技术技能，劳动程序也越来越规范化。农业转移人口的技术职称越高，福利待遇等也就越好，就业越具有稳定性，职业流动的次数也就越少。

家庭责任方面，只有部分因素对农业转移人口职业流动次数的影响是显著的。虽然子女数量和家庭劳动力数量对两代农业转移人口的就业影响不显著,但婚姻程度对农业转移人口的就业影响是显著的。这充分体现了家庭对农业转移人口就业稳定性的影响,已婚农业转移人口的就业更具有稳定性。为了避免与爱人的分离,他们可能更倾向于稳定工作,不会轻易变换工作。

职业层次是影响农业转移人口流动的重要因素。尽管已有研究表明,较难进入高收入职业是农业转移人口未能提高自身经济社会地位的主要原因(王美艳,2005;Meng & Zhang,2001:485 – 504),但农业转移人口并没有放弃基于职业流动寻找更好发展机会的努力。估计结果还表明,从事中端职业的农业转移人口的流动次数更多,而从事高端职业和低端职业的农业转移人口流动次数相对少一些,呈现"中间高、两头低"的现象。一方面,从事高端职业的农业转移人口已经充分发挥了他们的各项优势,获得了相对满意的稳定工作,而低端职业的农业转移人口由于人力资本积累程度过低,很难实现职业的向上流动,因此这两类人的职业流动次数较少。另一方面,处在职业中端的农业转移人口为了实现职业向上流动,不得不通过多次流动的方式以争取实现其向上流动的更多机会。

农业转移人口换工作的次数与其工作环境也有密切关系。我们选取了工作时间和农业转移人口与用工单位劳动合同的签订方式作为衡量农业转移人口工作环境的指标。工作时间长短在一定程度上能够反映工作强度,工作强度越大,农业转移人口的压力也就越大,也就越倾向于换工作。但模型估计的结果并不显著,表明大部分农业转移人口的工作时间都在合理承受范围之内。而劳动合同的签订对农业转移人口的职业流动有显著影响,合同期越长,流动性越低,工作越稳定。

(三) 稳健性检验

Tobit 模型估计结果是汇报自变量对农业转移人口职业流动次数的影响。为了得出可靠性结论,我们再采用 Logit 回归方法进行稳健性检验,检验各变量对农业转移人口是否发生职业流动概率的影响,因变量采用的是近三年农业转移人口是否发生过职业流动。表 3 – 8 汇报的是农业转移人口职业流动影响因素的 Logit 的回归结果与 OLS 回归的结果。

表 3-8　农业转移人口是否发生职业流动影响因素的回归分析

自变量	近三年是否发生职业流动			
	Logit		OLS	
	系数	dy/dx	系数	稳健性标准误
男性（以女性为参照组）	0.145	0.036	0.0337	0.0216
新生代（以第一代为参照组）	0.518***	0.1288	0.125***	0.0304
文化程度	0.0132	0.003	0.003	0.00732
技术职称	-0.139***	-0.0349	-0.0324***	0.0103
婚姻程度	-0.538***	-0.1336	-0.129***	0.0299
家庭劳动力数量	0.0419	0.0104	0.00989	0.008
子女数量	-0.0140	-0.003	-0.0037	0.0189
工作时间	-0.00786	-0.001	-0.00181	0.00331
中端职业（以低端职业为参照组）	0.283**	0.07	0.0658**	0.0262
高端职业（以低端职业为参照组）	-0.00798	-0.002	-0.0022	0.0356
劳动合同签订方式	-0.0793***	-0.02	-0.0183***	0.00624
常数	0.213	—	0.549***	0.062
观测值	3025			

注：*** 表示在 0.01 水平上显著，** 表示在 0.05 水平上显著，* 表示在 0.1 水平上显著。

由于 Logit 模型的回归结果与 OLS 模型回归的结果系数的含义不同，为了便于比较，dy/dx 汇报 Logit 模型在样本均值处的边际效应，其系数与 OLS 回归系数相差不大。模型估计的结果表明，代际差异、婚姻程度、技术职称、劳动合同签订方式、职业层次仍然是影响农业转移人口职业流动的重要因素，这与 Tobit 模型的结论基本一致。新生代农业转移人口尤其是从事中端职业的新生代农业转移人口的职业流动概率最高，而已结婚、技术职称高、劳动合同签订时间较长的农业转移人口的职业流动概率较低。

五　小结

改革开放以来的大规模劳动力迁移现象，对我国的经济社会结构产生了极大的影响。农业转移人口的就业决策和职业流动对城乡经济的可持续发展起到至关重要的作用。大量的农村青壮年劳动力进城就业流动在外，他们频繁地变换工作，就是为了改善自身和家庭的经济社会地位。经历了两代人之后，农业转移人口如今所从事的职业涵盖甚广。农业转移人口中的优秀分子完全有可能突破制度障碍和结构约束，通过获得具有更高经济社会地位的职业而实现向上流动。我们的研究表明，尽管农业转移人口共享同一个制度性身份，但该群体内部在职业上已经出现了明显的分化，部分农业转移人口甚至跨越了不同类型劳动力市场的界限（从次级劳动力市场进入初级劳动力市场）和社会阶层间的藩篱，实现了向上流动。我们的主要研究发现包括以下几点。

第一，农业转移人口内部出现了明显的职业分割。虽然七成以上的农业转移人口仍然从事传统的蓝领工人或低端的自谋职业，但两成农业转移人口正从事"去体力化"的低端白领职业，还有一成左右的农业转移人口成为技术精英、管理精英或者私营企业主，他们在职业上表现了"去体力化""去农民工化"特征。

第二，农业转移人口的主体性特征对不同职业的获得具有重要影响。针对个体特征变量如何影响农业转移人口职业分割的研究表明，人力资本是农业转移人口从事中高端职业、成为精英的重要条件，但不同类型的人力资本的回报效应存在差异，其中教育水平是他们获取中高端职业的最重要条件。社会资本只有助于低端职业的获取，而政治资本对其职业获取几乎没有显著影响。因此，人力资本是他们获得不同类型的精英职业的重要条件，而较高的受教育程度是他们获得那些有较高经济社会地位的职业的最重要前提。政治资本对农业转移人口的职业获得几乎不具备显著影响，而社会资本只对农业转移人口从事低端职业具有帮助。诚如有学者所指出的，市场给予了人们获得地位的机遇，然而权力垄断、地缘集聚则成为获得地位的障碍，个人素质则是克服障碍的重要条件（李若建，2006）。

第三，农业转移人口频繁的职业流动并不必然意味着他们实现了基于职业的向上流动。对工作更换和职业流动的分析表明，尽管少数农业转移人口跨越了初级和次级劳动力市场的界限和社会阶层的藩篱，实现了基于职业身份转换的向上流动，但总体而言农业转移人口仍拘囿于结构约束和制度屏障，向上流动通道并不顺畅。此外，80后新生代农业转移人口较80

前农业转移人口并未显现向上流动的优势。频繁的职业变动经历与其向上流动的结果之间呈现倒 U 形曲线关系。这表明农业转移人口的主体性超越制度屏障和结构约束仍然存在诸多困难，而少数农业转移人口成功实现了向上流动，则是其主体性与制度屏障和结构约束不断抗争的结果。在主体性特征中，教育水平是农业转移人口获取中高端职业从而实现向上流动的最重要条件。而这一人力资本恰恰是农业转移人口所欠缺的。结合我们的研究发现，农业转移人口通过职业转换实现向上流动虽然存在重重困难，但政府和社会各界帮助他们提升自身的素质和人力资本，仍是一条理想的现实路径。

农业转移人口职业流动性研究的主要意义在于，从职业身份的角度去理解农业转移人口，让我们更多地看到该群体内部的差异性，这对目前研究狭隘地从制度角度去界定这一群体的做法是一个重要补充，也能对关于该群体的其他研究提供启发。虽然研究发现农业转移人口的主体抗争有利于其实现向上流动甚至成为不同类型的社会精英，但总体而言实现了向上流动的农业转移人口比例还非常低。研究结论显示，基于户籍制度而形成的制度性身份是农业转移人口向上流动的主要障碍。制度屏障和结构约束仍然是农业转移人口群体很难真正向上流动的主要阻碍因素。研究者早已指出并强调，劳动力的流动是嵌入社会结构的限制之中的（Granovetter，1988）。因此在帮扶农业转移人口提升其自身素质和能力的同时，国家还应该着眼于清除阻碍他们向上流动的结构性约束条件和制度性障碍，并通过产业结构的调整和升级给他们提供更多机会。

从理论上说，劳动力的自由流动对促进劳动力市场发育以及优化资源配置有重要的作用。但劳动力的过度流动不仅对其自身发展不利，对资源配置和经济发展也会造成不良后果。给农业转移人口提供更好的就业管理服务工作，有必要对两代农业转移人口职业流动决策的影响因素具备基本了解和科学判断。我们将农业转移人口的代际差异、职业分层与职业流动放在同一框架下予以考察。研究表明，代际和职业层次的不同会显著影响农业转移人口职业流动的动机和频率，因此有必要结合其职业流动特点做出具有针对性的农业转移人口政策。

我们也分析了代际差异和职业分层对农业转移人口职业流动的影响。

研究表明，农业转移人口的职业流动呈现倒 U 形流动轨迹的特征，即在职业发展的初期流动频繁，但随着年龄增长，流动成本增大，流动次数下降，因此新生代农业转移人口较第一代农业转移人口的流动性更强。农业转移人口的职业分层对其职业流动有显著影响，从事中端职业的农业转移人口的流动性最高，且其向上流动的动机也最为强烈。人力资本对农业转移人口职业流动的影响主要表现在，人力资本积累程度越高，农业转移人口的就业稳定性越高、职业流动性越弱，而这种影响主要来自职业技术的提高。以上研究发现对我们更深入地理解农业转移人口在当前阶段所呈现的新特征和新问题具有较为重要的意义，对农业转移人口就业政策的制定也具有较大的参考价值。以上研究形成的观点和结论对政策制定具有以下启示。

首先，研究发现人力资本积累对两代农业转移人口的就业都具有明显的促进作用，而且人力资本积累对其流动的影响主要来自职业技术的提高。因此，国家要进一步改革和发展农村职业教育，建立一批有实力的高等职业技术学校，探索农业转移人口培训的新模式。这类学校要明确其自身的办学方向，以提高劳动力职业技能为目标，以劳动力转移培训为契机，形成其办学特色。职业教育的内容要以市场需求为导向体现针对性和实用性，同时要认识到当前农村劳动力转移的现状，拓宽教育范围，开展非农职业的培训。为改善农业科技教育师资力量不足的状况，国家有必要加大对这类学校的财政补贴。

其次，大多数第一代农业转移人口的家庭负担重且自身的责任意识强，已婚农业转移人口的职业流动频率明显降低，婚姻状况对农业转移人口的就业流动性影响显著。对此，加强和改进对农业转移人口的服务和管理必须密切关注农业转移人口尤其是新生代农业转移人口的婚恋问题。调查显示，新生代农业转移人口的平均年龄已达到适婚年龄，但超过一半的新生代农业转移人口尚未结婚。政府要鼓励农业转移人口就业的单位多开展未婚职工联谊会，减少新生代农业转移人口外出务工可能产生的孤独感，同时鼓励农业转移人口就业单位对两地分居的夫妻多给予人文关怀，借此促进农业转移人口的稳定就业。

最后，相对于第一代农业转移人口，新生代农业转移人口更加注重职业发展，目前从事中端职业的新生代农业转移人口实现向上流动的愿望最为强烈。政府要尽可能多帮扶处于这个层次的新生代农业转移人口，为他们获得更稳定、更高层次的工作创造机会和条件。而劳动合同的签订和期限长短对农业转移人口就业具有很大意义。是否签订了劳动合同，是农业转移人口权益能否得到保障的基础。因此政府有必要进一步加大监督力度，鼓励用工单位和农业转移人口签订长期的劳动合同，使农业转移人口能够稳定就业，最终使有能力且有意愿在城市定居的新生代农业转移人口完成市民化过程。

第四章 农业转移人口市民化：基于空间视角

对农业转移人口问题的关注引发了学者关于这个群体多面向的思考和讨论。宏观层面上主要探讨了推进农业转移人口市民化的路径和政策，城乡二元制度对农业转移人口市民化的影响以及农业转移人口市民化的社会成本等问题。微观层面，研究主要集中在农业转移人口主体的社会认同、城市融入和市民化水平测算方面。实际上，农业转移人口市民化有三个关键问题，即市民化地域导向（能不能接纳农业转移人口——小城镇发展战略还是大城市集中式发展）、市民化对象确定（让哪些农业转移人口进城——就地非农化还是异地非农化）和利益关系调整（易毅，2013）。对这些问题的回答有助于深化对农业转移人口城市融入问题的理论研究，并为制定有针对性的城市融入政策提供参考依据。

一 空间分析及其类型学划分

现代化和工业化的发展使城市成为地区和国家的经济、政治、社会和文化中心，成为各种社会关系产生和发展最为集中的地方。而城市又是有一定地域边界的场所，空间自然成为城市社会学的合理研究对象。

（一）移民融合的空间视角

20世纪初期，为解释和寻找美国社会秩序的内在逻辑，"芝加哥学派"以芝加哥城为研究对象，首开城市社区空间研究先河。其代表人物主要有R.E.帕克、伯吉斯、沃斯、麦肯齐等。他们将都市研究与社会达尔文主义相结合，创立了城市人文生态学（吴娅丹，2011）。他们对人在城市空间中的活动产生了很高的兴趣。以帕克为代表的芝加哥学派众多学者认识到"人类是群生群居的动物，他/她无法单独生存，相对来看，人是弱小的，他/她不仅需要一定的环境保护他/她，供他/她居住，还需要有同类伙伴的协同合作"（帕克，1987：65）。他们将城市看作一个由许多人赖以共生和相互竞争的有机体，并扎根城市空间结构探讨人类组织形式和行为之间的各种关联。城市的区位布局和社区结构正是在人与人的相互依存和交往的过程中形成的。芝加哥学派也因此展开了一系列的城市空间模型规划研究，提出了著名的城市区位空间规划理论，如伯吉斯的同心圆理论、霍伊特的扇形理论以及哈里斯的多核心理论。

美国新正统生态学家奥蒂斯·邓肯和贝弗利·邓肯等人利用职业差别、隔离、低价租房的集中及与城市中心的距离的统计数据来分析自然分离和社会地位之间的关系，以此考察帕克关于社会地位有明显差异的人们一般在空间上互相分离的假设。美国社会学家史域奇（E. Shevky）、威廉姆斯（M. Williams）和贝尔（W. Bell）等人提出社会区分析（李健、宁越敏，2006）。所谓社会区，就是指占据一定地域，具有大致相同的生活目标、相同的生活方式以及相同的社会地位的同质人口的会集。美国学者甘斯对内城的社区类型进行了划分（Gans, 1977），怀特对西欧城郊社区类型的划分中，提出新工人阶级郊区的概念（White, 1984）。

周敏在总结西方移民社会学对移民和族裔聚居区的研究时指出，在移民与当地市民的空间关系上，西方学者大致持有三种观点：同化吸收论、多元并存论以及隔离论（Zhou, 1992）。同化吸收论的观点认为，随着移民社会经济地位的提升，移民聚居区最终将并入市民社区，成为市民社区的一部分。多元并存论的观点认为，移民社区自成一体，与当地居民社区并存，但两个社区之间并非完全隔离，而是相互联结，互补互益，一般主要表现为经济发展模式的联结。最后是隔离论，认为在移民与市民之间存在相互排斥的现象，比如北美华人社区和美国的黑人移民区。自身社会资本占有水平不足是导致移民与当地居民聚居区隔离的重要原因。但也有研究表明，即便是社会资本达到一定水平，很多人也不愿迁出移民聚居区，对于这种现象，华盛顿·克莱克一语中的：许多黑人热心于黑人社区，他们受到外部严重而可怕的压力……离开自己的社区,到陌生的地方工作和寻求机会,在那里会孤立无援(罗伯特·詹姆逊,1990:133)。来自群体内部高度的"我群认同感"阻碍了群体外交往。吉登斯指出:"移民聚居区从某种意义上说是一些稳定的区域,而且这些区域的文化也与周边区域存在明显的差别,群体隔离与空间隔离从而形成了契合……这种情况给希望逃离这些区域的个体造成了可怕的难题。"(吉登斯,2007:46)

与周敏的观点类似,美国学者马库斯的研究认为,新的城市空间格局表现出"堡垒型、属地型、隔离型三种空间并立的局面。这三种空间分别对应:富人或中上层阶级自我保护的社会空间(如北美的门禁社区)、社会中层自愿选择聚居的社区(如一些特定文化类型的社区、同性恋社区等)、社会底层和移民被隔离的社区"(Marcuse,1997:228-264)。大规模流入城市的外来人口对传统城市的空间格局造成了冲击,也带来了新一轮的城市空间重组和再边界化。不同社区空间的重新分化形成了"分割的城市"(Marcuse & Kempen,2002)。然而,空间隔离性的群体聚居无论是对地区发展还是群际交往都是不利的。Massey指出,"空间集聚本身就是地区衰败与贫困的主要成因,在极端的情况下,群体因素和阶层因素的重叠容易导致多重剥夺感,造成贫困和隔离的循环积累"(Massey,1993:142-149)。

当然,除了隔离之外,移民聚居区与当地居民社区之间也存在某种联结。波特斯对迈阿密的古巴打工者进行研究时发现他们并不追求融入美国主流经济,而是发展出一种"族裔聚居区经济模式"作为融入主流社会的另一条可供选择的途径(Portes,2001:181-194)。也就是说,移民与当地市民的融合表现出联结的特点,至少在经济模式上表现为这样。

(二) 类型学划分

芝加哥学派的城市社区空间研究拓展了城市社会学的领域。社区空间作为城市社会最基本的居住单元越来越受到城市社会学者的重视。在芝加哥城市空间模型研究的基础上,社区空间的类型学划分得以展开。社区空间根据其内居住人口的组成特征被划分成"单体同质型"社区和"多体异质型"混合社区两种类型。"单体同质型"社区:是在不同类型的同质人群交往的基础上所形成的特定类型的群体亚文化,会导致其社会关系沉淀下来出现群体聚居现象,表现为在城市形成特定类型的社区。"多体异质型"混合社区:是指众多异质性人口同住一个社区的现象。比如一些多民族聚居社区、城中村混合居住区等。早期,"混合社区"是为解决城市贫困差异造成的空间居住形态的分化问题而提出的概念。

关于移民与当地居民融合的研究,西方社会学研究的重点是混合社区模式的实践。西方社会很早就开始研究和实施混合居住计划。在英国,圈地运动伊始,出现大批农民涌入城镇的现象。当时也有进城农民自发聚居的"单体同质型"社区,这类社区也导致一些城市性社会问题的出现。但这种现象出现不久,英国政府就已经开始着手进行农民与市民混合居住社区的研究和规划。在1846年伊尔福德的城镇规划书中(Sarkissian,1976:231-246),就出现了混合居住的思想。"这种设想的潜在假设是通过中产阶级的角色模式和示范作用,使穷人——移民向市民学习,能够变成'好'的居民。"(Arthurson,2008a:484-501)在这之后,混合居住的思想被欧美许多国家所借鉴,用于解决社会排斥和群体隔离等与流动人口相关的社会问题(Musterd et al.,2003:877-892;Musterd & Anderson,2005:1-30;Musterd,2008:897-915;Kleinhans,2004:367-390),而来自英国、瑞典、德国、法国、比利时和美国等国家的实践也表明:"混合社区的住房规划和社会安置能够缓解阶层矛盾和群体隔离,并统一社会福利。"(Cole & Goodchild,2001:351-360)

混合社区的设想期望能够解决与空间隔离有关的移民社会问题。比如"降低区域歧视,促进社会交往和融合,提高移民人群的健康、教育和服务水平,阻止和降低反社会行为,提高移民满意度,鼓励城市主流范式和价值观,缓解群体间的紧张关系,促进社会和谐,创造移民新的社会资本,鼓励文化多样化,提高审美标准,等等"(Arthurson,2008b)。

在国内,对城市移民的研究主要以进城农业转移人口为对象。研究结果表明,我国当前农业转移人口的城市融合面临困境,有融合的一面也有隔离的一面。隔离的结果最明显的表现为在空间上农业转移人口与市民居住区的隔离(江立华,2003),即农业转移人口的居住区表现为"单体同质型"的特点。融合的表现是多样化的,有的表现为联结型,如北京的

"浙江村"。项飚的研究表明：北京"浙江村"的经济模式已经自成体系，成为北京市最大的服装批发市场，并成为北京市经济市场的一部分（项飚，1998）。当然也有一些农业转移人口住进城市混合社区，从而与市民处于同样的居住环境中，目前他们的融合尚处于依附性阶段，正处于习得、内化城市现代生活方式和城市社区的各种制度安排与政策法规的时期，即处于"磨合期"。但混合居住的提法还只是近年来学者提出的关于城市人口融合的新设想。

在农业转移人口与市民的融合研究中，混合社区概念的提出是对当前农业转移人口与市民"不完全融合"，尤其是农业转移人口与市民居住区隔离的一种回应。居住空间的分异与社会结构的分化是相关的，二者表现为一种"互构"的关系。因此，从某种程度上说，混合社区立足于从空间分异的角度来破解这种"互构"的关系，算得上一种大胆的尝试。人们之间相邻而居，增加了交往机会，有助于相互的沟通、理解和融合。但可惜国内至今还没有关于农业转移人口与市民混住社区人际关系融合状况的经验研究，只是有人在流动人口研究中使用过这一概念，或者在倡导这么一种模式而已（杨豪中、王进，2011）。

总之，西方学者将空间视角引入移民社会关系的研究，为我们探讨农业转移人口与市民的融合提供了新的解释框架和语境。针对农业转移人口的城市隔离、边缘化和融合问题，"单体同质型"社区和"多体异质型"混合社区的划分将农业转移人口与市民的融合在不同阶段和不同空间内进行细分，为我们进一步研究农业转移人口的市民化提供新思路。

二 "单体同质型"社区与"多体异质型"混合社区

（一）"单体同质型"社区

鉴于社会学理论关于空间社会性的探讨，我们不同意"社区空间的类型差异决定了人们之间的交往"（谭日辉，2012）的观点，毋宁说我们倾向于认为是人们之间不同的交往衍生出了不同类型的社区空间。布劳曾用"接近性假设"的说法来解释人们之间的社会交往（布劳，1991：57）。认为人们更多地与自己所属的群体或社会阶层中的其他成员交往，处于相同社会空间内的人们有着共同的社会经验和角色，以及相似的属性和态度，这一切都将为他们所处的空间带来潜移默化的影响。社会交往形塑社会空间，社会空间的形塑也有利于促进其内特定类型的社会交往，产生特定类型的社会关系，并进而形成特定的群体亚文化。久而久之，在不同类型的同质人群交往的基础上，所形成的特定类型的群体亚文化便会导致其社会关系沉淀下来出现群体聚居现象，表现为在城市形成特定类型的社区。同类群体在同一社区内居住表现出"单体同质型"的空间外在特征。比如，某些职业相同的人和收入水平相近的人容易形成同质性的社区。众多"单体同质型"社区空间的形成，导致城市整体空间的裂化，形成新的马赛克（Mosaic）式的城市居住文化图景。

（二）"多体异质型"混合社区

仅仅"单体同质型"社区的概念显然无法完全解释城市社会人口组成部分的多元化。在城市，还存在众多异质性人口同住一个社区的现象。比如一些多民族聚居社区、城中村混合居住区等。我们将这类人口组成部分多元化的社区称为"多体异质型"混合社区。早期，"混合社区"是为解决城市贫困差异造成的空间居住形态的分化问题而提出的概念。近年来，针对因贫富差距导致的城市高中低档社区的分化，学者主张不同收入水平的人同住一个社区以减轻日益加剧的社会分化（黄静晗，2008；杨上广、王春兰，2010），并将这种思想落实到城市社区建设和规划上来，表现为公共住宅和商品住宅结合起来进行开发（徐琴，2008）。国外近年来一些关于混合社区的研究也具有类似的特点。他们所关注的混合社区一般也是指由收入水平不同的人组成一个社区，或者是由不同的住房形态组成的社区，更像是一种"阶层混合社区"或者说是"多功能综合社区"。

（三）社区空间的类型学划分的启示

"单体同质型"社区与"多体异质型"混合社区的空间类型划分为分析我国目前农业转移人口在城市的聚居现象提供了恰切的语境。自20世纪80年代户籍制度松动以来，大批农村剩余劳动力进城务工、经商。而这部分进城农业转移人口的工作和生活如何、他们能否适应城市的现代化环境，这成为社会科学研究者关注的问题。事实证明，农业转移人口的城市融入并不顺利，农业转移人口与市民两个群体之间存在诸多方面的隔离。其中，居住形态上的隔离表现为典型的城市"双城"现象（杨上广、王春兰，2010），即农业转移人口聚居区与市民社区之间的隔离。如今一些大城市都出现了由流动人口聚居形成的"××村"，比如北京的"浙江村""温州村""新疆村""河南村"等。农业转移人口群体之所以选择聚居有以下原因。首先，农业转移人口初进城市，乡土社会关系的断裂导致其社会关系的结构性紧张与失衡，角色的合法性与身份的存在感受到质疑。尤其是来自城市社会的排斥导致他们大规模地退出公共领域而选择在城中村、城乡接合部和工地等场所聚居。其次，农业转移人口在城市性的继续社会化未完成之前，城乡文化的巨大差异导致其对城市生活和文化的不适应，因此倾向于在某个地区聚居，并按照农村生活环境重建乡土小社会。这样作为某种退而求其次的替代性选择，不仅可以为农业转移人口个体在必要时提供某种非组织化的保障，在乡土社会关系断裂导致结构性紧张的情况下，还可以为其提供某种暂时替代性的社会关系支持。同时，乡土小社会的建立也起到某种防御性的作用，小范围内社会关系的重新整合使他们在面对市民社会的排斥和质疑时得以自处。

虽然群体聚居对农业转移人口来说不无益处，但从农业转移人口城市融入的角度讲，居住空间上的隔离显然不利于两个群体的融合。可以想象，"单体同质型"社区之间的人际交往是受到限制的。农业转移人口聚居的乡土小社会具有一定的封闭性，而城市居民现代化社区更是具有某种程度的排外性。由栅栏、围墙、门禁、保安、监控设备等组合而成的现代社区将空间的限制和社会封闭结合起来（Dilger，1992：121），导致群体间主体交往的不便。客观上为社会政策和社会研究提出了社会关系融合的要求。

既然居住空间上的分异不利于群体间的融合，那么混合居住是否能解决农业转移人口与市民的这种隔离困境呢？近来，在以农业转移人口为主要对象的流动人口城市社会关系融合的研究中就试图提出这种混合居住的设想。在流动人口城市社会关系融合的研究中，混合社区是指农业转移人口与市民混合居住的社区，社区内的主体既包括市民，也有来自不同地区和具有不同收入水平的农业转移人口。这种社区主要特点是居住人口多元化，表现为来自不同阶层、职业和地域的流动人口居住在一起，尤其是与市民同处一个社区。异质社区对于解决社区空间的封闭性和排外性，促进不同人群之间的交往与融合是有所助益的。但可惜国内至今还没有关于流动人口与市民混住社区人际关系融合状况的调查和实证研究，只是有人在流动人口研究中使用过这一概念，或者在倡导这么一种模式而已（杨豪中、王进，2011）。

三 空间视角下农业转移人口的城市融合途径

混合社区概念的提出是对当前城市社会人际关系"不完全融合"的一种回应。居住空间的分异与社会结构的分化是相关的，二者表现为一种"互构"的关系。因此，从某种程度上说，混合社区的设想立足于从空间分异的角度来破解这种"互构"的关系，算得上一种大胆的尝试。

（一）"单体同质型"社区与社区增能取向

在城市，人口是以社区为主要聚落形态的，作为社会基本细胞的社区始终是农业转移人口与城市居民融合的起点。"单体同质型"社区和"多体异质型"混合社区的空间类型学划分为农业转移人口与市民的融合研究提供了恰切语境和研究视野。从空间和人际交往的关系来看，两种不同的社区类型可以有两种不同的农业转移人口城市融合取向。

农业转移人口由于自身经济水平的限制，一般聚居在工地临时搭建的板房、城乡接合部的简陋棚户区，或者条件较差的城中村。久而久之，形成一定的聚居习惯，外来农业转移人口便有一种向这些聚居区靠拢的倾向，农业转移人口聚居区与市民社区之间形成空间隔离。农业转移人口居住的"单体同质型"社区有以下几类。一是一些大城市出现的由农业转移人口聚居形成的"××村"。这类大型农业转移人口聚居区的形成一般经历了较长的一段时间，这个过程大多伴随着一些"慕名而来"的农业转移人口迁入。与美国有名的同性恋小镇和社区的形成过程类似，人们出于同类群体容易相处，经济、社会、文化背景和水平差异不大等原因而自发形成聚居区。二是城中村或城乡接合部的农业转移人口聚居社区。这类社区房源充足、房租相对较低等原因吸引了大批农业转移人口。当然，目前多数城中村属于混合社区，但也有部分城中村当地居民已经很少，绝大部分当地居民已住到城市其他商品房社区中，城中村的房屋完全出租，因此实质上已经形成"单体同质型"的农业转移人口社区。三是建立在租房行为基础上的农业转移人口"单体同质型"聚居社区，即城市老旧的商品房社区。这类社区与城中村和城乡接合部社区有些类似，不同之处在于，城乡接合部社区的房东——当地居民仍在本地居住，为"不完全出租"。而在城市老的商品房这类农业转移人口聚居社区内，房东多为当地市民，但在其他地方也有房子（多为条件更好的房子），因此，房东——市民基本上不在本社区居住，为"完全出租"类型。四是一些临时形成和存在的农业转移人口"单体同质型"社区。比如一些大型建筑工地和工程现场或周边临时搭建的小型活动板房。不过这类农业转移人口聚居区一般会随工期结束而拆除，并不长期存在。五是城市农业转移人口保障性租房社区。这类社区是在政府有意识的规划、建设和配额下形成的。

一般来说，这些农业转移人口"单体同质型"的聚居社区由于其主体自身的能力和条件限制，居住条件往往较差，环境卫生状况往往也不好，形成典型的城市居住环境的二元区隔。

相关的研究表明，这些农业转移人口聚居区卫生条件较差，管理涣散，社区安全系数较低，发生打架、抢劫、盗窃等越轨、犯罪事件的频率较高（张友庭，2008），从而给外界市民以脏、乱、差的印象。在农业转移人口聚居区与市民社区本就存在空间隔离的情况下，社区差异造成的隐形边界同时也产生比实际的物理分割更强的隔离效应，在农业转移人口与市民的心理层面设下深深的交往障碍，主要表现为市民不愿进入这些拥挤、混乱的农业转移人口聚居区。因此，针对农业转移人口聚居的社区有必要进行社区增能。

具体来说，对农业转移人口聚居区增能的对象有两个：首先是社区空间本身；其次是社区空间内的农业转移人口。

对社区空间本身增能的目的在于改善农业转移人口聚居区的住房条

件、环境状况，以及社会治安管理状况等。改善农业转移人口聚居区住房条件是社区空间增能的内容之一。但应该注意的是，住房条件的改善并不是简单的拆除重建。以城中村改造为例，一些学者认为城中村是城市的毒瘤，有损城市肌理和外在形象，应该拆除。但对于农业转移人口来说，从房源供给和租房成本来看，城中村是目前农业转移人口在城市最理想的居住环境。一旦拆除，农业转移人口群体的住房问题将急剧恶化。对此，我们认为可以从以下几个方面着手解决。

一方面，应该保留城中村的地域条件，在此基础上从住房结构和空间布局来进行改造。在原有一些合院式布局的基础上向空中发展，以单元结构来最大化合理利用空间，从而能够节省更多的空间进行社区环境改善和美化。城中村作为进城农业转移人口最主要的聚居社区之一，应该与城市其他类型社区具有同等存在、发展和博弈的权利。事实上城中村对城市而言也并非全是有损形象的害处。城中村的房屋出租不仅可以为农业转移人口提供廉价的出租房，也能为村集体 GDP 创收和城市税收带来可观的效益。

另一方面，可以采取农业转移人口保障房建设计划，即通过政府财政投入、住房公积金缴纳和农业转移人口及其单位共同集资等方式规划建设农业转移人口保障房社区。这类保障房社区无论从居住条件、环境条件还是社区治安管理等方面都可能较为规范化、合理化（李培林，2002）。

至于农业转移人口聚居的"单体同质型"社区，尤其是像城中村、城乡接合部和郊区等类型社区，治安管理和服务体制不完善，加之人口组成部分多元化，人口素质参差不齐，导致社区卫生、治安环境相对较差，对这种状况的改善和空间增能可以通过将社区服务和管理纳入城市市政环卫体系来进行解决，资金可以从房屋租金中来出，也可以通过农业转移人口缴纳服务管理费用来集资。

如果说对社区空间的增能还只是外在地解决农业转移人口城市融合问题，那么，对空间内的主体——农业转移人口——的增能则是从内在来提高其城市适应性。农业转移人口与市民之间社会关系的融合状况之所以不乐观，很大程度上是因为农业转移人口自身资本的缺乏导致其在与市民的交往中处于不利的地位，或者说处于不平等的地位。增能的直接目的在于提高农业转移人口自身的资本状况,包括经济资本、政治资本、文化资本和社会资本等。通过改善其资本状况,帮助其习得城市生活方式与现代性,提高其与城市居民交往的"筹码",充实其角色和身份的合法性与内涵,提高农业转移人口在城市的适应性。具体的措施包括提高农业转移人口的工资水平、建立覆盖农业转移人口的公共服务、将农业转移人口纳入社区管理和服务中、向符合条件的农业转移人口赋予选举权和被选举权等,也可以引入政府、单位、公益性组织和农业转移人口自组织等多方面社会支持力量重建农业转移人口的城市社会支持网络。

(二)"多体异质型"混合社区与社会交往取向

1. "混合社区":农业转移人口与市民居住空间的整合

对于移民在迁入地的适应与融合,西方很早就开始混合社区模式的实践。近年来,国内一些从事农业转移人口城市融合问题研究的学者也提出了"混合社区"的概念。所谓"多体异质型"混合社区是指农业转移人口与市民混合居住的社区,社区内的主体既包括市民,也有来自不同地区和具有不同收入水平的农业转移人口。这种社区主要特点是居住人口多元化,表现为来自不同阶层、职业和地域的农业转移人口居住在一起,尤其是与市民同处一个社区。在城市,除城中村和纳入城市体系的城乡接合部之外,目前,只有那些老旧的单位社区和城市商品房社区,有一些市民因迁入新社区而空出房源,才可能形成真正意义上的城市"多体异质型"混合社区。而一般城市街道居委会社区,由于房源供给不足和租房成本较高,还未形成规模化的混合社区。在农业转移人口与市民的融合研究中,混合社区概念的提出是对当前农业转移人口与市民居住的隔离,大量农业转移人口集中居住于城中村、城乡接合部,与城市居民不融合的一种积极回应。

"隔离性空间的划分和配置容易助长人的剥夺感和挫折情绪,导致产生隔离社区独有的生活方式和文化态度,以及一系列与主流文化不相符甚至是相悖的行为方式与病态文化。"(Wilson, 1987: 105-108)因此,农业转移人口与市民居住空间上的隔离造成了主体间交往的障碍,被认为不利于农业转移人口与市民的人际关系融合。混合社区的建立,意在使市民与农业转移人口群体之间的交往绕开空间屏蔽,实现在场式交往,借此来增进相互之间的了解和理解。也就是说,希望通过农业转移人口与市民在相同的空间和共同的规范下能够产生相同或相似的认知方式和行为方式,从而拉近彼此间的社会距离和心理距离,即表现出某种"态度的区域化"特点。主要表现在以下几个方面。

首先,社会交往取决于人际间的接触机会,而混合社区小范围空间内的群体聚居可以增加农业转移人口与市民接触的机会,从而扩大群际交往。其次,混合居住通过社区内当地市民的影响,可以逐步改变农业转移人口的行为模式。最后,通过混合居住,可以使农业转移人口在社区规范的框架下逐步习惯城市现代化生活方式,并逐步内化城市基于产权关系和权责关系的各种制度安排,从而适应城市生活。

混合社区的社会交往取向可以绕开空间屏蔽,实现群体在场式交往,直接目的在于通过两个群体在同一空间中的交往来增进相互之间的了解和理解。关于理解,哈贝马斯说:"它最狭窄的意义是表示两个主体以同样的方式理解一个语言学表达;而最宽泛的意义则是在表示与彼此认可的规范性背景相关的话语的正确性上,两个主体之间存在某种协调;此外还表示两个交往过程的参与者能对世界上的某种东西达成理解,并且彼此能使自己的意向为对方所理解。"(哈贝马斯,1989:9)

当然,这个结论来源于理论上的论证。现实的情况是,某些开放式的旧单位社区存在农业转移人口与市民混合居住的情况,两个群体之间的融合迹象并不明显。"邻域效应"事实上并没能有效解决混合社区人际关系的融合困境(Cheshire,2012:267-294)。主要原因在于农业转移人口在日常的工作和生活中,仍然表现出同质性交往的倾向。融合不是混合居住模式必然的结果,更不是唯一的结果。

2. 居住空间整合下的群体隔离现象

居住空间的分异与社会结构的分化是相关的,二者表现为一种"互构"的关系。因此,从某种程度上说,混合社区的设想立足于从空间整合的视角来破解这种"互构"的关系。那么混合居住是否能解决农业转移人口与市民的这种隔离困境呢?

从实践看,市民和农业转移人口住在同一社区并不能自然而然形成整合性的社区共同体。农业转移人口与市民虽然同住一个社区,但不同的生活路径和工作经历使得二者之间在空间中的行动并不能实现实际的共同在场。两个群体间的交往实际上呈现"离散性"的特点,尤其是社区内的农业转移人口更是如此。农业转移人口早出晚归,从空间上看,白天,他们已经远离了社区和社区内的居民,接触的主要是与他们从事相同职业的工友或者老乡,逐渐在工作场所形成了属于他们的社会关系网和交往圈。社区内的城市居民在工作中接触和交往的对象也基本上是自己的同事、同学和当地市民。居住上的共同在场并没有带来交往的共同在场。混合社区整合性空间内部形成了农业转移人口与当地市民两个"单体同质型"的隔离性群体,无法形成"区域场所环境—社会群体或阶层—价值观和行为模式"的社会关系再生产模式,无法实现有效融合。

事实上,社区中农业转移人口相互之间的交往也不多,没有表现出所谓的"外倾性"主动交往的行为,没有形成关系紧密的农业转移人口群体。为了生存和发展而流动的目的本身使他们对于交往和结识陌生人并没有很高的积极性。"过好各自的生活"是他们共同的愿望,也因此造成了农业转移人口之间因为陌生而陌生的结果。

3. 创新社区治理与新老居民的低度融合

农业转移人口进城,长久地远离农村共同体,容易导致其传统社会关系的断裂和社会支持网络的解体,混合居住不能实现市民与农业转移人口群体的融合,那么,通过规范化的社区管理为农业转移人口建立起新的社会支持网络,是否能提高农业转移人口社区融入的能力和机会呢?

农业转移人口住进城市社区,不可避免会给社区原有的空间结构和社会关系带来改变。但由于身份和职业关系,与他们接触时间最长、最频繁的工作场所的同事(大多为同乡或者同是农业转移人口)自然成为他们交往对象的首要选择。布劳曾用"接近性假设"的说法来解释人们之间的社会交往(布劳,1991:57),认为人们更多地与自己所属的群体或社会阶层中的其他成员交往,处于相同社会空间内的人们有着共同的社会经验和角色,以及相似的属性和态度,这一切都将为他们所处的空间带来潜移默化的影响。这种交往所带来的归属感较强。同质性的群体小范围内社会关系的重新整合能够为农业转移人口提供适当的社会关系支持和非正式组织的保障。但这种同质性群体的交往本质上社会关系网络仍然是封闭的。而且，由于这种社会关系网络的封闭性，网络内能够为农业转移人口提供的社会资本支持也是有限的。因此，扩大交往是为农业转移人口的发展提供更广泛、更持续和更有力支持的必要途径。格罗斯说，只有扩大交往才能发展起良好的群际关系，从交往发展起来的地域联系表明，在表现出共同利益或共同价值观的地方，就会产生一种社会联系纽带。这种社会联系纽带一旦产生，就会为共同的目标、需求和象征符号所加强（格罗斯，2003：216）。

对武汉市江岸区西桥社区的调查发现，规范化的社区管理和创新的社区服务模式对于改善混合社区治安和管理的作用是积极的。对农业转移人口称谓的改变（"新居民"）也体现了社区当地市民对农业转移人口的主动接纳，体现出了融合的一面。主要表现在以下几点。首先，农业转移人口与市民的交往通过节假日社区活动、聚餐、讨论会、互助小组等方式得以接触。其次，倡导社区内农业转移人口与市民在日常生活中向邻里求助，使邻里之间起码"知道这家是谁，是做什么的，出门碰到打个招呼"。最后，通过互助服务站、义工队、志愿服务队、"爱心妈妈"工作室这样有意识组织起来的社会支持网络提供社区的支持。尽管建立在这些社会支持和接触方式上的人际交往频率还较低，所建立的人际关联和纽带相对还较弱，表现出某种"低度交往"的特点，但这些促进社区内新老居民间的"最低限度的交往"的社区活动、志愿服务、讨论会和互助小组等接触方式已经形成常态化的机制。尽管农业转移人口与市民的这种"低度交往"未能建立起密切的邻里关系，但对农业转移人口的社区融入和市民化还是有一定帮助的，这种帮助至少体现在以下三个方面。

首先，农业转移人口与市民的低度交往使农业转移人口形成关系紧密群体的可能性降低。通过典礼、活动、互助小组、志愿服务等短时间接触方式，虽然没能使农业转移人口和市民形成关系型团体，但可以促进农业转移人口群体交往关系的分化，导致农业转移人口群体异质性的增强，从而削弱农业转移人口作为一个群体在城市混合社区中的显著性。而"新居民"称号的改变至少表面看来使社区市民对外来农业转移人口不再容易形成"农业转移人口"这样一种群体镜像,避免了所谓"群体排斥"的可能,客观上为农业转移人口的社区融入和市民化提供了契机。

其次,高度的社区异质性增加了农业转移人口与市民建立各种社会关联的可能性。虽然有研究表明,"异质性会产生妨碍社会交往的障碍",从而不利于农业转移人口与市民的社区融合。然而,混合社区内部农业转移人口与市民同样的高度异质性也可能会削弱交往障碍。正如彼得·布劳所说:"异质性越强,人们之间发生随遇交往的可能性就越大。"(布劳,1991:57)对混合社区来说,市民和农业转移人口如果内部同质性越强,就越有可能形成相互隔离。低度交往有助于打破这种隔离,使相互之间形成对另一方的正确的"群体认知和镜像",而农业转移人口群体本身的异质化也提供了市民与之产生多种交往体验的可能,从而使市民愿意与农业转移人口建立多种"随遇关系"。

最后,在低度交往中,农业转移人口逐渐了解和习惯了城市社区基于产权关系和权责关系的各种制度安排。比如,农业转移人口在农村日常生活中一般倾向于向邻里和亲朋好友等首属关系群体求助。而在城市社区中,农业转移人口认识到低度交往下的弱关系难以为他们提供稳定的社会支持,而更多地习惯于向与其有权责关系和契约关系的居委会和物业等组织求助。更重要的是,在城市社区,权责关系和契约关系下的生活使他们认识到"自我管理"是生活的常态,从而培养了他们独立的现代市民品质。就像做布匹生意的农业转移人口蔡先生所说:"我在武汉这么多年,不知道是不是我出来时间太长了,我感觉现在回到家里跟老家的人沟通不是很成熟的样子,在外面现在习惯了反而还好说些。"

当然,社会交往很大程度上取决于接触机会。在许多混合社区内,由于社区内不同居民生活和工作路径的差异,在日常生活和工作中接触机会较少,人际交往并不频繁。阿特金森等人对苏格兰混合社区的研究曾发现,住房持有者和租赁者有着不同的社会世界。"住房自有者因就业人口较多,其日常出行距离明显较长。这意味着住房自有者和租赁者之间的接触相对稀少。"(Atkinson & Kintrea, 2000:93-108)艾伦的研究结果也显示,"混合社区内不同社会群体之间几乎不存在角色示范效应"(Allen et al., 2005:71)。主要原因在于社会特性相差太大的人之间缺乏社会交往。

我们在襄阳市南漳县新华书店混合社区的调研就发现了类似的情况。一方面，由于混合社区农业转移人口与当地市民工作性质和工作场所的不同，两个群体的生活和交往路径几乎完全没有交集。在此情况下，两个群体形成了互不交叉的独立交往圈，在"多体异质型"混合社区内部和外部形成了事实上的两个"单体同质型"的隔离群体。另一方面，农业转移人口的入住，使得混合社区的治安和管理情况堪忧，导致当地市民对农业转移人口心生不满。混合社区人口组成部分的多元化和复杂化使得统一管理成为根本的难题，而单位社区本身管理主体的缺失导致管理的涣散。来自不同文化背景、收入层次和地区的人口特征上的区别经常表现出在认知和行为模式上的差异，最终导致两个群体的不融合。

总之，混合居住模式的确增加了农业转移人口与市民接触和交往的机会，甚至在两个群体之间也能够实现低度交往和融合，并建立起某种弱邻里关联。但也可能形成群体相互隔离的局面。当然，这种不融合的结果并不是混合社区模式本身造成的。

（三）建构社会空间：农业转移人口与市民融合的新平台

社会交往总是在特定的社会空间①中进行。对于农业转移人口而言，他们主要活动于三种城市空间内。一是居住空间，即我们所说的社区；二是工作场所；三是工作居住之外的业余活动空间，即城市公共性空间。在工作场所空间内，农业转移人口的社会交往一般较为普遍，但其交往仅限于同事之间，而其同事又往往是与其背景相似的农业转移人口，这样就容易导致农业转移人口"单体同质型"的交往群体而与市民群体形成相隔离的局面。

在居住空间——社区内，"单体同质型"农业转移人口聚居区的相对封闭性不利于扩大农业转移人口与市民的群际交往，而"多体异质型"混合社区虽然增加了农业转移人口与市民接触的机会，对于农业转移人口的市民化和两个群体的融合有所帮助（如武汉市江汉区西桥社区），但也有

---

① 鉴于我国市民社会发育的先天不足，目前，真正意义上的城市公共空间即便在市民中间也未形成，因此，为区别于这一概念，我们倾向于将农民工与市民在社区空间和工作空间之外的公共活动场所称为"社会空间"。

可能在混合社区内形成农业转移人口与市民两个"单体同质型"隔离群体（如襄阳市南漳县新华书店社区）。原因在于，本质而言，社区仍然是一种狭隘的空间。一方面，大范围的社会关系不可能在众多的狭隘空间之间建立起关联；另一方面，社区这种一般性空间具有某种程度的静态性。尤其是城市现代化社区更是具有某种程度的排外性。由栅栏、围墙、门禁、保安、监控设备等组合而成的现代社区将空间的限制和社会封闭结合起来（Dilger，1992：121），导致群体间主体交往的不便。

也就是说，在居住区和工作场所这两种城市空间内，农业转移人口与市民的交往和融合都具有某种局限。而且目前学术界对于农业转移人口与市民融合困境的讨论也主要集中在这两个空间。在这两个空间之外，农业转移人口业余活动的空间——社会空间内，两个群体的交往和融合还没有引起足够的重视。事实上，无论是社区增能取向还是社会交往取向，农业转移人口与市民的融合都必须建立在更广泛的群际交往的基础上。而广泛的交往显然并不仅仅局限于社区和工作场所内。在这之外，城市公共空间提供了农业转移人口与市民更多的接触和社会交往的可能性。如果在社会空间中农业转移人口与市民能够实现充分的交往，就能够增强两个群体在不同城市空间中的熟识性，促进融合，包括社区空间和工作空间。如果能够将这种交往扩大化，那么，有关"单体同质型"社区和"多体异质型"混合社区的划分以及农业转移人口与市民空间隔离的问题也就不那么重要和突出了。

公共空间的建设是实现农业转移人口与市民融合的一条新的重要途径。关于公共空间，在哈贝马斯那里，它是"我们生活中能够形成舆论的地方"（哈贝马斯，1999：252）。人们通过在公共空间里交流私人经验和对公共事务交换观点来相互印证自己的真实性和存在感。人们能够更加关注当下所发生的事情，对当下的感受也更加强烈和真实。对当下的真实感受促使人们以更加放松和开放的姿态向他人展示自我，同时也真诚接纳他人。主体间性在这里既得到凸显，同时也拉近了彼此的距离，个性与共性之间的相互摩擦、碰撞产生各种信息的交流。通过信息的交流使得公共空间具有社会价值，同时也生产各种人际关系。也就是说，从"态度区域化"的角度讲，公共空间能够满足农业转移人口与市民接近性的假设，对于两个群体形成相似的认知和行为模式，促进两个群体的融合有助益。

人际关系绝非仅仅产生于公共空间之中。毋宁说，只是有了公共空间，人际关系才能在更广泛的社会空间中得到拓展和延伸，并具有更广泛的社会意义。最重要的是，城市公共空间的外延是不确定的，尤其是它在内容和结构上并没有稳定的形式，任何流动的个人和关系都有可能暂时性地打破公共空间既有的内在结构。客观上，它提供了再生产各种形式和类型的行为模式、社会关系的可能性。公共空间促进人际交往，同时，公共空间中的交往也塑造着新型的公共空间。农业转移人口与市民在公共场所内持续、动态的社会交往有助于农业转移人口乡土小社会和现代化城市社区两个不同空间的互相重叠与彼此渗透，有利于消解两个社区的有形隔离，塑造统一的城市现代化社区，最终实现公共空间的整合与人际关系的融合。

同时，农业转移人口与市民自发的意识和能力有限，这类公共空间的建构还需要外部力量的助推。政府、组织、社区等如何介入，如何各自贡献自己的力量帮助农业转移人口与市民建立起这种公共交往的"处境"，既是关键，也是难题所在。

四　两个混合社区的比较研究

为回答混合居住模式能否促进农业转移人口与市民的融合，在未融合的混合社区中，阻碍两个群体融合的不利因素有哪些，这两个问题，我们在湖北省襄阳市和武汉市分别选取了一个社区作为研究对象。

（一）社区的基本情况

在襄阳市调研的混合社区是南漳县一个新华书店单位社区；在武汉市调研的是唐家墩西桥社区景桥小区。两个混合社区的形成都是源于社区中一部分原有市民迁出，随后一部分农业转移人口入住。这两个社区本身都满足了混合居住的条件，形成了混合居住的模式，具有一定的开放性。两个社区的不同点在于，襄阳市南漳县新华书店社区前身是一个典型的单位社区。① 随着单位体制改革，新华书店单位作为原来社区管理的主体从社区中撤离，但并没有新的管理主体入驻。因此，从混合居住模式上看，新华书店社区呈现纯粹自发的混合居住，并没有外在的条件支撑。而武汉市景桥小区不同，在混合居住的基础上，该社区采取了一定的规范措施和组织建设，并得到了一定的政策和制度支持。我们上面所说的有条件的混合居住也正是针对这一点而言的。表4-1是两个混合社区的比较。

表4-1 新华书店社区和景桥小区基本信息比较

单位：人，%

社区名称	总人口	农业转移人口数/占比	住房条件	居民服务与社区管理	卫生、保洁管理	居民自组织
新华书店社区	336	138/41.1	筒子楼	值班室	单位出资	新华书店职工工会
景桥小区	1096	348/31.8	商品房	居委会/自助物业	住户集资	新居民互助服务站、爱心妈妈工作室等

（二）新华书店社区：居住空间整合下的群体隔离

1. 群体认知和行为模式分歧的聚集效应

以往的研究认为，城市社会的排斥是导致城市农业转移人口与当地市民融合困境的主要原因之一。除此之外，农业转移人口本身的自卑心理导致的群体逃离也被认为不利于农业转移人口的城市融入。但是，我们在调研中发现，混合社区内部外来农业转移人口与当地市民不存在实质性的交往，原因并不是简单的排斥和逃离问题。一方面，当地市民对于农业转移人口入住社区这一行为并不持反对的态度，对农业转移人口本身也并不存在纯粹的排斥；另一方面，农业转移人口本身的自卑心理也不强。只不过，农业转移人口的乡村文化背景与当地市民生活习惯的不同导致群体间认知和行为方式存在差异，才因此导致两个群体之间发生了一些不和谐的事件，由此产生隔离。

---

① 虽然新华书店社区属于单位社区的性质，但我们并无意比较单位混合社区和一般城市居委会混合社区性质上的差别。毋宁说，我们选取的两个社区只是关注其"混合"的特点，其代表性并不因社区性质不同而冲突。

当初在农业转移人口入住社区这个问题上,当地市民并没有什么反对情绪和抵制态度。相反,当地居民对入住的农业转移人口还是持一种同情、理解的态度。只不过农业转移人口入住后,一些农业转移人口对城市的生活习惯认同度较低,不同程度地保留着农村根源性文化和生活习惯,甚至表现出一些陋习,导致混合社区新老居民间因价值观和行为方式上的差异而产生摩擦,导致了当地市民对农业转移人口的排斥感。

来自农村的农业转移人口,他们的卫生和规范意识不强,诸如随手乱扔垃圾、乱接电线、抢占和强占车棚停车位以及使用公用水等问题,社区内的当地市民对此颇为不满,直接诱发了两个群体之间的隔阂。用当地市民的话说"我们自己都规规矩矩的,可他们一来全乱套了"。

当然,农业转移人口在社区内的不文明行为并非普遍现象。只不过某些人的不文明行为所产生的不良后果容易在社区内的当地市民眼中被放大。某些人的不良行为被放大为整个群体的镜像,排斥感扩大化,产生聚集效应。

2. 农业转移人口交往的"内倾性"

市民和农业转移人口住在同一社区并不能形成整合性的社区共同体。以新华书店社区为例,农业转移人口与市民虽然同住一个社区,但不同的生活路径和工作经历使得二者之间在空间中的行动并不能实现实际的共同在场。实际上,社区中农业转移人口相互之间的交往也不多,没有表现出所谓的"外倾性"主动交往的行为,没有形成关系紧密的农业转移人口群体。

由于时间错位、身体位移、交往对象的分异,混合社区内当地市民与农业转移人口之间的关系呈现离散性的状态,没有形成有效的交往和互动。正如帕克所说,"城市生活的一个极大特征就是,各种各样的人虽然经常见面,但从未互相充分了解。……虽在社区的街巷中经常相遇,但他们依然属于各自不同的世界","大城市中相当大一部分人,包括那些在公寓楼房或住宅中安了家的人,都好像进入了一个大旅店,彼此相见而不相识"(帕克等,1987:26~42)。在混合社区整合性空间内部形成了农业转移人口与当地市民两个"单体同质型"的隔离性群体,无法形成"区域场所环境—社会群体或阶层—价值观和行为模式"的社会关系再生产模式,无法实现有效融合。

当然，由于我们调研的单位社区的性质，社区内市民的工作场所是一致的，便于当地市民之间形成有交集的交往圈和紧密性的社会支持网络。如果换成一般的异质性街道居委会小区，由于当地市民之间工作性质的不同，其各自的交往圈必定是多元化的。也就是说，即便对当地市民来说，他们的交往也是"离散性"的。在"双重离散性"交往的情况下，外来农业转移人口与当地市民之间的融合状况会不会受到影响？下文我们将进行进一步的分析。

（三）景桥小区：混合社区新老居民的融合

1. 身份重塑与无差别参与

在农业转移人口社区融入的问题上，景桥社区首先从迁入社区的农业转移人口的称谓上着手改变，即将他们定位为"新居民"。"农业转移人口"一词强调了务工人员的农民身份，是中国城乡二元结构下的产物之一。在"农业转移人口"称呼的背后，隐藏的是一系列的歧视。称谓的改变是社区改变对进城农民的刻板印象和促进农业转移人口融入社区迈出的第一步，也显示出了社会对农业转移人口权益的重视。当然，在称谓方面进行积极改变的同时，也不能忽略在农业转移人口待遇上消除歧视。

2009年，景桥社区成立了"新居民"互助服务站，把农业转移人口纳入与常住居民一样的服务与管理范畴。作为"新居民"，农业转移人口可以和社区当地居民一样享受"同管理、同服务、同关爱、同学习、同劳动"的"五同"待遇。这不仅提高了农业转移人口社区活动和交往的参与积极性，而且增强了他们进一步参与社区管理，向社区主人公身份转变的自我意识。有的"新居民"甚至成功参选和当选社区党委成员。有不少"新居民"在社区居委会内任职，从事社区相关服务和管理工作。现在，吸纳"新居民"参与社区管理就成了社区的一种常态化模式。

如果说"新居民"称谓的改变还只是克服了农业转移人口融入混合社区的自卑感的话，那么允许和鼓励农业转移人口参与社区管理、竞选社区领导班子、赋予他们选举权和被选举权，则使他们真正体验到了社区主人公身份。同时，相关政策的改革也为农业转移人口融入城市提供了支持。

2. 构建新的社区支持网络

农业转移人口进城，长久地远离农村共同体，容易导致其传统社会关系的断裂和社会支持网络的解体。为做好农业转移人口的服务和管理工作，丰富社区农业转移人口的社会支持网络，提高农业转移人口社区融入的能力，社区建构起了一整套的"新居民"互助服务网络。在社区居委会领导下设社区"新居民互助服务站"，内设常务理事会、"新居民"义工服务队、社区志愿者服务队、爱心妈妈义工服务队、爱心超市和爱心妈妈工作室六个相关部门。

社区"新居民互助服务站"实行站长负责制，由社区居委会党委书记任站长，另设副站长一名，负责常务工作。基本成员包括七位常务理事、一位总干事和六位其他干事。服务站的常务理事由社区居委会五位相关工作人员（分别是社区主任、物业经理、信访专干、街道办工作人员、社区中心户长）和两位新居民组成。服务站干事成员除总干事为社区服务员外，其他全部由新居民组成。此外，服务站还定期在社区居民中间招募志愿者。对志愿者施行培训上岗、督导专业支持、绩效评估和奖励的政策，并设立了专项经费，以此保证和提高志愿者服务新居民的能力和水平。

当然，志愿服务队的成员既有社区内原有市民，也包括新居民——农业转移人口在内。志愿服务作为一种奉献和爱心行动本身就是沟通情感和强化人际关联的重要方式。在志愿服务的过程中，社区内当地市民受益于农业转移人口的志愿服务，对他们逐渐采取接纳的态度。

而通过当地社区原有市民对农业转移人口——社区新居民的服务，也消除了农业转移人口的自我隔离，增强了他们社区融入的意愿。服务站以社区志愿服务和居民互助服务为精神，主要服务辖区内的新居民。以风险、友爱、互助、服务、进步为准则，为社区服务，为居民服务，重点致力于改善社区人际关系，提供互助志愿服务。服务形式以定期举办义诊、义教、计生、低保、医保、维权、法律援助宣传咨询服务等为主。向群众宣传相关的政策法规，发放宣传资料，开设生殖保健咨询，健康体检。还建立了社区"新居民"心灵氧吧，设置"爱心妈妈"工作室，成立爱心妈妈义工队，设立周一至周五爱心接待日，为"新居民"提供心理健康咨询，为他们在生活、学习等方面提供便捷服务。

新居民互助服务站的设立及时弥补了进城农业转移人口社会支持的缺失，新居民互助服务站的爱心服务和志愿服务某种程度上成了农业转移人口与市民之间常态化关联和交往的一种形式。在共同的志愿服务和被服务的过程中，加强了新老居民之间的联系和交往。

3. 自助式物业服务与管理

一般来说，混合社区人口组成高度多元化。来自不同地区、阶层、职业等的人居住在一起，必然给社区服务和管理带来很大的困难。景桥小区也曾经出现过这样的状况。

在2004年社区改造之前，景桥小区的状况与襄阳市的新华书店社区有些类似。由于是老城区居民院落，当时的景桥社区还没有统一的物业管理。人口组成多元化，导致社区卫生条件差，治安管理不善，盗窃频发，居民关系冷漠。2004年初，社区改造伊始，请来了一个物业公司，但由于混合社区人口服务和管理情况复杂，条件较差，物业公司管理成本过大，不到1年，物业公司经不起亏损撤出了小区。小区重新回到"三不管"（政府不管、物业不管、居民不管）的状态。

2006年，由社区居民胡红军带头，倡议成立社区自己的物业管理小组。当时倡议一经提出，即得到了社区所有居民的支持，同时也得到了当时社区居委会主任的认可。胡红军出任"自助物业服务站"（以下简称"服务站"）的站长。服务站在为广大社区居民服务的同时，积极采取各种措施为社区内新老居民间扩大交往创造机会。尤其是为社区内新居民提供力所能及的工作岗位。如今，社区服务站的22名员工中有6名新居民（农业转移人口）。

通过建立社区自助式物业模式，吸纳农业转移人口参与社区服务和管理，增强了包括农业转移人口在内的社区居民的社区参与意识，使他们认识到自己并不是社区的边缘群体。在自助服务和管理的过程中，社区新老居民之间也增强了交流和融合。

五　小结

农业转移人口进入城市社区，不可避免会给社区原有的空间结构和社会关系带来改变。通过对上述两个混合社区案例的研究发现：居住空间上的整合所带来的人际关系的融合结果是多样的。混合社区中农业转移人口与市民既可能表现出融合，也可能表现出不融合。融合不是混合居住模式必然的结果，更不是唯一的结果，而不融合也并不否认混合居住模式本身的作用。

阿特金森等人对苏格兰混合社区的研究曾发现，住房持有者和租房者有着不同的社会世界。"住房持有者因就业机会较多，其日常出行距离明显较长。这意味着住房持有者和租房者之间的接触相对较少。"（Atkinson & Kintrea，2000：93-108）艾伦也提出，"混合社区内不同社会群体之间几乎不存在角色示范效应"（Allen et al.，2005），主要原因在于"社会特性相差太大的人之间缺乏社会交往"。襄阳新华书店社区的调研发现验证了上述研究结论。一方面，混合社区农业转移人口与当地市民工作性质和工作场所的不同，导致两个群体的生活和交往路径几乎完全没有交集。在此情况下，两个群体形成了互不交叉的独立交往圈，在"多体异质型"混合社区内部和外部形成了事实上的两个"单体同质型"的隔离群体。另一方面，不少农业转移人口表现出无规范性和缺乏社区集体意识的行为，使得混合社区的治安和管理情况堪忧，导致当地市民对农业转移人口心生不满。而管理主体的缺失导致了社区管理的涣散。文化背景、收入层次和地区等人口特征上的区别经常表现出认知和行为模式上的差异，最终导致两个群体在居住空间整合下的隔离。

景桥小区的情况则相反，规范化的社区管理和创新的社区服务模式对于改善混合社区治安和管理的作用是积极的。对社区农业转移人口称谓的改变也体现了社区当地市民对农业转移人口的主动接纳。而新居民互助服务站的建立更是在农业转移人口社会关系断裂时为他们建立起了新的社会支持网络，体现了融合的一面。尽管如此，农业转移人口与市民的交往也并没有表现出理论上预想的那样的高度融合，而是呈现低度交往和低度融合的状况。主要表现在以下方面。

首先，农业转移人口与市民的交往更多的时候是通过节假日的社区活动、聚餐、讨论会、互助小组和志愿服务等方式。虽然这种形式已经形成一定的常态化机制，但短时间的共同在场并不能产生很高的情感能量，从而难以满足社区居民的交往需求。

其次，社区内农业转移人口与市民在日常生活中向邻里求助的现象较少，一般更倾向于向物业求助。这表明，社区居民——无论是农业转移人口还是当地市民——并没有建立起很强的邻里意识，邻里之间的关系仅仅表现为"知道这家是谁，是做什么的，出门碰到打个招呼"。

最后，尽管通过互助服务站、义工队、志愿服务队、爱心妈妈工作室等社会支持网络为农业转移人口提供了社区的宏观支持，但来自社区当地市民邻里日常生活中的具体的微观支持还未有效地建立起来。

通过研究，我们得出的初步结论如下。

第一，混合社区内农业转移人口与市民既可能出现群体隔离（以新华书店社区为例），也可能实现群体融合（以景桥小区为例）。混合居住只是提供了农业转移人口与市民实现在场交往的空间场域。要真正有效地实现两个群体的融合，还需要有相关政策与制度、组织构架以及社区服务与管理等方面的外在支持。

第二，混合居住虽然有促进群体融合的可能，但农业转移人口与市民之间只是表现为低度的交往和低水平的融合。事实上，城市社区中的农业转移人口与市民这两个群体在交往中皆呈现"双重离散性"的特征，不完全交往不仅存在于农业转移人口与市民两个群体之间，也存在于农业转移人口与市民各自的群体内部。弱交往与弱纽带关联已成为城市居民交往和人际关系的常态，混合社区中的农业转移人口与市民究竟能达到什么程度的融合呢？低度交往和低度融合是否就是混合社区农业转移人口与市民融合的现实和终点？这些问题值得进一步研究。

第三，公共空间的建立有助于农业转移人口与市民人际关系的融合。"在居住区和工作场所这两种城市空间内，农业转移人口与市民的交往和融合都具有某种局限。"（江立华、谷玉良，2013a）农业转移人口与市民的融合必须建立在更广泛的群际交往的基础上。城市公共空间能为农业转移人口与市民提供更多的接触和社会交往的可能性。"如果在社会空间中农业转移人口与市民能够实现充分的交往，就能够增强两个群体在不同城市空间中的熟识性，促进融合，包括社区空间和工作空间。"（江立华、谷玉良，2013a）当然，严格来说，目前城市尚未形成真正意义上的公共空间。广场、公园、绿地虽然提供了建立公共空间的条件，但对城市居民来说，公共空间的意识尚不明确，也没有建构公共空间的主动性。在西方语境下，公共空间是市民社会环境下自发形成的产物。而我国市民社会还没有真正形成，要自发建构公共空间还有一定的难度。因此，需要政府和社会的外在推力，帮助农业转移人口与市民建立起这种公共交往的"处境"。

第五章 农业转移人口市民化：
基于意愿视角

宏观与微观、结构与行动是一个问题的两个方面。宏观制度层面，政府针对户籍制度进行了一系列改革，2014年3月《国家新型城镇化规划（2014—2020年）》、2014年7月30日《国务院关于进一步推进户籍制度改革的意见》、2014年11月《国务院关于农村土地流转的意见》等众多政策条例相继出台，为深化推进户籍制度改革创造积极的政策环境。尤其是《国务院关于进一步推进户籍制度改革的意见》规定"要建立城乡统一的户口登记制度，逐渐取消农业户口与非农业户口性质区分，统一登记为居民户口。现阶段，在尊重农民意愿前提下，不得以退出土地承包经营权、宅基地使用权、集体收益分配权作为农民进城落户的条件"[①]，显示出政府推行户籍制度改革的极大诚意和为农民创造共享改革发展成果平等机会的重大决心。我们看到，户籍制度改革虽然确定了目标城市和对象群体，但实际上，农民的落户意愿才是决定户籍制度改革成败的关键。

一 市民化的何谓与为何

（一） 市民化的视角问题

从社会学的意义上讲，市民并不仅仅是指具有城市户籍的居民，更是具有公民身份的居民。马歇尔认为，公民身份是赋予共同体正式成员的一

[①] 《国务院关于进一步推进户籍制度改革的意见》，http://www.gov.cn/zhengce/content/2014-07/30/content_8944.htm。

种地位……成员被赋予这种地位后,他们之间在权利与义务关系上相互平等,最为重要的三种权利即公民权利、政治权利与社会权利(马歇尔,2007)。在城市打工的农业转移人口,并未被看作具有市民或公民身份的主体,他们在制度上未被赋予基本权益(苏黛瑞,2009),在生活和社会行动层面被排斥在城市的主流生活、交往圈和文化活动之外,在社会认同上被有意无意地贬损甚至妖魔化。

农业转移人口市民化狭义上被定义为农业转移人口"在身份上获得与城市居民相同的合法身份与社会权利的过程",广义上则包括农业转移人口的价值观、身份认同等主观因素和农业转移人口的生产、生活方式的转化(王桂新、陈冠春、魏星,2010)。有学者认为农业转移人口市民化包括四个层面的含义:"一是职业由次属的、非正规劳动力市场上的农业转移人口转变成首属的、正规劳动力市场上的非农产业工人;二是社会身份由农民转变成市民;三是农业转移人口自身素质的进一步提高和市民化;四是农业转移人口意识形态、生活方式和行为方式的城市化。"(刘传江,2006;刘传江、徐建玲,2007)不难看出,"市民化"是指农业转移人口向城市居民转变的过程,是将以城市市民为主构成的城市主流社会视为农业转移人口社会融合的唯一方向和标尺。

现实中,大多数农业转移人口确实在为自身社会地位的提高、经济条件的改善付出艰辛的努力,也确实在城市适应中遇到了很大障碍。但正是这种农业转移人口市民化困境与农业转移人口的积极努力之间的张力给人以误解:农业转移人口必须市民化。众多学者在关于农业转移人口市民化的研究中,有意无意地将农业转移人口市民化不经调查和论证地作为了研究的理论预设和潜在的假设前提。

这样的研究及其所建构的理论模式存在本体性的缺陷——把为解释实践而构建的模型当作实践的根由(布迪厄,2003:125),从理论来推理实践,人为地设定"应然-必然"之关系,采取化简方式来达到预期的解释目标。同时,这也是以城市文化或者说城市性为中心展开的思考,表现了一种城市文化中心主义①的倾向。而乡下人与城里人、农民与商人的所有

---

① "文化中心"对应"ethnocentrism"一词,在使用上,学者一般关注的是"ethnocentrism"的狭义内涵,即将其解释为"民族文化中心主义",而忽视了其更广泛的含义。(转下页注)

非理性与理性、传统性与现代性的差别实际上都是人为设定的，这种人为设定主要是服务于某种学术性常识的形成和研究范式的符号化，而不是服务于现实农业转移人口问题的解决。正如文军指出的：从农民转变为市民的艰巨性造成了今天农民市民化的假象——农民市民化的主动性和意义被夸大了，我们在以城市人的视角想当然地认为从农民到市民是农民的理想追求（文军，2012）。而城乡"二元论"的理论预设和价值判断，认为城市比农村更文明、工业比农业更发达、市民比农民更幸福，这种惯性思维以及持续增加的自农村向城市的农业转移人口无疑也强化了农业转移人口市民化的强烈意愿和主动性的表象。

城市文化中心主义的思考具体表现在以下三个方面。

首先，在关于农业转移人口城市适应的研究中，缺乏对农业转移人口市民化意愿的讨论，导致不少农业转移人口无形中"被市民化"。这种预设和潜在前提无法代表农业转移人口自身的真实意愿（江立华，2018）。虽然不少调查数据显示大多数农业转移人口，尤其是青年农业转移人口倾向于定居城市而不是返乡，但从农业转移人口自身的实践来看，其市民化的行动并没有其所表达的意愿那么普遍。随着当前农村城镇化进程的加快，农村基础设施的完善以及公共产品和福利的进一步覆盖，加之土地价值的提升，农民对土地的保护预期越来越强，存在很多农业转移人口不愿意定居城市的情况（叶鹏飞，2011），或者是在市民化的实践中遭遇困境时，最终选择返乡而不是定居城市。显然，许多研究者对农业转移人口的这种表达和实践之间的张力并没有给予足够的重视。

其次，在农业转移人口市民化的研究中，存在"融入"和"融合"的争论。持融入观点的学者一般将农业转移人口的城市融入视为一个单向的

（接上页注①）Adorno 等在 *The Authoritarian Personality* 一书中，赋予"ethnocentrism"更为广泛的含义，认为"它指的是任何社会群体的成员对外部群体的偏见态度和敌对心理"（参见 Adorno et al.，1950：146）。一般来说，文化中心（ethnocentrism）表现为一种群体性的倾向，故被称为"文化中心主义"，其广义内涵适用于研究社会群体之间的关系。奥地利学者弗朗兹·马丁·维默将文化中心主义细分为四种类型：扩张型中心主义、整合型中心主义、分离型或多样型中心主义、暂时型或过渡型中心主义（参见弗朗兹·马丁·维默，2009）。我们关于农业转移人口研究中的"城市文化中心主义倾向"的论断无疑是在整合型中心主义的意义上说的，强调研究者在农业转移人口市民化研究中，以城市为中心展开思考。

过程。持融合观点的学者认为,农业转移人口市民化实际上是一个双向的融合过程。一方面,农业转移人口要学习城市现代化的生活方式和文化,从心理上和文化上主动向城市靠拢;另一方面,城市也要对农业转移人口采取主动接纳和宽容的态度。

最后,在关于农业转移人口服务管理的研究中,没有区分不同类型农业转移人口具体多样的需求维度、力度与向度。作为一种移民,农业转移人口在迁移类型上是不同的。因此,在需求的维度上也表现出不同的意愿。

总体来说,已有的研究不同程度地忽视了农业转移人口市民化过程的模糊性、流变性、即时性和紧迫性。我们有必要考察农业转移人口在市民化意愿方面的内部分化与差异,探讨这种分化与差异对其城市融入有何影响,如何针对农业转移人口群体异质性的现实建构调整相应的城市融入政策。

(二) 农业转移人口市民化:社会融入/融合问题

西方早期的移民研究将流动人口的文化适应视为一个单向的过程。大部分学者的研究假定文化适应最终会使得文化变得更加同质化,而同时原有的文化差异则会逐渐消失。例如,美国学者戈登认为美国移民文化适应的方向和终点是"代表了大部分人的、白人新教徒的、盎格鲁-撒克逊人的中产阶级的文化模式"的核心文化(Gordon, 1964:172)。这种研究取向显然是一种文化中心主义的表现,忽视了城市作为一个"万花筒"的文化包容性。一些研究农业转移人口的学者,受此种观点的影响,认为农业转移人口的城市融入是主动习得现代城市的生活方式和文化,单方面被迫主动向城市靠拢,即农业转移人口要融入城市首先必须以"城里人"为参照群体,不断调整自己的行为方式,解构传统,摒弃原有的农村生活习性和文化,在充分内化城市性和城市生活方式的基础上才能实现融入,成为市民。当然,在具体融合过程方面,学者们普遍认为农业转移人口的市民化是一个多维度的概念。① 如田凯和朱力等人认为农业转移人口的城市适

---

① 戈登最早对移民的融入/融合过程进行了系统的划分,认为包括7个维度,分别为文化融合、结构融合、婚姻融合、心理融合(或认同性融合)、态度接受、行为接受和公共事务融合(Gordon, 1964)。后来又加入了一些其他的融合维度,包括社会经济融合、居住融合、政治融合等(具体参见 Lamare, 1982;Massey et al., 1984;Garcia, 1987;Massey and Denton, 1988;Alba and Nee, 1997;Maxwell, 2010)。

应包括经济层面、社会层面和文化心理三个层面的适应（朱力，2002；田凯，1995）。杨菊华等人认为乡城流动人口的社会融合至少包括经济整合、文化接纳、行为适应、身份认同四个维度。四个维度之间既存在一定的递进关系，又相互交融，互为依存，但"身份认同是社会融入的最高境界"（杨菊华，2009）。马西恒和童星认为社会融合是指农业转移人口"在居住、就业、价值观念等城市生活的各个方面融入城市社会，向城市居民转变的过程"（马西恒、童星，2008），融入程度可以用农业转移人口与城市居民的同质化水平来衡量。这一定义明确地指出农业转移人口融合的方向是城市主流社会，就定义本身来理解，他们基本还是认为农业转移人口处于被动地位，尽管他们进一步指出，在社会融合过程中并不是城市居民完全处于主动位置而农业转移人口只能被动适应，农业转移人口有可能成为塑造未来社会的参与主体，城市市民和农业转移人口将在变化中趋向一致并最终融为一体（马西恒、童星，2008）。

在美国，贝里等学者提出了文化适应的双向模型。他指出，文化并不是一个具有两极的连续统。文化融合也不是某一极的文化向另一极文化的位移与靠拢（Berry，1997）。后来的移民研究，逐渐丰富了单向度的文化"融入"取向，认为文化适应是一个双向"融合"的过程。从"融合"理论视角来看，移民可能在习得迁入地社会文化的同时，也可能继续有所选择地保持自己的家乡文化，即表现出某种"执着性适应"的特点（Hurh & Kim，1984）。奥尔巴和尼在此基础上对融合的定义进行了调整和修补，把美国国际移民的社会融合定义为"种族差异的消减，以及由种族差异所导致的文化和社会差异的消减"（Alba & Nee，2005：9）。当然，"差异的消减"并不仅仅指外来文化的单方面发生变化，同时也指主流文化在人口融合的过程中发生变化，从而达到不同文化相互借鉴、融合和发展的目的。而相关的研究也证明，大部分移民更偏爱两种文化共存的模式而非文化的同化模式（Berry et al.，2006）。菲尼也就此提出了流动人口与迁入地人口身份认同的双向模型（Phinney，1990）。

从宏观层面看，农业转移人口的市民化是社会制度、经济结构等对农业转移人口的逐步吸纳过程。由于城乡二元经济、社会结构的差异，在市民化的过程中，脱离了农村社会场域的农业转移人口不可避免将受城市社会制度和结构的影响。在"嵌入"城市社会、经济结构的过程中,他们将逐渐习得和内化城市生活方式,适应城市社会制度,最终适应城市社会。从这个角度来看,农业转移人口的市民化似乎是一个单向的"融入"过程。

但从微观个体层面看,农业转移人口的城市融合则具有双向性。农业转移人口在进入城市社会之后,他们在文化融合上面临两个基本问题:一个是农业转移人口是否愿意保持自己家乡的文化;另一个是农业转移人口是否愿意适应城市的现代工业文化,逐渐习得现代工业社会所具有的文化特征以及这种文化特征所规定的行为方式。农业转移人口的身份认同具有复杂性和多维性,具体表现为二重性,即许多农业转移人口既对城市表示认同,也对农村表示认同(郭星华、李飞,2009)。事实上,农业转移人口的市民化不必要也不可能完全摒弃其原有文化和生活方式,两种文化和生活方式并不存在根本的不可调和的冲突和矛盾,在文化上是可以实现共存的。这两种取向的争论焦点在于农业转移人口市民化的过程中对城市性或者说城市文化和生活方式应该持什么样的再社会化态度。是继续社会化还是重新社会化?继续社会化强调的是在原有社会化内容的基础上学习和接纳新的社会化内容,原有社会化内容和新的社会化内容并不存在根本的冲突。而重新社会化某种程度上更加强调从一种社会化内容转向另一种截然不同的、新的社会化内容。从前后社会化内容的继起和习得的关系上说,二者是截然分离的。

农业转移人口市民化实际上是一种行动适应与结构变迁密切互构的过程。也就是说,面对结构性制约,农业转移人口的适应行动不仅具有受动性,而且具有巨大的能动性和创造性;不仅再生产原有的结构环境,同时也逐步推动结构的变迁,拓展他们在城市的生存空间。而变迁了的结构又成为农业转移人口适应行动的新的环境。而且,正如吉登斯所言,"不应将结构等同于制约。相反,结构总是同时具有制约性和使动性"(吉登斯,1998:89~90)。

二 制度认知与态度考察

推进户籍制度改革的前提是了解农业转移人口对户籍制度改革的认识。在了解他们认识的基础上,充分尊重其意愿。从我们2014年的调查看,[①] 农业转移人口的认知主要表现在以下方面。

（一） 对户籍制度改革的认识

了解农业转移人口对制度改革本身的认识和评价不仅关乎改革的难易程度，同时也很大程度上决定改革的成效。为了解农业转移人口对户籍制度改革与农民市民化政策的认识和评价，问卷考察了调查对象对户籍政策、户籍类型、与户籍有关的切身利益等的认识。对农业转移人口认知态度的考察从对户籍制度本身的认识到与户籍制度改革有关的切身利益得失进行了全面分析。

调查显示，在询问是否了解国家有关户籍制度改革的最新政策时，有84.7%的农业转移人口选择了"否"，即不了解国家户籍制度改革的最新政策。

农业转移人口了解最新户籍制度改革政策的途径多样化，但主要仍然是通过电视新闻来了解，通过政府政策宣传了解的比例较低。统计数据显示，在15.3%的了解户籍制度改革最新政策的这部分农业转移人口中，其了解政策的途径主要是电视新闻，比例占到了约70%，通过报纸了解的比例最小，只占1%。互联网、政府宣传、身边人告知、其他途径所占的比例则分别为8%、9%、9%、3%。

（二） 对户籍变动的利害考虑

户籍制度改革关系到农民的切身利益。农业转移人口关心的是落户城市后能够得到哪些实惠，同时也更加关心自己可能失去的一些利益。在有关落户城市后农民可能得到的实惠方面，有27.3%的农业转移人口认为，落户城市没有什么实惠。在认为能够获得的实惠中，医疗保障、子女教育所占比例最高，分别达到了20.7%和18.0%。说明农业转移人口落户城市最终是在这两个方面的需求。就业和养老保障占比分别为10.7%和16.0%，卫生和基础设施使用方面，农民普遍认为，农村与城市的差别不大，不可能获得明显实惠。同时也说明，在落户城市方面，农民并不重视这两个方

[①] 本次调查地点为黄冈市，时间为2014年5月，共发放1600份问卷，有效问卷1507份，有效率为94.19%。

面的需求。

在"落户城市后失去了什么"这方面,选择比例最大的是土地,有近55%的人选择落户城市后失去了土地。说明即便对于农业转移人口来说,土地也仍然具有重要地位,对其城市落户意愿和决策会产生较大影响(见表5-1)。

表5-1 进城落户后农民可能失去什么

单位:人,%

	频数	占比
住房保障	197	13.07
土地	824	54.68
生活空间	73	4.84
熟人关系	26	1.73
好的环境条件	98	6.50
没有失去什么	289	19.18
合计	1507	100.0

在询问土地对其家庭生计是否重要时,也得出了类似的结论。选择"重要"和"非常重要"的人合计占到了67.09%,只有约11.8%的人选择了"不重要"和"非常不重要"。具体见表5-2。

表5-2 土地对农业转移人口的重要性

单位:人,%

	频数	占比
非常重要	437	29.00
重要	574	38.09
一般	319	21.17
不重要	177	11.75
非常不重要	0	0
合计	1507	100.0

从调查和访谈的实际情况看,农民仍然不愿意放弃土地,主要原因在于,近年来我国新农村建设、改造以及城镇化趋势加快,农村土地升值,

农民对土地的保护预期逐渐增强。对于外出打工的农民来说，他们也更倾向于一面经营农业生产，一面外出打工增加收入。即便那些全家外出打工的农业户籍家庭，他们也不愿意放弃土地。因为他们可以通过流转土地获得一定收入，即便农村土地闲置荒化，也会有农业生产补贴收入。总而言之，在农业转移人口看来，土地仍然是其生活的最后一道保障。

（三）家庭状况与市民化的关系

调查数据显示，随着家庭人口规模的扩大，农业转移人口愿意落户城市的意愿呈现总体下降的趋势，尤其是当家庭人口超过三人时，不愿落户城市的比例明显超过愿意落户的比例。具体来说，家庭中只有一名成员的农业转移人口，落户城市比例最高，达到了93.3%，有两个家庭成员和三个家庭成员的农业转移人口，其愿意落户城市的比例分别为79.6%和68.6%。家中有四个家庭成员的农业转移人口，愿意落户城市的比例下降到了48.3%，家庭中有五个家庭成员的农业转移人口，愿意落户城市的比例为21.8%。家庭成员规模达到六人时，愿意落户城市的农业转移人口比例最低，为11.7%。

建立合理的成本分担机制一直是户籍制度改革的重点和难点。不同农业转移人口经济负担能力的高低将很大程度上决定其城市落户意愿。本次调查统计结果也显示，家庭收入与农业转移人口城市落户意愿呈现倒U形曲线的关系。当农业转移人口家庭年总收入处于1万~10万元时，调查对象落户城市的意愿明显提高。家庭年总收入在1万~3万元的农业转移人口，愿意落户城市的比例为65.8%；收入在3万~5万元的农业转移人口，愿意落户城市的比例提高到了73.8%；收入在5万~10万元的农业转移人口，愿意落户城市的比例也高达72.3%。当农业转移人口家庭年总收入在1万元以下和10万元以上时，城市落户意愿开始下降。其中，家庭年总收入在1万元以下的农业转移人口，城市落户意愿最低，为55.6%；家庭年总收入在10万元上的，愿意落户城市的只有57.1%。

（四）农业转移人口的自我定位

在对农业转移人口"农民"与"市民"主观定位以及成为市民的主要

标志的调查中发现,有62%的农业转移人口主观认为自己是农民。对自己是农民的主观认知符合传统农民的预期。但数据同时也显示,有23%的农业转移人口认为自己是市民,且有15%的农业转移人口不确定自己是农民还是市民。

对自身身份认知存在一定的模糊和转变,说明在新农村建设、城镇化和城乡统筹发展背景下,人们生活水平的提高导致农业转移人口对自身身份的主观认识发生了一定程度的变化。

相比城市户口,农业转移人口更重视在城市拥有稳定工作。究竟什么是"市民",判断一个人是"市民"的主要标志是什么?这对于考察农业转移人口的主观认知具有直接意义。调查数据显示,将"有一份体面工作"作为"市民"主要标志的占到了45.0%。"有城市户口""在城市购买住房"所占比例依次为24.0%、31.0%。只有24.0%的农业转移人口将"城市户口"作为判断是否为"市民"的主要标志,说明农业转移人口对城市户籍的重视程度相对不高。45.0%的人将"有一份体面工作"作为判断是否为"市民"的主要标志,某种程度上说明,农业转移人口对户籍制度改革与农民市民化所表达的强烈诉求,就是在城市拥有一份稳定、体面的工作。这也为当前做好户籍制度改革与农民市民化的工作提出了增加稳定就业的要求。

农业转移人口对自身身份主观认知与城市落户意愿的交叉分析结果显示,在对自己主观定位为农民的农业转移人口中,有60.91%的人愿意落户城市。而对自己定位为市民和对自身定位不确定的农业转移人口中,愿意落户城市的则分别高达82.81%和86.67%。具体见表5-3。

表5-3 身份认同与落户城市愿意的关系

单位:人,%

			是否愿意落户城市		合计
			不愿意落户城市	愿意落户城市	
身份认同	市民	人数	60	289	349
		占比	17.19	82.81	100.0
	农民	人数	353	550	903
		占比	39.09	60.91	100.0
	不确定	人数	34	221	255
		占比	13.33	86.67	100.0

从数据可以看出，农业转移人口对自身身份的定位对其城市落户意愿有一定的影响。农业转移人口越是自己定位为市民，其城市落户的意愿越强，其积极性也就相对越高。

（五）政策与农业转移人口落户态度

在广大农业转移人口中推进户籍制度改革，涉及满足农业转移人口某些方面的需求。就愿意落户和不愿意落户两个群体而言，在愿意落户城市的农业转移人口中开展户籍制度改革最重要的是为他们城市落户提供便利和保障。而在不愿意落户城市的农业转移人口中开展户籍制度改革，首要的任务是了解在怎样的便利条件和措施下，可能改变其态度，提高其参与户籍制度改革的积极性，进而将户籍制度改革的难度降到最低。

对于不愿意落户城市的农业转移人口来说，问卷设计了土地、就业服务、公共服务和社会保障等几个政策条件与措施，考察他们在这些措施与条件下是否改变了不愿意落户城市的态度。

第一，从土地政策来看，在给出"土地确权，将土地出租、流转他人"、"土地确权，自己季节性返乡耕种"和"以土地或宅基地置换城市住房或其他权益"三个条件时，分别考察了原来不愿意落户城市者的态度转变情况。统计结果显示，第一种情况，即在"土地确权，将土地出租、流转他人"的条件下，有43.7%的人改变了态度，选择了愿意落户城市。在"土地确权，自己季节性返乡耕种"的条件下，有28.5%的人改变态度，选择了愿意落户城市。而在"以土地或宅基地置换城市住房或其他权益"的条件下，则有18.9%原来不愿意落户城市的农业转移人口转变了态度。说明在土地可以确权保留的情况下，即便进城落户，大多数农业转移人口

表5-4 不同土地政策下不愿落户青年态度的转变

单位：%

土地政策	是否愿意落户城市				
	非常不愿意	不愿意	无所谓	愿意	非常愿意
土地确权，将土地出租、流转他人	4.0	37.8	14.5	30.9	12.8
土地确权，自己季节性返乡耕种	12.7	47.5	11.3	23.8	4.7
以土地或宅基地置换城市住房或其他权益	15.4	48.2	17.5	16.5	2.4

仍然不愿意永久放弃土地。

第二，在提供一定的就业政策优惠情况下，原来不愿意落户城市的农业转移人口的落户态度也发生了一定的转变。数据显示，在"政府免费提供就业信息、渠道"的情况下，原来不愿意落户城市的农业转移人口有44.0%的人转变了态度，选择愿意落户城市。在"政府提供职业技能培训"的情况下，有30.7%的人转变了不愿意落户城市态度。在"政府提供创业培训"的情况下，有34.0%的人改变了不愿意落户城市态度。在"政府提供创业金融贷款支持"和"政府提供工商税务减免"两种情况下，则分别有26.6%和18.5%的人改变了最初不愿意落户城市的态度，具体如表5-5所示。

几种就业措施下，原来不愿意落户城市的农业转移人口态度转变情况基本一致，这也说明，这样的就业扶持对于刺激农业转移人口落户城市普遍具有积极促进作用。

表5-5 不同就业政策下农业转移人口落户意愿的变化

单位：%

就业政策	是否愿意落户城市				
	非常不愿意	不愿意	无所谓	愿意	非常愿意
政府免费提供就业信息、渠道	20.3	29.3	6.6	28.7	15.3
政府提供职业技能培训	23.2	34.5	11.6	21.4	9.3
政府提供创业培训	23.5	29.2	13.3	25.3	8.7
政府提供创业金融贷款支持	38.6	24.2	10.6	19.5	7.1
政府提供工商税务减免	27.7	36.5	17.3	15.1	3.4

第三，在完善公共服务措施的情况下，不愿意落户城市的农业转移人口，其城市落户的态度所发生的转变较大。数据显示，在"子女同等入托/入学""政府提供廉租房""养老保险发放标准提高""医疗保险报销比例提高""择业与失业期间发放失业保险""困难对象享受城市低保，提高低保标准"六种情况下，原来不愿意落户城市的农业转移人口，其态度转变幅度分别为59.3%、44.5%、54.4%、60.8%、43.6%、39.3%。其中，在"养老保险发放标准提高"、"医疗保险报销比例提高"和"子女同等入托/入学"三种情况下，农业转移人口态度转变的幅度最大，均在

50%以上。具体如表5-6所示。

表5-6 不同公共服务与保障措施下不愿落户农业转移人口态度的转变

单位：%

公共服务与保障政策	是否愿意落户城市				
	非常不愿意	不愿意	无所谓	愿意	非常愿意
子女同等入托/入学	10.7	13.3	16.7	27.9	31.4
政府提供廉租房	23.2	21.8	10.5	13.6	30.9
养老保险发放标准提高	18.6	17.6	9.4	32.6	21.8
医疗保险报销比例提高	8.1	18.9	12.2	33.3	27.5
择业与失业期间发放失业保险	14.1	16.6	25.5	31.8	11.8
困难对象享受城市低保，提高低保标准	13.7	26.0	21.0	28.8	10.5

三 市民化的意愿

所谓农业转移人口市民化意愿，指的是该群体市民化主观意向性的表达，即他们的市民化选择是什么？是倾向于留在城市，还是返乡？而需求，是对应意愿而言的。有了意愿的选择，才有相应的需求。从某种程度来说，需求是意愿的外在表现。农业转移人口不同的市民化意愿对应不同的需求。我们必须看到，并不是所有的农业转移人口都有市民化的意愿。事实上，存在不少农业转移人口不愿意迁入打工所在城市的情况。最近的研究显示，即使能够自由迁移，愿意选择迁入流入地的农业转移人口也仅占23.8%（张学英，2011）。

（一）不同类别农业转移人口的市民化需求

不注重区别不同类型农业转移人口的具体市民化意愿和需求，会无意中导致一些农业转移人口的"被市民化"。许多研究者过分关注调查数据的表达性意愿（大多数新生代农业转移人口不愿意回到农村），而忽视实践性的行动选择。同时，大多数研究把农业转移人口作为一个同质性的整体看待，没能认识到农业转移人口群体的内部分化和不同向度转型。近年来，随着现代性的推进和市场化的进程，农业转移人口开始成为寻求一种理性的"现代化空间置换"的行动主体,逐渐形成了"概括化他处"[①]的思维与想象。

从被访者取消户籍的诉求看,农业转移人口对取消户籍并不是很迫切,其中仅不到40%人认为需要赶快取消户籍制度。与取消户籍的迫切度不同,期望解决本地户口的诉求会强烈一些,有约45%的人迫切希望解决本地户口(见表5-7)。

表5-7 取消户籍和解决本地户口诉求情况

	样本量(人)	占比(%)					均值
		不迫切	比较不迫切	一般	比较迫切	非常迫切	
取消户籍诉求	2891	17.71	10.10	34.07	19.96	18.16	3.11
解决本地户口诉求	2883	13.28	7.32	34.13	22.58	22.68	3.34

表5-8显示了被访者对解决小孩入托/上学和医疗救助的诉求。在解决小孩入托/上学方面,有迫切需求的比例约为60%,而迫切希望医疗救助的人口比例则占到73%。结合取消户籍和解决本地户口诉求可以看出,人们更为迫切需要解决基本公共服务问题,反过来取消户籍和解决本地户口本身就是为了解决这些公共服务的获得问题。需要注意的是,解决小孩入托/上学诉求,在不同工作地存在显著差异,数据显示,工作地行政等级越高,反而迫切性越低,这可能与小孩是否带在身边有关,即可能工作地行政等级越高,小孩带在身边的比例越小,于是对当地解决教育的诉求就越不强烈。

表5-8 子女入托/上学与医疗救助诉求情况

	样本量(人)	占比(%)					均值
		不迫切	比较不迫切	一般	比较迫切	非常迫切	
入托/上学诉求	2855	10.47	7.25	22.73	26.27	33.27	3.64
医疗救助诉求	2877	2.61	2.50	21.79	37.37	35.73	4.01

---

① 麦路维兹(Joshua Meyrowitz)由米德的"概括化他人"的概念引申出"概括化他处"的概念,表示在全球化时代,人可以经常(想象)站在他处、远方,来知觉、评估自身所在之地(Beck,1998)。

表5-9显示了取消户籍诉求与解决本地户口诉求的回归分析结果,从中可以看出,与两个因变量相关的因素主要有以下几项。

表5-9 取消户籍诉求与解决本地户口诉求的Ologit模型稳健回归结果

因变量	模型1 取消户籍 (全样本)	模型2 取消户籍 (企业样本)	模型3 解决本地户口 (全样本)	模型4 解决本地户口 (企业样本)
性别(女=0)	0.148* (0.073)	0.223* (0.098)	-0.012 (0.072)	0.086 (0.096)
代际(80前=0)				
80后	-0.049 (0.105)	-0.140 (0.145)	0.032 (0.108)	-0.031 (0.144)
90后	-0.213 (0.139)	-0.274 (0.190)	0.039 (0.141)	0.112 (0.188)
受教育程度(小学及以下=0)				
初中	-0.037 (0.119)	-0.044 (0.158)	-0.030 (0.115)	-0.024 (0.154)
高中/中专/技校	0.242⁺ (0.127)	0.226 (0.171)	0.179 (0.124)	0.144 (0.167)
大专/自考本科	0.403** (0.153)	0.225 (0.196)	0.203 (0.151)	0.164 (0.202)
婚姻(未婚=0)				
已婚	0.150 (0.098)	0.020 (0.130)	0.219* (0.099)	0.184 (0.125)
离异/丧偶	0.636** (0.239)	0.665* (0.285)	0.350⁺ (0.196)	0.490⁺ (0.270)
目前城市就业年限	-0.008 (0.007)	-0.015 (0.010)	-0.009 (0.008)	-0.012 (0.012)
每天工作时间	-0.002 (0.009)	-0.006 (0.013)	-0.002 (0.009)	-0.002 (0.012)
职业技能(无=0)				
有但无证书	0.059 (0.083)	0.058 (0.118)	-0.039 (0.081)	0.008 (0.119)
初级	0.004 (0.121)	-0.262⁺ (0.151)	-0.250* (0.118)	-0.475** (0.150)
中级	0.396** (0.138)	0.209 (0.170)	0.297* (0.138)	0.229 (0.172)
高级	0.069 (0.206)	-0.132 (0.265)	0.258 (0.210)	0.072 (0.250)
工作满意度	-0.165*** (0.049)	-0.149* (0.064)	-0.180*** (0.049)	-0.202** (0.064)
工资收入满意度	0.021 (0.041)	-0.054 (0.054)	0.154*** (0.042)	0.139* (0.054)
养老保险(无=0)	0.130 (0.086)	0.185 (0.114)	0.115 (0.085)	0.126 (0.109)
医疗保险(无=0)	-0.238** (0.081)	-0.367*** (0.108)	-0.009 (0.080)	-0.158 (0.103)
失业保险(无=0)	0.070 (0.103)	-0.106 (0.125)	0.038 (0.102)	0.010 (0.126)
与同城老乡交往	0.079* (0.038)	0.060 (0.048)	0.116** (0.039)	0.083⁺ (0.049)
与同城外地人交往	0.019 (0.044)	-0.035 (0.057)	-0.040 (0.043)	-0.054 (0.055)
与同城当地人交往	0.031 (0.037)	0.045 (0.050)	0.100** (0.037)	0.082⁺ (0.049)

续表

因变量	模型1 取消户籍 （全样本）	模型2 取消户籍 （企业样本）	模型3 解决本地户口 （全样本）	模型4 解决本地户口 （企业样本）
城里人歧视农民	0.100*** (0.022)	0.121*** (0.029)	0.093*** (0.021)	0.101*** (0.028)
家庭人口数	-0.012 (0.025)	-0.036 (0.033)	0.013 (0.025)	0.007 (0.031)
定居地（老家乡镇=0）				
老家城市	0.252** (0.086)	0.060 (0.113)	0.573*** (0.085)	0.554*** (0.112)
工作地或其他城市	0.306** (0.104)	0.122 (0.135)	0.824*** (0.104)	0.812*** (0.136)
不知道	-0.069 (0.135)	-0.185 (0.181)	0.221 (0.134)	0.150 (0.177)
解决入托/上学诉求	0.249*** (0.037)	0.243*** (0.047)	0.921*** (0.047)	0.939*** (0.060)
解决医疗救助诉求	0.379*** (0.048)	0.386*** (0.062)	0.481*** (0.051)	0.493*** (0.063)
参加工会（没工会=0）				
有没参加		0.019 (0.117)		-0.022 (0.112)
参加		0.131 (0.154)		0.130 (0.151)
劳动合同签订（未签=0）				
1年以内		0.064 (0.144)		0.313* (0.152)
1~2年		0.261+ (0.142)		0.117 (0.140)
3~5年		0.627*** (0.147)		0.277+ (0.156)
5年以上		0.511* (0.222)		0.318 (0.208)
职业地位（上层非体力=0）				
下层非体力		-0.252 (0.171)		-0.103 (0.174)
上层体力		-0.425** (0.161)		-0.322* (0.164)
下层体力		-0.257 (0.174)		-0.180 (0.183)
其他		-0.271 (0.219)		-0.140 (0.218)
单位性质（国有=0）				
私营		0.234 (0.155)		-0.009 (0.174)
外资/合资		-0.062 (0.181)		-0.049 (0.200)
其他		0.133 (0.221)		-0.075 (0.234)
单位行业（制造业=0）				
建筑业		0.179 (0.149)		0.031 (0.142)
商业		0.167 (0.122)		0.191 (0.122)
生活服务业		0.148 (0.150)		0.226 (0.149)

续表

因变量	模型1 取消户籍 （全样本）	模型2 取消户籍 （企业样本）	模型3 解决本地户口 （全样本）	模型4 解决本地户口 （企业样本）
其他		0.221（0.327）		0.700*（0.329）
单位规模（1~29人=0）				
30~99人		0.230+（0.133）		0.138（0.139）
100~299人		0.205（0.139）		0.066（0.142）
300~999人		0.353*（0.159）		0.179（0.159）
1000~2999人		0.435*（0.186）		0.121（0.184）
3000人及以上		0.205（0.242）		-0.336（0.233）
工作地点（乡镇=0）				
县城		0.136（0.155）		-0.055（0.158）
地级市		0.257+（0.148）		-0.085（0.147）
省会		0.315*（0.146）		-0.012（0.146）
地区（东部=0）				
中部	0.067（0.090）	-0.074（0.120）	-0.058（0.088）	-0.168（0.114）
西部	0.168（0.124）	0.209（0.161）	0.173（0.125）	0.052（0.172）
截距1	-0.842*（0.383）	-1.352*（0.562）	-0.492（0.397）	-1.091+（0.577）
截距2	-0.229（0.383）	-0.690（0.560）	0.081（0.397）	-0.461（0.576）
截距3	1.261**（0.384）	0.841（0.560）	1.730***（0.398）	1.207*（0.575）
截距4	2.335***（0.386）	1.919***（0.564）	2.796***（0.400）	2.304***（0.577）
N	2802	1788	2798	1786
pseudo R^2	0.016	0.028	0.024	0.032

注：括号里为标准差。
+ $p<0.10$，* $p<0.05$，** $p<0.01$，*** $p<0.001$。

（1）在工作方面，拥有初级职业技能者的解决本地户口诉求迫切性显著低于无职业技能者；工作满意度越高，取消户籍和解决本地户口的迫切性越低；工资收入满意度与解决本地户口的迫切性正相关，满意度越高，解决本地户口越迫切；医疗保险与取消户籍负相关，即拥有医疗保险的人，其取消户籍的期望程度显著更低。

（2）在社会交往方面，社会交往网络的作用不稳健；与市民交往过程中，感知到城里人歧视农业转移人口的程度越强烈，取消户籍和解决本地户口的诉求就越迫切。

（3）在定居地选择方面，定居地的选择与政策诉求显著相关，其中打算未来定居老家城市以及工作地或其他城市的人，更迫切希望解决本地户口问题。

（4）在教育与医疗方面，回归分析证实了前述描述分析观点，即在教育和医疗上的诉求对取消户籍和解决本地户口诉求显著相关，在教育和医疗上的诉求越强烈，对取消户籍和解决本地户口的诉求越强烈。

（5）在人口特征方面，男性对取消户籍的期望显著高于女性，但在解决本地户口问题上，两者没有显著差异。

（二）不同类别农业转移人口的意愿表达与实践

我们可以按永久性流动和非永久性流动的选择维度，以及意愿表达和实践行动两个层次将城市农业转移人口划分为四个不同类型。如表5-10所示，A类农业转移人口在表达和实践层面都倾向于永久性流动，我们将其称为结构性永久农业转移人口。B类农业转移人口的流动意愿在表达上倾向于永久性，但在实践上则选择了非永久性，称为表达性永久农业转移人口。C类农业转移人口虽然在表达上体现为非永久性流动，但在实践层面事实上表现为永久性流动，称为实践性永久农业转移人口。而D类农业转移人口的流动在表达和实践两个层面都表现出非永久性的意愿，称为结构性非永久农业转移人口。根据不同农业转移人口未来城市定居的意愿可以将其划分到不同的类型中去。

表5-10 农业转移人口的市民化意愿表达与实践

		实践层面	
		永久性	非永久性
表达层面	永久性	A	B
	非永久性	C	D

在此基础上区别不同流动人口的属类文化，考察与适当安排不同流动类型的农业转移人口市民化。对于非永久性流动农业转移人口，从农业转移人口与城市社会之间关系的角度来讲，他们文化适应的需求并不那么明

显。姑且不论不同的外来文化与城市文化是否真的存在不可调和的冲突，考虑到其终究要返乡的实践，这种文化适应的单向"融入"与双向"融合"的张力并不是首要的。而对于永久性流动农业转移人口来说，"融合"的视角在这里却是恰切的，其文化维度的适应也理应坚持一个双向的过程。虽然关于乡土文化与城市现代性文化之间的区别不乏有力的说明，二者之间某种程度上确实存在不可调和的方面，农业转移人口的城市融合事实上也面临文化上隔阂的困境。如何调节两种文化之间的冲突，协调双方主体的互动，在促进两种文化顺利融合的基础上实现主体的融合值得研究。

A类，包括C类农业转移人口，在市民化的实践上已经付诸了行动或已取得进展，因此，他们市民化的积极性明显高于其他类型的农业转移人口。一般地，主观方面，他们也积极内化城市生活方式和文化。这类农业转移人口目前还只是很小的一部分，如果仅从居住稳定性（我们指的是在城市自购住房以安居）来说，这类农业转移人口大概只占0.8%。[①] B和D类农业转移人口的数量从目前来说是最多的，一般来说，即便确实存在不少农业转移人口在表达性意愿上倾向于定居城市的现象，但从实践来看，农业转移人口的城市融入/融合受到制度屏蔽、社会排斥和个人能力不足等原因的影响，导致其积极性受挫，最终返乡或者返回家乡县城仍然是绝大多数农业转移人口最经典的路径选择。即便对青年农业转移人口来说，也是如此（谷玉良，2012）。

既然不同类型农业转移人口自身的城市适应需求是不一样的，那么，城市对此不同需要的供给和满足当然也应该区别开来。对永久性流动农业转移人口（A类和C类）的市民化来说，经济、政治、文化、社会和心理五个维度显然都有需求，尤其是经济、政治、社会三个维度较为迫切。而文化和心理这两个维度需求的供给和满足涉及生活方式和习性以及主体性等内在品质，因此是一个长期的缓慢过程。在方向上，经济、政治两个维度某种程度上是单向的，需要城市社会对农业转移人口进行主动赋权和增能。而在文化、社会、心理三个维度上，无疑需要农业转移人口和市民双

[①] 《2009年农业转移人口监测调查报告》，国家统计局农村司，http://www.Stats.gov.cn/tjfx/fxbg/t20100319_402628281.htm。

方在长期的互动中来共同完成供给和满足。

在2012年的调查中我们发现,未来定居意愿选择在打工城市的农业转移人口只有405人,占总人数的12.8%,其中,"80后"农业转移人口有333人,所占比例为82.2%。但调研同时发现,选择在老家农村的有804人,占总人数的25.4%,其中,"80后"农业转移人口有357人,占选择回农村总人数的44.4%。可以看出,仅仅根据年龄来简单推测新生代农业转移人口更倾向于融入城市是不严谨的。

从职业划分看,问卷设计了自谋职业,非技术工人(普工),技术工人或熟练工人,办公室一般工作人员,工程师及高级技术人员,服务行业人员,中层及以上管理人员,医生、教师、干部,私营企业主,家庭主妇或失业人员及其他共11类职业。调查数据显示,未来定居意愿选择在打工城市比例最高的为技术工人或熟练工人,占该职业总人数的23.6%。但选择回农村比例最高的职业也是技术工人或熟练工人,占该职业总人数的35.3%。看来,仅仅根据职业类型也难以简单划分特定职业的农业转移人口是属于A类还是B类。

从文化程度来看,小学及以下(11.5%),初中(39.8%),高中(19.6%),中专(11.6%),大专及以上(17.4%),未来选择定居打工城市比例最大的是具有大专及以上学历的农业转移人口,占该群体总人数的34.1%。而选择返回农村定居比例最大的是具有初中学历的农业转移人口,占该群体总人数的46.4%。这与有些学者研究中得出的学历越低的农业转移人口的市民化愿望越弱(张翼,2011)的结论有所不同。调查发现:文化程度与城市落户意愿总体上呈正相关关系,即文化程度越高的农业转移人口,越倾向于落户城市。具体来说,在小学文化程度人口中,愿意落户城市的占33.66%,初中文化程度的农业转移人口中,愿意落户的比例为72.54%,高中、中专文化程度的人口中,愿意落户城市的约有64%,大专及以上文化程度的农业转移人口愿意落户城市的比例最高,达到了90.83%。小学及以下文化程度的农业转移人口,愿意落户城市的比例明显较低。具体情况见表5-11。

因此,仅仅根据文化程度也难以确定农业转移人口市民化的具体类型。

如果我们以城市房产所有权作为农业转移人口市民化付诸实践的主要

表 5-11 不同文化程度者的落户城市愿意

单位：人，%

			是否愿意落户城市		合计
			不愿意落户城市	愿意落户城市	
文化程度	未接受教育	人数	14	6	20
		占比	70.0	30.0	100.0
	小学文化程度	人数	67	34	101
		占比	66.34	33.66	100.0
	初中文化程度	人数	240	634	874
		占比	27.46	72.54	100.0
	高中、中专文化程度	人数	137	244	381
		占比	35.96	64.04	100.0
	大专及以上文化程度	人数	12	119	131
		占比	9.17	90.83	100.0

依据，从调查数据看，目前农业转移人口住房类型为单元楼或别墅的占总人数的11.5%。房屋类型和房屋产权交叉分析结果显示，住房为单元楼或别墅且拥有房屋所有权的农业转移人口仅为总人数的0.04%。而不限房屋类型，仅房屋所在地与房屋产权的交叉分析显示，农业转移人口的城市房屋产权归自己和配偶所有，或者为父母所有及与父母共有的占3.8%。也就是说，目前已经有3.8%的农业转移人口在城市购置房产。我们可以将这3.8%的农业转移人口视为在城市的市民化已经付诸实践，可以归为A类或C类农业转移人口。

虽然仅仅根据年龄、职业、文化程度等单一因素难以对农业转移人口群体的市民化进行完全的归类，但如果综合上述因素——年龄、职业、文化程度和房屋所有权等——还是可以对特定的农业转移人口进行市民化归类的。一般来说，新生代农业转移人口中，文化程度较高，且职业为技术工人或熟练工人以及办公室一般工作人员的在表达层面更倾向于永久性定居城市（A类或B类农业转移人口）。反之，则更倾向于C类或D类。而结合房屋所有权和房屋所在地因素来看，在新生代农业转移人口中，文化程度较高，职业为技术工人或熟练工人以及办公室一般工作人员，且在城市拥有完全房屋所有权（本人及配偶所有、与父母共有或父母所有）的农业转移人口,他们在市民化的问题上已经付诸实践,主要可以将其归为 A 类农业转移人口。反之则主要为 D 类农业转移人口。

不同类型农业转移人口市民化意愿和需求不同,对农业转移人口市民化意愿与需求满足的强度与力度也应该有所区别。这里,我们是以农业转移人口权利诉求的紧迫性为解释依据的。以我们的调查为例,问卷设置 15 个社会权益诉求项目,评估层次为:非常迫切、比较迫切、一般、比较不迫切、非常不迫切;分别赋值 1、2、3、4、5,均值越大表示需求越不迫切。通过均值检验,在"改善工资水平、公司福利改善、实现社会保障、改善医疗条件、改善住房或廉租房条件、和城市市民一样的地位、孩子在城市上学容易、不要歧视外来务工经商创业人员、公共服务、参与所在单位的管理活动、户籍身份、参与当地社区管理、组建属于自己的合法组织、扩大自己的政治权利、成为各级人大代表或政协委员"15 项社会权益诉求中,"改善工资水平""公司福利改善""实现社会保障""改善医疗条件""改善住房或廉租房条件""和城市市民一样的地位""孩子在城市上学容易""不要歧视外来务工经商创业人员"八个项目均值都在 2.5 以下,也就是说,农业转移人口对这八种社会权利的需求基本上介于比较迫切和非常迫切之间。"公共服务""参与所在单位的管理活动""户籍身份"需求的均值在 2.5~3.0,说明农业转移人口对这些社会权益的需求介于一般和比较迫切之间。而"参与当地社区管理""组建属于自己的合法组织""扩大自己的政治权利""成为各级人大代表或政协委员"四个项目的均值最大,都在 3.0 以上,即农业转移人口对这四种权利的需求介于比较不迫切和一般之间。

以上是农业转移人口总体上的社会权利诉求紧迫性情况,具体到不同类型的农业转移人口,其市民化意愿也存在差异。我们在中山市的调研发现,有些农业转移人口虽然达到了中山市规定的积分入户条件和资格,但仍然不愿入户成为真正的市民。据统计,截至 2013 年,中山市农业转移人口总数达 160 万人之多,但同年申请入户城市的只有 3770 人。实践表明,与永久迁移城市相比,多数农业转移人口追求的仅仅是城市的公共服务,尤其是子女教育服务。根据中山市 2013 年统计数据,有 15188 人次农业转移人口子女申请积分入学,远高于申请积分入户的人数。农业转移人口永久市民化意愿之所以低，是因为我国户籍制度规定，农业转移人口一旦在流入地入户，就要放弃原籍利益。城市户籍红利与农业转移人口原籍既有利益之间存在冲突，因此，很多农业转移人口不愿意永久迁移而放弃农村土地。有些季节性流动的农业转移人口可以一面经营农业生产，一面外出打工增加收入。而部分全家外出打工的农业转移人口，只要不入户城市，他们在农村的土地就还可以流转出去，仍然有不少收入。即便没有流转，土地闲置荒化，农业转移人口也会有部分收入。因为国家对农业生产施行补贴政策，对经营土地生产的农民按亩进行补贴而不是以农业产出进行补贴，从而给这部分外出打工农民以获得国家农业补贴的漏洞。除此之外，随着我国新农村建设、改造以及城镇化趋势的加快，农村土地升值，农民对土地和宅基地的保护预期也逐渐增强。很多农业转移人口眼光"长远"，坐等老家农村进行改造，以及城市扩建征地补偿，因此手握土地不放。

既然多数农业转移人口平等享受城市公共服务的权利诉求最为迫切，而永久市民化的愿望相对较低，那么，城市也应该有区别地满足不同类型农业转移人口的需求。显然，增加城市公共服务投入、进一步推进公共服务均等化是首要的任务。

四　市民化的向度

（一）市民化的不同向度

在市民化的研究中，目前最应关注的当属表达性永久农业转移人口和实践性非永久农业转移人口。前者之所以应受关注是因为他们之中有相当一部分因为一些个人外在的因素（如制度屏蔽、社会排斥等）被迫返乡或者循环流动。对这类农业转移人口的分析应集中在他们表达与实践的背离原因及其解决措施上。需要指出的是，我们对农业转移人口研究中所表现出的城市文化中心主义倾向的批评并非否定其市民化进程，而是要强调在研究时对这类农业转移人口市民化的特征，进而提出有针对性的建议。

实践性非永久农业转移人口所表现的特征是循环往返城市和农村。李强曾把这类农业转移人口称为"不融入"的农业转移人口。当然，他所说的"不融入"更加强调农业转移人口受多种因素的制约，而使得他们难以融入，处在"不融入"的位置上（李强，2011）。对这类农业转移人口，学界目前主要关注的是其返乡就业和创业，以及乡村再融入和适应问题。虽然这类农业转移人口的市民化意愿不强烈，但我们不能就此说他们在城市的工作和生活无须被关注。相反，他们在城市潜移默化中学习和内化的一些先进技术、现代文化与生活方式、现代性的自组织观念和科学管理方法对当前新农村建设和小城镇化的发展能起到巨大的助推作用。

从表5-12可以看出，被访者在对未来定居场所的选择方面，老家仍是多数农业转移人口的最后定居地，其中老家地级市约占8%，县城约占28%，小镇约占11%，农村老家约占25%，四者合计约为73%；期望在外地城市定居的约占18%，还有约9%的人没有想法。不同工作地的被访者之间存在一定的差异，目前工作地的行政等级对定居场所的选择有影响。在2014年的调查中，在七成愿意落户城市的农业转移人口中，对落户城市的类型存在一定选择偏好。在愿意落户城市的这部分填答样本中，选择落户城市类型最多的是省内中等城市，比例占到了37.0%，对省内小城镇持偏爱的比例达到了20.0%。而对大城市或特大城市的落户偏好不存在区别，比例都为17.0%。对落户城市选择意愿最低的两类城市是省外中等城市和省外小城镇，比例分别为6.0%和3.0%。总体来看，超过半数的农业转移人口倾向于在省内城市落户，并且中等城市的吸引力超过了小城镇。以上农业转移人口城市落户的选择偏好表现出农业转移人口理性选择的一面。首先，省内中等城市的优势在于区位优势，省内流动落户成本相

表5-12 未来定居场所选择

工作地点	样本量（人）	占比（%）						
		农村老家	老家小镇	老家县城	老家地级市	打工所在城市	其他城市	没想法
乡镇	457	35.01	17.51	25.38	4.16	5.47	5.25	7.22
县城	630	20.16	8.25	40.32	6.03	9.52	4.29	11.43
地级市	913	25.30	9.64	23.77	13.14	15.22	4.71	8.21
省会	899	23.92	10.01	26.14	7.01	17.46	6.56	8.90
合计	2899	25.28	10.69	28.35	8.28	13.14	5.28	8.97
显著性		0.022						

对较低。另外，相比大城市和特大城市，中等城市生活费用相对较少、门槛相对较低，落户成本不高。拥有比小城镇更加完善的基础设施、更加聚集的社会资源和更多的就业机会和高工资水平，成为吸引农业转移人口的首要目标城市。其次，对小城镇而言，农业转移人口距离小城镇一般较近，流动距离短、生活费用低、落户门槛小，落户成本相对较低，成为农业转移人口落户的第二选择。

（二）定居点选择的影响因素

我们做了一个假设性调查，即询问"如果您没有城市定居计划，其主要的原因"，调查结果显示，首要原因中选择"经济条件不允许"的比例近60%，"工作不稳定"的比例约为15%。在次要原因中，"工作不稳定"占近40%，其次是"亲人在农村老家"。由此可见，未选择定居城市的首要因素是经济条件，其次是工作不稳定，再次是家庭分离。在2014年的调查中我们发现：在三成不愿意落户城市的农业转移人口中，不同的人也给出了自己不愿意落户城市的原因。在全部11个选项限选3项并按重要性排序的要求下，不愿意落户的农业转移人口最重要的原因是"享受不到城市市民待遇"，有效比为37.8%。其次依次为"城市房价太高、买不起房子""城市就业风险大，害怕失业后没保障"，分别占27.8%、17.2%。

从表5-13的回归分析可以看出以下几点。

（1）在个体人口特征方面，男性更倾向于未来选择在老家乡镇定居，而女性更加倾向于在城市定居，包括老家城市和外地城市，同时女性在选择上也存在显著的不确定性，即不知道未来在哪里定居；代际方面，80后、90后与80前存在显著差异，他们更倾向于在老家城市或外地城市定居；教育的影响存在梯级作用，学历越高越倾向于选择城市定居，且学历越高越倾向于选择行政等级高的城市定居，当然同时还存在学历越高，不确定性越大的情况。

（2）在家庭特征方面，家庭收入满意度对选择在哪里定居没有显著影响，但可以显著降低选择的不确定性；夫妻分离时间的长短对定居地选择没有显著影响，不过单身无配偶者更有可能选择在外地城市定居；亲子分离方面，与短期分离者相比，长期分离者在外地城市与老家乡镇之间，更倾向于选择老家乡镇，而与无子女者相比，短期分离者更倾向于选择在城市定居。

（3）在社会交往方面，与同城老乡交往越多，在选择外地城市时，他们越倾向于选择回老家乡镇定居，且不确定的可能性也越小；而同城市当地人交往越多，则越倾向于选择在老家城市或外地城市定居。以上说明，社会网络的性质对人们选择定居地存在显著影响。

（4）在工作方面，与选择老家乡镇相比，外出务工年龄越小者越倾向于选择老家城市，在外地城市方面没有显著差异；类似的，目前城市就业年限越短者，越倾向于选择老家城市，外地城市选择没有显著差异；拥有职业技能者，其选择更为明确，而没有职业技能者更可能出现选择不确定性；创业经历对定居选择没有显著作用；劳动合同签订方面，与未签订者相比，签订劳动合同期限越长者在外地城市与老家乡镇之间，更倾向于选择外地城市定居。

（5）在单位性质方面，存在明显的行业差异，其中与制造业从业者相比，商业和服务业从业者更倾向于选择在城市定居。在工作地方面，正如前文描述所言，工作地对定居地的选择有显著影响，在哪个等级行政区工作就更倾向于选择哪个等级的行政区作为定居地。

（6）在家庭区位方面，农村老家与行政中心城市的距离对定居地选择也有显著影响。其中，到乡镇中心的车程在1~5小时内，会更倾向于选择在老家城市定居，而到县城的车程超过3个小时，就会倾向于选择在老家乡镇定居；但在老家乡镇与外地城市之间，到乡镇的车程在2小时内，会倾向于选择外地城市，而到乡镇的车程超过6个小时，则会倾向于选择老家乡镇。到省城的车程对定居地选择没有显著影响。

表5-13 未来定居地选择的Mlogit模型稳健回归结果

因变量：定居地（老家乡镇=0）	模型5	模型6	模型7
	老家县城/地级市	工作地城市或其他城市	不知道
性别（女=0）	-0.322** (0.120)	-0.408** (0.147)	-0.477** (0.181)
代际（80前=0）			
80后	0.539*** (0.158)	0.755*** (0.222)	0.509* (0.269)
90后	0.488* (0.216)	0.783** (0.290)	0.518 (0.335)

续表

因变量：定居地（老家乡镇=0）	模型5 老家县城/地级市	模型6 工作地城市或其他城市	模型7 不知道
受教育程度（小学及以下=0）			
初中	0.363* (0.175)	0.269 (0.243)	0.241 (0.298)
高中/中专/技校	0.693*** (0.192)	0.725** (0.253)	0.591+ (0.304)
大专/自考本科	1.538*** (0.260)	1.811*** (0.312)	1.623*** (0.376)
家庭人口数	-0.067+ (0.039)	-0.053 (0.047)	0.049 (0.060)
家庭收入满意度	0.050 (0.061)	-0.057 (0.075)	-0.325*** (0.091)
夫妻分离（3个月及以下=0）			
3个月以上	-0.097 (0.151)	-0.255 (0.205)	0.204 (0.256)
无配偶	0.251 (0.185)	0.560* (0.238)	0.483 (0.298)
亲子分离（3个月及以下=0）			
3个月以上	-0.352+ (0.203)	-0.543* (0.263)	-0.524 (0.340)
无子女	-0.478* (0.202)	-0.555* (0.255)	-0.047 (0.335)
与同城老乡交往	-0.077 (0.056)	-0.195** (0.068)	-0.171* (0.087)
与同城外地人交往	-0.045 (0.062)	0.044 (0.076)	0.099 (0.091)
与同城当地人交往	0.123* (0.054)	0.152* (0.068)	0.083 (0.083)
城里人歧视农业转移人口	-0.041 (0.031)	-0.012 (0.040)	0.007 (0.045)
城里人态度恶劣	-0.041 (0.031)	-0.039 (0.039)	0.053 (0.046)
城乡就业不平等	0.021 (0.030)	0.002 (0.037)	0.017 (0.045)
务工经商年龄	-0.026* (0.011)	-0.007 (0.015)	-0.043+ (0.022)
目前城市就业年限	-0.031* (0.014)	0.038* (0.016)	0.024 (0.020)
职业技能（无=0）	0.193 (0.125)	0.045 (0.157)	-0.386* (0.194)
养老保险（无=0）	-0.123 (0.129)	0.248 (0.160)	-0.062 (0.220)
医疗保险（无=0）	-0.001 (0.122)	-0.054 (0.156)	-0.170 (0.205)
失业保险（无=0）	0.199 (0.181)	-0.063 (0.204)	0.736** (0.266)
创业经历（无=0）	-0.134 (0.139)	0.140 (0.170)	-0.331 (0.246)
劳动合同签订（未签=0）			
1年以内	-0.127 (0.198)	0.002 (0.246)	-0.571+ (0.327)
1~2年	0.140 (0.173)	0.594** (0.202)	-0.032 (0.275)
3~5年	0.190 (0.213)	0.597* (0.239)	0.152 (0.314)
5年以上	0.612* (0.310)	1.037** (0.342)	0.223 (0.484)

续表

因变量：定居地（老家乡镇=0）	模型5 老家县城/地级市	模型6 工作地城市或其他城市	模型7 不知道
职业地位（上层非体力=0）			
下层非体力	0.018（0.258）	0.123（0.276）	-0.307（0.368）
上层体力	-0.172（0.219）	-0.355（0.243）	0.236（0.328）
下层体力	0.027（0.235）	0.046（0.258）	-0.073（0.357）
其他	0.380（0.239）	0.273（0.276）	-0.215（0.393）
单位性质（国有=0）			
私营	0.277（0.234）	-0.076（0.256）	-0.175（0.310）
外资/合资	0.068（0.279）	-0.225（0.305）	-0.535（0.381）
其他	-0.083（0.277）	-0.213（0.314）	-0.314（0.384）
单位行业（制造业=0）			
建筑业	-0.005（0.159）	-0.299（0.222）	0.184（0.253）
商业	0.449**（0.157）	0.460*（0.184）	0.536*（0.240）
生活服务业	0.581***（0.175）	0.512*（0.210）	0.673*（0.279）
其他	0.123（0.391）	0.212（0.481）	0.809（0.496）
工作地点（乡镇=0）			
县城	1.001***（0.182）	0.706**（0.261）	0.959***（0.286）
地级市	0.618***（0.173）	0.962***（0.239）	0.358（0.276）
省会	0.465**（0.176）	1.093***（0.239）	0.233（0.277）
到乡镇中心车程（不到1小时=0）			
1~2小时	0.855***（0.238）	0.618*（0.274）	0.394（0.359）
3~5小时	1.632**（0.523）	-0.291（1.164）	1.115（0.851）
6小时及以上	2.034+（1.203）	-11.186***（1.375）	1.880（1.583）
到县城车程（不到1小时=0）			
1~2小时	-0.191（0.119）	0.068（0.148）	0.014（0.185）
3~5小时	-0.638*（0.250）	-0.329（0.307）	-0.322（0.398）
6小时及以上	-2.142**（0.658）	-1.304（1.083）	-1.357（1.011）
到省城车程（不到1小时=0）			
1~2小时	0.241（0.311）	0.317（0.367）	-0.395（0.384）
3~5小时	0.162（0.305）	0.151（0.364）	-0.409（0.371）
6小时及以上	0.244（0.319）	0.285（0.382）	-0.407（0.407）

续表

因变量：定居地（老家乡镇=0）	模型5 老家县城/地级市	模型6 工作地城市或其他城市	模型7 不知道
地区（东部=0）			
中部	-0.181 (0.146)	-0.374* (0.177)	0.212 (0.225)
西部	-0.084 (0.197)	-0.331 (0.248)	-0.002 (0.315)
常数项	-0.195 (0.722)	-1.641+ (0.924)	-0.705 (1.168)
N		2386	
pseudo R^2		0.129	

注：+ $p<0.10$，* $p<0.05$，** $p<0.01$，*** $p<0.001$。

因此，不注重区别不同类型农业转移人口的具体市民化意愿和需求，会无意中导致一些农业转移人口的"被市民化"。只有采取系统性的研究方法，进行多维度的详细考察，才能提出相应的、针对不同类型农业转移人口需求的方法和策略。

第六章 农业转移人口市民化：
基于劳动关系视角

劳动关系是生产关系的重要组成部分，是最基本、最重要的社会关系之一。在市场经济条件下，劳动关系的实质是"劳动和资本的结合"。劳动关系是影响农业转移人口入户中小城镇意愿的重要因素。

一 研究起点

从劳动关系视角探讨农业转移人口的市民化，一方面从制度视角，探讨劳动者的权利屡屡遭遇侵害是制度运行出现了问题，还是制度本身就存在先天的不足；另一方面也基于劳动过程理论的分析范式分析劳动者的被控制状况。因为基于劳动力雇佣的劳动关系包括个别劳动关系和集体劳动关系。个别劳动关系是指劳动者个人与雇主之间的关系，是劳动关系的基本构成和基本形态；集体劳动关系也称团体劳动关系，是在个别劳动关系基础上形成的，是劳动者集体或团体与雇主或雇主组织就劳动条件、劳动标准以及有关劳资事务等协商谈判形成的社会关系。集体劳动关系的治理模式分为协约自治模式与国家统合模式两类典型，前者以集体谈判为核心形成劳动条件，后者则是以政府制定的劳动基准作为劳动条件的核心内容，发挥政府在劳动关系构建中的主导作用（肖竹，2014）。

中国是比较明显的国家统合劳动关系治理模式，劳动关系一直受到国家的高度重视。改革开放后，随着社会主义市场经济的逐步建立，中国确立了以公有制为主体、多种所有制经济共同发展的基本经济制度，劳动关系也发生了巨大的变化，为此国家出台了包括《劳动法》在内的一系列的

第六章 农业转移人口市民化：基于劳动关系视角

法律法规和政策制度来规范劳动关系，加大劳动政府部门对于劳动关系的干预力度，个别劳动关系加快实现向集体劳动关系的转型。但是，只要对劳动者合法权益的保护相对薄弱，为数众多的企业就会本能地选择诸如弹性用工、扣发工资、克减福利、延长工时，以及不提供基本的劳动安全环境等方式侵害劳动者权益。

在现有制度框架下，政府主导型的劳动关系解决模式仍将是主流，但这并不意味着不需要劳资自治。现实情况恰恰表明应抓紧完善以集体谈判制度为核心的集体劳动关系治理，形成对政府主导下的有机补充，健全集体劳动关系治理体系（艾琳，2016）。我们将从劳动过程角度分析劳动关系的治理。劳动过程理论关注的核心议题是，资本是如何有效地组织劳动力并将其转化为劳动，从而获得高额利润的，资本对劳动的"控制"也成为劳动过程分析的核心话语。劳动过程理论始自马克思对于"异化"劳动的分析，但它真正地成为"以'生产方式'为中心"的分析的基础理论工具，则自布雷弗曼开始。布雷弗曼揭示了"概念与执行的分离"以及工人的"去技能化"如何导致工人丧失对劳动过程的控制权，从而只能在资本的监视和控制下工作。布洛维在工厂中发现了"赶工游戏"（the game of making out）的存在，赶工游戏主导了车间内的文化，是工人内化了资本的目的，激起工人拼命工作的投入状态。

想要理解为何"工人都甘心接受资本的剥削"这样的问题，布洛维认为关键在于对于工人主体性和劳动体验的分析和考察，他借用葛兰西"文化霸权"的概念来阐述工人面对剥削的"甘愿"是如何被制造出来的。沿着主体性的分析路径，布洛维认为垄断资本主义阶段的控制已经不再是单纯地在客观方面管理工人，资本更在主观层次上建构工人阶级，即资本主义的生产不再只是对于经济维度的物品生产，更为关键的是政治维度上对于社会关系的生产，和对于工人在劳动过程中的主观体验的生产。"主体性"在后布洛维时代变得多样，族群、性别、身份、公民权等曾经作为主体性的建构因素被拉入分析的中心，也取得了诸多成果。

如中国本土研究中，李静君认为，车间政治是一种微观的性别建构、生产与再生产的工作场所，管理者和工人都诉诸性别来施加控制或施行反抗，并将之合法化（Lee，1995）。同样探讨性别对于工人主体性抗争策略的建构过程的还有潘毅（潘毅等，2010），她对于制造业打工妹的研究，论述了国家、资本和父权制的三重张力下如何生产一种以阶级、性别和城乡差异为基础的特殊劳动剥削形式。

沈原、周潇通过考察建筑工地的权力运作机制，发现农业转移人口把先赋的社会关系带入工地的生产中来，将其作为一种权力的可利用资源，形成独特的权力形态，关系在其中起到了生产忠诚、约束不满的作用。沈原将这种不同于工厂霸权体制的特殊权力形态称为"关系霸权"（沈原、周潇，2007）。"关系霸权"的提出是劳动过程本土化研究的一大进展，但是也面临质疑：蔡禾通过桥头工人中工资发放的"逆差序格局"考察，认为关系在降低市场风险方面在包工头和核心工人中的效用是不同的，前者降低了风险，但核心工人的风险则增加了。进一步地，雇佣权力和人情法则共同建构出沈原所称的"关系霸权"（蔡禾、贾文娟，2009）。潘毅的批评更显激进一些，她通过自己在建筑工地上的观察论述说，关系在建筑工地中确实是存在的，但是"与其说是构造出了'关系霸权'，不如说是维持了一种人身依附关系"（潘毅等，2010）。先赋关系网络可以被认为是一种作为农民身份的"主体性"。

劳动过程理论发展到今天仍然不断需要重新面对各种面貌迥异的劳动现场的实践检验，[①] 并且只能在几乎同一话语体系中，针对多样的"生产的政治"尝试寻找差异化的解释。虽然这本身是劳动过程理论完善和演化的动力，但是我们仍然面临一个关键问题：如果说"控制－抗争"或者"控制－抗争－认同"是劳动过程理论分析的核心话语和基本面向，我们如何解答这个动态过程的动力机制和引致因素？

后布洛维时代的劳动过程研究尝试给出的一个答案是对于工人"主体性"的扩展和丰富，正是不同的劳动现场之中工人主体性的不同，导致了"生产政治"的多样。我们认为，对于主体性的多维扩展并未一劳永逸地回答上述疑问，主体性是劳动过程之外的先赋因素还是在劳动过程之中被生产和再生产出来的仍然根据"何种的主体性"而有所差异。考虑到布洛

[①] 如"自生产政体"的研究，认为劳动过程分析的中心应是生产本身而不是"劳资关系"，通过对"代耕农"的细致考察，作者提出了"自生产政体"的概念，以概括此类不基于劳资关系的、自雇佣的生产者。

维之后劳动过程中主体性拓展的外生倾向，我们需要进一步解释各种宏微观条件对于主体性的影响，既然诉诸性别的抗争也必须面临工厂政体的管理策略的形塑，那么公民权或者身份这种更加外生的变量对于主体性建构和抗争策略的影响也就更加受限于生产现场的"微观政治学"[①]。

具体到本土劳动现场，我们必须关注到经济快速发展导致了由农村剩余劳动力大量进入城市，构成了规模巨大的"次级劳动力市场"，而这种二元社会结构更加体现在每个农业转移人口个体的认知、观念、行动策略上。

二 劳动关系的非制度化与劳动过程控制

尽管新生代农业转移人口与老一代农业转移人口入户中小城镇的意愿都处于较低水平，但影响入户意愿的因素存在显著的代际差异。工作自主权仅对新生代农业转移人口具有显著影响，而劳动关系满意度对新老两代农业转移人口都具有显著影响。

（一） 劳动关系的非制度化与高弹性化

劳动关系规范化和制度化指的是调节劳动关系的规章的正式化、规范化、系统化的过程和结果。近年来，我国针对规范劳动关系的需要，制定和出台了一系列劳动法规与政策，比如劳动合同制度、集体谈判制度、最低工资制度等。但由于实际执行效力不足，农业转移人口劳动关系不规范和非制度化现象依然存在。

1. 就业机会不平等

在农业转移人口劳动关系中，最基础的一条就是享有平等的劳动权利，实现就业机会上的平等。但从目前我国现状来看，对农业转移人口就业机会的限制不可谓不多。各地各行业的雇主往往在待遇较好的工作岗位

[①] 本书所用"微观政治学"的内涵，乃是"反思、诘疑乃至背弃传统马克思主义国家－阶级政治意义上的"，布洛维认为在马克思那里存在两种政治，一种是关于国家政权、所有制等宏观层面的"全局政治"，另一种是事关工厂体制、生产中的关系的"生产的政治"。可以说微观政治内隐地深埋于劳动过程理论的发展脉络之中，这种微观政治"不但具有很强的独立性，而且具有根本性"（关峰，2011）。

上设置一些与户籍相关的要求。例如,要求应聘者须持有本市户口,仅此一条就剥夺了他们平等竞岗的机会。我们认为,农业转移人口和城市职工由于在文化水平和劳动技能等方面存在差异,在劳动力市场中的就业机会和收入水平也会有差别,这属于合理差别。而我们所指的就业机会不公主要指由制度因素导致的素质能力基本相同的劳动者因身份的不同被不平等对待。

目前,农业转移人口就业机会不公主要表现在由制度因素导致的三个方面。一是直接对农业转移人口在城市就业进行行政总量控制、职业和工种限制,农业转移人口大多只能进入"二级劳动力市场"去从事城市劳动力不愿从事的脏、累、差等行业的工作。二是对农业转移人口城市就业的不公平性收费。农业转移人口离开农村时要交费办理身份证、未婚证、计生证、毕业证、待业证等,还要交计划生育季度妇检保证金等。此外,他们在城市还要交费办理暂住证、健康证。这些收费无疑提高了农业转移人口的就业门槛。三是对城市居民就业和再就业的特殊优惠政策与措施,造成了竞争环境的行政干预和事实上的不平等就业,是一种变相的和更为隐蔽的保护本地居民就业而排斥外来劳动力的间接性就业不公。

2. 劳动合同规范程度低

劳动合同是劳动者与用人单位确立劳动关系、明确双方权利和义务的协议,是劳动关系中最基本的法律契约,是维持良性劳动关系的基本要素之一(李升,2015),有利于受雇农业转移人口形成积极的社会心态。签订劳动合同,保障农业转移人口合法权益获得,既体现了城市用工就业制度的规范,也能够将进入城市的外来劳动者纳入规范的城市就业体系中,从而使他们感受到城市就业对其的公正接纳,有利于积极的社会态度形成。农业转移人口劳动合同签订情况有如下特点。[①]

第一,农业转移人口劳动合同签订率较低。表6-1显示的是课题组2012年"农村籍进城工作/创业人员调查"的农业转移人口劳动合同签订情况。从中可以看出,没有签订劳动合同的农业转移人口比例达到了59.2%。国家统计局发布的农民工监测数据也与此结果基本一致,没有签订劳动合同的比例超过60%。见表6-2。

[①] 资料来源包括本课题组2012年的调查资料、中山大学社会调查中心"2012年劳动力动态调查"课题组的调查资料以及相关课题研究的调查资料。

表6-1 农业转移人口劳动合同签订情况

单位：人，%

		频数	占比	有效占比	累积占比
有效	没有签订	1684	52.4	59.2	59.2
	半年以下	55	1.7	1.9	61.1
	半年到1年	222	6.9	7.8	68.9
	1~2年	400	12.4	14.1	83.0
	3~5年	339	10.5	11.9	94.9
	5年以上	146	4.5	5.1	100.0
	合计	2846	88.5	100.0	
缺失	系统	369	11.5		
总计		3215	100.0		

表6-2 农业转移人口签订劳动合同情况

单位：%

年份	无固定期限劳动合同	一年以下劳动合同	一年及以上劳动合同	没有劳动合同
2015	12.9	3.4	19.9	63.8
2016	12.0	3.3	19.8	64.9

资料来源：《2015年农民工监测调查报告》，《2016年农民工监测调整报告》。

第二，签订短期劳动合同的比例较高。据课题组2012年调查，农业转移人口签订两年以内的合同数量占签订合同总数的58.26%，5年以上的合同比例仅为12.56%。

第三，农业转移人口用人单位通过派遣公司卸劳动合同包袱。一些用人单位为了避免与农业转移人口产生无固定期限劳动合同，在合同到期后不续签合同，将农业转移人口交给劳务派遣公司或下属一些资产弱的公司，然后再挑一些认为可用的外聘回来继续原来的工作。在这种新的劳务关系下，用人单位只需支付报酬给劳务派遣公司，农业转移人口无法与用人单位签订无固定期限劳动合同。

第四，多数劳动合同流于形式。劳动合同多数是由用人单位单方面制定，农业转移人口没有参与劳动合同的制定，合同制定缺乏劳动关系双方协商的过程。我们在调查中发现，一部分农业转移人口手里没有自己的劳动合同，也不知道自己劳动合同的详细内容。

3. 流动率高，工作不稳定

农业转移人口工作流动率较高，频繁地变换工作岗位、变换工作地点，形成所谓"短工化"现象。从社会融合的角度看，频繁的工作流动必然影响劳动关系的稳定性，阻碍劳动就业融合，进一步阻碍农业转移人口的城市融合及社会融合。根据我们的调查，农业转移人口平均换工作次数为3.5次，近三年内平均换工作次数为1.27次，在目前工作的城市平均就业时间为4.5年。

已有研究指出了新生代农业转移人口短工化现象，并从统计学上给予了证明（沈原，2006；符平、唐有财，2009）。2011年，清华大学社会学"农业转移人口就业趋势研究"课题组与工众网就农民工外出务工经历进行调查，在《"短工化"：农民工就业趋势研究》报告中指出，当前农业转移人口就业普遍出现"短工化"趋势，即工作持续时间短、工作变动频繁。这又具体体现为"高流动"和"水平化"两个方面。前者体现为流动频繁，每份工作持续时间短；后者体现为职业地位的水平化，难以通过换工实现职业地位上升。新生代农业转移人口相比老一代农业转移人口"短工化"趋势更加明显，农业转移人口年龄越小，越倾向于频繁换工。在新生代农业转移人口中，还存在"跳跃式换工"现象，即他们在不同的生产体制间流转，徘徊于经济需要和社会需要之间（沈原，2013）。

当然，农业转移人口变换工作频繁，一方面是自己的原因，有人认为换工行为是一种基于"个性彰显"和"理性追求"策略交织的行动；另一方面，我们在调查中发现，相当比例的农业转移人口变换工作是被迫的。新生代农业转移人口不管在生活中还是在工作场景中，几乎都处于各种"约束"和"责任"之外，既远离了家乡、父母，在城市中也"漂泊"、流动。而他们频繁换工的行为，也和他们这种"脱嵌"的状况密不可分。单纯的"个性""理性"解释，难以充分地解释他们的遭遇和行动，频繁换工的行动中常常可以观察到他们所处的劳动体制的作用。同时，农业转移人口劳动关系的弹性化使用人单位解雇农业转移人口易如反掌，促使用人单位为了自身利益随意解雇农业转移人口。

（二）"被控制"：在劳动现场的生产遭遇

不仅农业转移劳动力受到结构和制度性因素的影响，其在城市一线劳动现场的各种生产与劳动关系同样也受到结构和制度性因素的制约。因此，对其劳动关系的时代检视无法回避布雷弗曼"资本的强迫性"，即所谓的控制关系。

1. 超长工作时间

雇佣者对被雇佣者最基本的控制与剥削方式，是超长时间的劳动。根据国家统计局2016年农民工监测数据，日工作时间超过国家法律规定的农业转移人口占37.3%，周工作时间超过法定劳动时间的农业转移人口占84.4%（见表6-3）。根据课题组2012年的调查，农业转移人口的平均工作时间为9.4小时，20.8%的农业转移人口每天工作时间超过10小时。农业转移人口的劳动时间超过了很多职业群体。

表6-3 外出农业转移人口从业时间和强度

	2014年	2015年	2016年
全年外出从业时间（月）	10.0	10.1	10.0
平均每月工作时间（天）	25.3	25.2	25.2
平均每天工作时间（小时）	8.8	8.7	8.7
日工作超过8小时的比重（%）	40.8	39.1	37.3
周工作超过44小时的比重（%）	85.4	85.0	84.4

资料来源：《2015年农民工监测调查报告》《2016年农民工监测调查报告》。

从我们的调查情况看，工作时间在法定8小时正常范围内的比例不到44%，也就是说，大部分被访者的每天工作时间超过了8小时。其中，在9~10小时的占近四成，11~12小时的约占17%，超过13小时的占到4%。

表6-4模型分别考察了"单位性质"、"单位行业"、"单位规模"、"劳动合同签订"、"工会参与"、"工作地点"和"地区"等因素对工作时间的影响。

表 6-4　每天工作时间的 Mlogit 模型稳健回归结果

因变量：每天工作时间 (8h 及以下 = 0)	模型 1 9~10h = 1	模型 2 11~12h = 2	模型 3 13h 及以上 = 3
单位性质（国有 = 0）			
私营	0.850*** (0.203)	0.735* (0.291)	0.412 (0.570)
外资/合资	0.718** (0.234)	0.895** (0.325)	-0.255 (0.778)
其他	0.666* (0.260)	0.876* (0.345)	0.649 (0.661)
单位行业（制造业 = 0）			
建筑业	1.024*** (0.161)	0.461* (0.203)	0.065 (0.394)
商业	-0.315* (0.150)	-0.693*** (0.210)	-1.238* (0.510)
生活服务业	0.307+ (0.168)	-0.147 (0.227)	-0.827 (0.515)
其他	0.358 (0.460)	0.645 (0.510)	2.199** (0.670)
单位规模（1~29 人 = 0）			
30~99 人	-0.037 (0.157)	0.018 (0.208)	-0.583+ (0.349)
100~299 人	-0.129 (0.168)	0.384+ (0.207)	-0.693+ (0.405)
300~999 人	0.043 (0.193)	0.460+ (0.242)	-0.142 (0.455)
1000~2999 人	0.130 (0.215)	0.508+ (0.279)	-1.121 (0.794)
3000 人及以上	-0.008 (0.274)	0.710* (0.326)	-0.642 (0.853)
劳动合同签订（无 = 0）			
1 年内	-0.173 (0.176)	-0.207 (0.210)	-1.124+ (0.610)
1~2 年	-0.468** (0.160)	-0.883*** (0.202)	-0.879* (0.444)
3~5 年	-0.340* (0.169)	-1.336*** (0.248)	-1.117* (0.560)
5 年以上	-0.523* (0.252)	-1.013** (0.345)	0.260 (0.590)
工会参与（没工会 = 0）			
有但未加入	-0.231 (0.147)	-0.469* (0.199)	-0.601 (0.454)
有且加入	-0.208 (0.175)	-0.452+ (0.232)	-1.262+ (0.650)
工作地点（乡镇 = 0）			
县城	-0.069 (0.183)	0.087 (0.233)	1.407+ (0.765)
地级市	0.226 (0.175)	0.332 (0.221)	2.086** (0.752)
省会	0.086 (0.173)	0.104 (0.221)	1.870* (0.760)
地区（东部 = 0）			
中部	-0.110 (0.133)	-0.248 (0.170)	0.564 (0.431)
西部	-0.092 (0.202)	0.392+ (0.237)	1.156* (0.512)

续表

因变量：每天工作时间 （8h及以下=0）	模型1 9~10h=1	模型2 11~12h=2	模型3 13h及以上=3
常数项	-0.823** (0.283)	-1.408*** (0.368)	-4.103*** (0.883)
N		1967	
pseudo R^2		0.062	

注：$^+p<0.10$，$^*p<0.05$，$^{**}p<0.01$，$^{***}p<0.001$。

（1）从单位性质来看，单位的所有制对工作时间有显著影响，从模型中可以发现，相较于国有企业，私营企业、外资/合资企业及其他所有制企业的工作时间更有可能出现每天9~10小时、11~12小时。

（2）从单位行业来看，不同行业在工作时间上存在显著差异，与制造业相比，建筑业从业者出现9~10小时和11~12小时工作时间的情况要显著更多，而商业从业者则显著低于制造业，特别是在13小时及以上的超长工作时间上。

（3）从单位规模来看，不同规模单位差异不大，其中规模在3000人及以上的企业，加班3~4小时的可能性更大。

（4）从劳动合同签订来看，劳动合同签订状况是影响工作时间的重要因素。签订了一年以上合同的劳动者，工作时间在9~12小时的情况要显著少于合同签订时限在一年以下者。签订劳动合同的时限越长，工作时间越短。合同签订了1~2年和3~5年的劳动者出现工作时间13小时及以上的情况要明显少于未签订劳动合同的被访者。

（5）从工作地点来看，在地级市和省会城市工作的被访者，工作时间在13小时及以上的要显著多于在县城和乡镇工作的被访者。

2. 低工资待遇与收入不公平感

（1）低工资待遇与工资拖欠

在工资方面，现阶段主要存在同工不同酬、维持低工资和不公平工资、不按规定发放加班工资等问题。

目前我国农业转移人口的工资待遇没有得到有效保障：一是很多企业规避法律规定，把国家规定的最低工资标准作为农业转移人口的工资标准，农业转移人口想要获得更多报酬只能通过加班的方式获取，工资待遇很低；二是有些农业转移人口从事与城市市民同样的工作，但是工资待遇不一样，农业转移人口工资明显低于城市工人的工资，同工不同酬的现象比较普遍；三是刻意设置苛刻条件，法律规定，职工加班要给予加班费，国家规定的月工资是指扣除公休假日以外的有效工作时间的工资标准，但是在农业转移人口就业密集的岗位，比如餐饮、建筑等行业实行全月标准，缺勤一天扣一天工资，在一些半生产半停产的企业和单位中，更是实行计件工资，这给他们的生活带来了极大的不确定性。据《2016年农民工监测调查报告》，2016年外出务工农业转移人口月均收入为3572元，本地务工农业转移人口月均收入为2985元，分别比上年增长6.3%和7.3%。但是如果扣除物价上涨部分，农业转移人口收入增长有限。据《2017年度人力资源和社会保障事业发展统计公报》，2017年全国城镇非私营单位就业人员年平均工资为74318元，比上年增加6749元，增长10.0%。农业转移人口收入只有后者的51.64%。还应该看到，农业转移人口的低工资是在付出了更多劳动时间的前提下取得的。[①] 蔡禾与李超海的研究表明，加班工资增长和政府最低工资标准提高是影响农业转移人口工资增长最主要的因素，农业转移人口工资结构呈现基本工资占比下降，加班工资占比上升的趋势（蔡禾、李超海，2015）。

农业转移人口工资拖欠曾经是老大难的问题，目前虽有改观，但依然存在。根据农民工监测数据，2013~2016年被拖欠工资的农民工比重分别为1%、0.76%、0.99%和0.84%。2016年制造业、建筑业、批发和零售业、交通运输仓储和邮政业被拖欠工资的农民工比重分别为0.6%、1.8%、0.2%和0.4%。被拖欠工资的农民工人均拖欠11433元。[②] 根据我们课题组2012年的调查，农业转移人口认为公司经常拖欠工资完全符合以及比较符合的有效占比为12.7%。表6-5展示了工资拖欠的回归分析模型。

[①] 《2017年度人力资源和社会保障事业发展统计公报》，http://www.mohrss.gov.cn/ghcws/BHCSWgongzuodongtai/201805/W020180521568486691826.pdf。

[②] 《2016年农民工监测调查报告》，http://www.stats.gov.cn/tjsj/zxfb/201704/t20170428_1489334.html。

表6-5 工资拖欠评估的Ologit模型稳健回归结果

因变量：工资拖欠	模型4
性别（女=0）	0.266** （0.090）
代际（80前=0）	
80后	-0.157 （0.126）
90后	-0.165 （0.160）
受教育程度（小学及以下=0）	
初中	0.200 （0.155）
高中/中专/技校	0.191 （0.162）
大专/自考本科	-0.019 （0.190）
婚姻（未婚=0）	
已婚	0.007 （0.113）
离异/丧偶	0.869* （0.385）
目前城市就业年限	-0.046*** （0.012）
每天工作时间	0.080** （0.028）
劳动合同签订（无=0）	
1年内	-0.002 （0.133）
1~2年	-0.462*** （0.135）
3~5年	-0.152 （0.141）
5年以上	0.299 （0.209）
工会参与（没工会=0）	
有但未加入	0.315** （0.113）
有且加入	-0.397* （0.156）
职业地位（上层非体力=0）	
下层非体力	-0.290+ （0.173）
上层体力	0.105 （0.162）
下层体力	-0.153 （0.177）
其他	-0.276 （0.234）
单位性质（国有=0）	
私营	0.247 （0.171）
外资/合资	-0.340+ （0.194）
其他	0.212 （0.244）

续表

因变量：工资拖欠	模型 4
单位行业（制造业 = 0）	
建筑业	0.757*** (0.134)
商业	0.206 (0.129)
生活服务业	0.340* (0.135)
其他	0.384 (0.374)
单位规模（1~29 人 = 0）	
30~99 人	0.379** (0.135)
100~299 人	0.545*** (0.138)
300~999 人	0.388* (0.151)
1000~2999 人	0.324+ (0.183)
3000 人及以上	-0.292 (0.266)
工作地点（乡镇 = 0）	
县城	-0.167 (0.163)
地级市	-0.488** (0.157)
省会	-0.392* (0.157)
地区（东部 = 0）	
中部	-0.034 (0.112)
西部	-0.106 (0.168)
截距 1	0.235 (0.437)
截距 2	1.897*** (0.438)
截距 3	3.109*** (0.443)
截距 4	4.267*** (0.459)
N	1943
pseudo R^2	0.049

注：+ $p<0.10$，* $p<0.05$，** $p<0.01$，*** $p<0.001$。

除此之外，农业转移劳动力还受到雇佣者各种工资发放手段的控制与约束。虽然目前大部分用工单位的工资发放方式是按月支付，但是季末、年终结算模式以及资方不定期的结算模式依然存在，尤其是建筑业，拖欠工资现象更为严重。有的工地每个月只发生活费，工资报酬等到工程结束或者年底一起结算。如果等到工程竣工，包工头携款跑路，农业转移人口一年的辛勤劳动将得不到报酬。据统计，2013年中国建筑工按月结算工资的比例仅为19.9%（郭于华、黄斌欢，2014）。此外，雇佣方所采取的形式多样的工资支付手段也直接控制和剥夺了农业转移劳动力的诸多自由选择权与利益。比如，在年终发放工资时拖欠部分工资作为抵押，以保证他们春节过后及时返工；"工资发放时采取逆差序格局的模式，牺牲核心工人的利益以达到直接吸引边缘工人和间接控制核心工人的目的"（蔡禾、贾文娟，2009）。

（2）收入不公平感

关于收入的公平感，我们在调查中询问了"考虑到您的受教育程度、能力/资历等各方面因素，您认为自己目前的收入是否公平"，结果显示认为不公平或不太公平的被访者超过20%（分别为4.73%和16.12%），有一半的人认为一般，认为公平的比例不到30%。

从收入不公平感的回归分析可以发现以下几点（见表6-6）。

表6-6 收入不公平感与提薪愿望的Ologit模型稳健回归结果

因变量	模型5 收入不公平感	模型6 提薪愿望
性别（女=0）	-0.038（0.095）	0.069（0.104）
代际（80前=0）		
80后	-0.304*（0.141）	0.041（0.151）
90后	-0.733***（0.182）	-0.142（0.190）
受教育程度（小学及以下=0）		
初中	0.162（0.173）	0.208（0.181）
高中/中专/技校	0.502**（0.180）	0.225（0.187）
大专/自考本科	1.062***（0.217）	0.557*（0.222）
参军（否=0）	-0.620**（0.222）	0.121（0.237）
婚姻（未婚=0）		
已婚	-0.225+（0.119）	0.181（0.133）
离异/丧偶	-0.482（0.317）	0.296（0.381）
务工经商年龄	-0.031**（0.011）	-0.004（0.010）
目前城市就业年限	-0.019（0.013）	-0.026*（0.013）

续表

因变量	模型 5 收入不公平感	模型 6 提薪愿望
每天工作时间	0.121*** (0.029)	0.015 (0.035)
劳动合同签订（无=0）		
1年内	0.405** (0.143)	0.087 (0.163)
1~2年	-0.089 (0.131)	0.129 (0.150)
3~5年	-0.028 (0.147)	0.133 (0.167)
5年以上	-0.021 (0.223)	-0.139 (0.220)
工会参与（没工会=0）		
有但未加入	-0.101 (0.115)	-0.405** (0.134)
有且加入	0.173 (0.146)	-0.141 (0.157)
职业地位（上层非体力=0）		
下层非体力	0.149 (0.179)	0.315+ (0.177)
上层体力	0.405* (0.165)	0.448** (0.173)
下层体力	0.427* (0.177)	0.790*** (0.188)
其他	0.288 (0.207)	0.066 (0.248)
工资发放（按月发放=0）		
下月发放上月	0.128 (0.097)	
按季度发放	0.286 (0.184)	—
拖欠、不固定	0.762** (0.232)	
单位性质（国有=0）		
私营	0.107 (0.175)	-0.453* (0.180)
外资/合资	0.304 (0.203)	-0.226 (0.216)
其他	0.238 (0.223)	-0.593* (0.258)
单位行业（制造业=0）		
建筑业	-0.323* (0.144)	-0.168 (0.148)
商业	0.017 (0.135)	-0.170 (0.137)
生活服务业	0.086 (0.139)	-0.503** (0.155)
其他	0.278 (0.376)	-1.240** (0.435)
单位规模（1~29人=0）		
30~99人	-0.170 (0.129)	0.010 (0.145)
100~299人	-0.147 (0.134)	-0.221 (0.148)

续表

因变量	模型5 收入不公平感	模型6 提薪愿望
300~999人	0.086 (0.148)	0.160 (0.171)
1000~2999人	-0.113 (0.188)	0.241 (0.209)
3000人及以上	0.284 (0.234)	0.348 (0.273)
工作地点（乡镇=0)		
县城	-0.150 (0.158)	-0.042 (0.173)
地级市	-0.079 (0.144)	-0.087 (0.164)
省会	-0.201 (0.144)	-0.127 (0.167)
地区（东部=0)		
中部	-0.109 (0.108)	-0.392** (0.128)
西部	-0.091 (0.160)	-0.596*** (0.178)
截距1	-2.218*** (0.511)	-5.945*** (0.700)
截距2	-0.329 (0.501)	-5.322*** (0.633)
截距3	2.034*** (0.503)	-2.662*** (0.551)
截距4	3.810*** (0.507)	-0.683 (0.545)
N	1918	1930
pseudo R^2	0.027	0.035

注："—"指该变量未加入模型进行分析，后文与此同；显著性：$^+p<0.10$，$^*p<0.05$，$^{**}p<0.01$，$^{***}p<0.001$。

①在人口学特征上，90后农业转移人口的收入不公平感显著低于老一代农业转移人口，即老一代农业转移人口的收入不公平感更强烈。在教育方面，高中及以上受教育程度者收入不公平感显著高于小学及以下者，尤其是大专/自考本科者，显然这是一个"高不成低不就"的夹生层，可能存在较强烈的相对剥夺感。

②在工作特征方面，外出务工时年龄越大者，其收入不公平感显著越低。每天工作时间有显著影响，工作时间越长者，收入不公平感越强，这可能说明他们的付出与收入不对等。签订1年内短期劳动合同者的收入不公平感显著高于未签订者。在职业地位方面，体力劳动者的收入不公平感显著高于上层非体力劳动者，非体力劳动者之间没有显著差异。

③在单位特征方面，仅工资发放方式和行业存在显著差异，其中在工

资发放方式为"拖欠、不固定"单位工作的人员，其收入不公平感显著高于按时发放者；从行业看，建筑业从业者的收入不公平感显著低于制造业者。

根据参照点假设的基本逻辑，随着员工感知组织公平的弱化，其自我利益被侵蚀的心理感知将不断增强，这进一步破坏雇员对组织的情感承诺，并对其工作积极性和劳动关系和谐产生破坏（柯凯钦，2015）。蔡昉也指出，当农业转移人口的薪资要求和公平性诉求既不能通过集体谈判方式，也很难通过个人谈判解决时，就业流动就成了农业转移人口提高工资的主要方式（蔡昉，2001）。

3. 劳动安全、卫生保障不达标

我国《劳动合同法》明确规定，用人单位应当按照规定提供符合国家劳动安全、卫生标准的劳动作业场所，切实保护劳动者在工作中的安全和健康。但很多用人单位无视国家的法律规定，很少提供甚至根本不提供劳动保护设施，使农业转移人口的生命安全和身体健康都受到威胁，许多农业转移人口为了生计不得不忍受恶劣的工作条件，职业病和工伤事故频频发生。存在的问题主要有以下两个。一是农业转移人口劳动安全没有保障，职业病危害严重。一些非公企业使用的生产原料中含有致害化学物质，大大提高了事故伤害和职业病危害的发生率。特别是在农业转移人口就业集中的家装、建筑行业，职业病人数不断攀升。而在几乎全由农业转移人口从业的乡镇企业，超过60%的企业没有配备任何针对职业病的防护措施，农业转移人口的健康没有任何保障。二是农业转移人口的劳动环境和工作条件极为恶劣，缺乏基本的劳动保护。国家统计局对农业转移人口生活质量的专项调查表明，有半数以上的农业转移人口反映工作岗位的安全防护措施有一些，但不够严密。一些私营企业工艺落后、设备陈旧、安全隐患多。多数非公企业为降低成本，根本不为农业转移人口配备劳保用品。

4. 生产政治

布洛维之后，性别、关系、种族、公民身份等，已经被劳动过程论视为资方与劳方之间控制、抗争关系的重要参与要素。在中国，雇佣者对农业转移劳动力的劳动控制同样经常借助他们的主体性特征。李静君对深圳和香港两个工厂的女工的"生产政治"考察时就发现，由于深圳工厂的女工多为未婚年轻打工妹，而香港工厂女工多数为已婚家庭妇女，两地工厂女工群体截然不同的婚姻状况被雇佣方紧紧抓住，分别采用"地方专制主义"和"家庭霸权主义"的策略，不断建构工厂女工的性别意义。生产车间内的权力关系也因此得以呈现，并维持合法化（Lee，1995）。

何明洁关于女性农村转移劳动力姐妹分化的研究同样证明了资方可能通过社会性的角色建构，针对女性劳动者的性别和年龄特征差异采取分而治之的管理策略。她发现，"和记"工厂内，资方将女工根据年龄划分为"大姐"和"小妹"两个群体，在分化女工群体和区别工作的同时，对其分别采取直截了当的专制和制造复杂共识的霸权管理手段（何明洁，2009）。这类研究趋同表明："资方善于发现、把握和利用农村转移劳动力对自身性别、年龄的理解与个体体验，将之用作对他们采取个性化控制手段的经验基础。"（杨柳，2016）

除了性别和年龄之外，农业转移人口自身所携带的各种先赋性关系，也容易被资方利用，成为被控制的重要方式。沈原等在考察建筑工地的权力运作机制时发现，农业转移劳动力多通过亲邻或熟人关系介绍进工作现场。这种亲缘或熟人关系，不仅帮助他们找到工作，而且在劳动过程中，经过生产活动的重塑，能够起到生产忠诚、约束不满、提供秩序的作用。雇佣者就利用这种"关系霸权"，维持对农业转移人口的劳动控制，使工人心甘情愿配合完成布洛维所谓的"赶工游戏"。更有甚者，农业转移人口与雇佣者之间具有乡缘关系，雇佣者可能利用这种熟人网络维持农业转移人口的人身依附关系，进而遮蔽对农业转移人口的劳动控制与剥削（沈原、周潇，2007）。

对农业转移人口的控制与约束有时也会采取强制性的专制手段，显得更加赤裸缺乏"个性化"。有研究指出，目前农业转移人口就业的多数工厂都属于典型的"工厂专制政体"，远未达到"制造甘愿"的阶段。不加掩饰的压迫和剥削是资方治理农业转移人口的主要方式（Burawoy，1985：5）。比如，准军事管理体制下的车间与宿舍管理模式以及层层分包式的劳动控制。准军事的专制控制模式不仅严格约束农业转移人口的工作时间、强度和工资等生产过程，同时也延伸至其生产之外的生活领域。这样导致他们的社会纽带遭到破坏，产生孤独冷漠感（郭于华、沈原、潘毅、卢晖临，2011）。同时，将工人分割、化大为小，以及多层次的控制模式也使得他们无法看清真正的劳资关系，严重削弱了劳动工人的集体力量。

对农业转移人口的冷漠、强制性控制与约束不仅发生在一线工厂车间和劳动现场，在家政服务业这类相对温和的工作环境内也存在类似的强制控制。对家政工人劳动过程的考察发现，为达到满足需求的目的，雇主既会采取温和的情感策略，也会通过时间控制、区隔监视等强制手段控制家政工人的劳动过程，导致其身心分割的结果（苏熠慧，2011）。

（三）制度性制约

1. 体制性约束

现代化生活方式和都市消费观念的养成使新生代农业转移人口更加向往城市生活，城市对他们来说意味着一种全新的、向上的、时尚的生活方式，是可以改变前途和命运的地方，他们没有乡土情结，却有更加执着的"城市梦"，他们满怀理想地来到城市，通过就业实现了角色转变，但是中国长期存在的城乡分割形成的城乡断裂割裂了身份转换和角色转换的同步性。新生代农业转移人口作为农村青年中的杰出者，对城市的工作和生活有一定的期望值，但是城市制度性的排斥使他们只能游离在城市的边缘，无法获得城市户籍，无法在社会保障和社会福利等方面和城市居民享受同等的待遇。

2. 社会保障差异化

社会保险是由国家立法加以规定并强制实施的，是为员工提供基本安全保障的制度。社会保险包括养老保险、医疗保险、失业保险、生育保险与工伤保险。我国农业转移人口社会保障覆盖率长期处于劳动者总体情况的最低水平，2014年，国家统计局对农业转移人口"五险一金"调查发现，除了工伤保险，其余"四险"参加比例不到20%，而住房公积金甚至仅为5.5%。2014年农业转移人口参加失业保险的仅有10.5%，而全国城镇就业人员的失业保险覆盖率是43.4%，是农业转移人口覆盖率的4.1倍（见表6-8）。① 根据《2017年度人力资源和社会保障事业发展统计公报》，

---

① 《2014年农民工监测调查报告》，http://www.stats.gov.cn/tjsj/zxfb/201504/t20150429_797821.html。

年末参加城镇职工基本养老保险的农业转移人口数为6202万人,参加城镇基本医疗保险的农业转移人口数为6225万人,参加失业保险的农业转移人口数仅为4897万人,参加工伤保险的农业转移人口数为7807万人。[①]

从总体看,农业转移人口参加社会保险的比例逐年有所增加,但还是明显低于城镇职工。课题组的调查结果也反映出农业转移人口参保比例偏低的状况(见表6-7)。

表6-7 农业转移人口社会保险购买情况统计（$n=3215$）

单位:%

	医疗保险	大病统筹	新农合	养老保险	工伤保险	生育保险	失业保险
是	60.8	19.6	74.3	44.9	30.6	13.3	17.6
否	31.7	63.4	17.2	46.9	58.7	69.8	70.4
不清楚	7.5	17.0	8.5	8.1	10.7	16.9	11.9

表6-8 2014年农民工参加"五险一金"的比例

单位:%

	工伤保险	医疗保险	养老保险	失业保险	生育保险	住房公积金
合计	26.2	17.6	16.7	10.5	7.8	5.5
其中:外出农民工	29.7	18.2	16.4	9.8	7.1	5.6
本地农民工	21.1	16.8	17.2	11.5	8.7	5.3

资料来源:国家统计局:《2014年全国农民工监测调查报告》,http://www.stats.gov.cn/tjsj/zxfb/201504/t20150429_797821.html。

除了参加社会保险比例偏低,农业转移人口社会保险的水平也低于其他职业群体,这跟农业转移人口工资低、缴费年限短等因素有关。

3. 劳动环境不尽人意

我国《劳动法》第五十二条规定:用人单位必须建立、健全劳动安全卫生制度,严格执行国家劳动安全卫生规程和标准,对劳动者进行劳动安全卫生教育,防止劳动过程中的事故,减少职业危害。工伤发生率、职工生产事故死亡率以及职业病发病率是衡量劳动安全与劳动保护的三个主要

[①] 《2017年度人力资源和社会保障事业发展统计公报》,http://www.mohrss.gov.cn/ghcws/BHCSWgongzuodongtai/201805/W020180521568486691826.pdf。

指标。据 2017 年国民经济和社会发展统计公报,全年各类生产安全事故共死亡 37852 人,工矿商贸企业就业人员 10 万人生产安全事故死亡人数 1.639 人。① 我国职工劳动安全状况尤其是农业转移人口劳动安全状况不容乐观。

表 6-9 显示了被访者反映工作有害健康的情况。从上表可以看出,与工作危险程度的主观判断较为一致,超过 20% 的被访者表示工作有害健康、工作环境恶劣。

表 6-9 对工作危险程度和工作环境恶劣程度的认知

	样本量（人）	完全不符合	比较不符合	一半对一半	比较符合	完全符合	均值
对工作危险程度的认知	2118	27.48	33.57	20.59	12.56	5.81	2.36
对工作环境恶劣程度的认知	2123	24.31	32.74	22.99	13.57	6.41	2.45

对于不同职业地位和企业特征的工作环境差异,表 6-10 显示了回归分析结果。

表 6-10 工作环境认知的 Ologit 模型稳健回归结果

因变量	模型 7 工作危险	模型 8 工作有害健康	模型 9 工作环境恶劣
参加工会（没工会 = 0）			
有没参加	0.236* (0.109)	0.232* (0.108)	0.082 (0.110)
参加	-0.089 (0.136)	-0.156 (0.128)	-0.528*** (0.133)
职业地位（上层非体力 = 0）			
下层非体力	-0.540*** (0.161)	-0.084 (0.161)	-0.552*** (0.165)
上层体力	0.658*** (0.144)	0.871*** (0.141)	0.664*** (0.140)
下层体力	0.402** (0.153)	0.642*** (0.151)	0.549*** (0.151)

---

① 《中华人民共和国 2017 年国民经济和社会发展统计公报》,http://politics.people.com.cn/n1/2018/0301/c1001-29840368.html。

续表

因变量	模型7 工作危险	模型8 工作有害健康	模型9 工作环境恶劣
其他	0.383 + (0.205)	0.500 * (0.202)	0.480 * (0.197)
单位性质（国有=0）			
私营	0.054 (0.160)	0.368 * (0.161)	0.236 (0.155)
外资/合资	-0.157 (0.183)	0.028 (0.181)	-0.243 (0.181)
其他	0.095 (0.215)	0.275 (0.215)	-0.024 (0.209)
单位行业（制造业=0）			
建筑业	1.044 *** (0.121)	0.210 + (0.118)	0.922 *** (0.121)
商业	0.282 * (0.120)	-0.003 (0.114)	0.237 * (0.118)
生活服务业	-0.364 * (0.144)	-0.564 *** (0.146)	-0.317 * (0.150)
其他	0.082 (0.282)	0.057 (0.328)	0.188 (0.320)
单位规模（1~29人=0）			
30~99人	0.314 * (0.122)	0.204 + (0.122)	0.415 *** (0.121)
100~299人	0.400 ** (0.131)	0.500 *** (0.131)	0.556 *** (0.131)
300~999人	-0.036 (0.141)	0.222 (0.142)	0.303 * (0.140)
1000~2999人	0.332 + (0.171)	0.553 ** (0.173)	0.506 ** (0.164)
3000人及以上	0.062 (0.222)	0.363 + (0.216)	0.214 (0.210)
工作地点（乡镇=0）			
县城	-0.274 + (0.148)	-0.400 ** (0.145)	-0.219 (0.153)
地级市	-0.275 + (0.143)	-0.327 * (0.140)	-0.136 (0.142)
省会	-0.370 ** (0.137)	-0.469 *** (0.135)	-0.378 ** (0.138)
地区（东部=0）			
中部	0.021 (0.109)	0.150 (0.107)	0.076 (0.105)
西部	0.196 (0.165)	0.274 + (0.151)	-0.011 (0.159)
截距1	-0.585 * (0.260)	-0.341 (0.266)	-0.537 * (0.256)
截距2	0.981 *** (0.260)	1.114 *** (0.266)	1.055 *** (0.256)
截距3	2.126 *** (0.265)	2.295 *** (0.269)	2.275 *** (0.260)
截距4	3.514 *** (0.278)	3.664 *** (0.282)	3.642 *** (0.273)
N	1995	1999	2000
pseudo R^2	0.042	0.028	0.046

注：+ $p<0.10$，* $p<0.05$，** $p<0.01$，*** $p<0.001$。

根据模型 7 至模型 9 的数据，可以发现以下几点。

（1）从不同职业地位情况看，不同职业地位者在工作环境认知上存在显著差异。首先，上层体力劳动者和下层体力劳动者对自身工作环境状况的认知，在工作危险、有害健康和环境恶劣三个方面，其严重程度均显著高于上层非体力劳动者。其次，下层非体力劳动者在工作危险和环境恶劣两个方面的认知严重性则显著低于上层非体力者，说明非体力劳动者的工作环境更稳定安全些，而体力劳动者存在涉险的可能性。

（2）从单位性质看，私营企业劳动者对工作有害健康的严重性反映显著高于在国有企业工作的人。

（3）从单位行业看，行业间差异特别明显。建筑业从业者对工作危险和工作环境恶劣反映的严重程度要显著高于制造业从业者；其次是商业从业者，他们也认为自己工作危险和环境恶劣的程度显著高于制造业从业者；生活服务业从业人员在工作危险、有害健康和环境恶劣三个方面的严重性认知均显著低于制造业从业者。由此可见，建筑业从业者的整体工作环境可能是最差的。

（4）从单位规模看，单位规模越大工作环境差的可能性越大。从地区类别看，县城和地级市企业与乡镇企业在工作危险和工作环境恶劣上不存在显著差异，而省会城市企业则显著要好得多；而工作有害健康方面，乡镇企业的情况显著严重。

总的来看，不同工作状况和企业特征劳动者之间在对工作环境的认知上存在显著差异，这表明在维护劳动者工作环境权益上应该依据单位特征进行有针对性的执法监管。

三 权益保障、劳动管理与多元参与机制

从劳动关系视角看，促进农业转移人口市民化，要以推动劳动法制与劳动关系制度化为核心，促进政府转变职能、发挥好政府的主导作用，通过协调企业和农业转移人口在内的多元主体发挥协同功能。

（一）制度化建设

在劳动立法理念上，应从侧重保护农业转移人口的"经济性权利"，

到以农业转移人口的"发展权""集体权利"为重心调整转变理念。在具体立法上,在企业内外为农业转移人口提供"劳动争议优先解决途径"。同时,在录用、培训、晋升、辞退辞职、薪酬管理等具体环节中,设计农业转移人口的"反歧视"规则(翁玉玲,2018)。

由于我国农业转移人口劳动关系及其他非正规劳动关系在立法上尚且缺乏严格的法律规制和调整,再加上非正规用工的灵活性、开放性特征,很难为非正规就业设定严密的就业保护、解雇保护、社会保障框架。在工人集体行动的案例中,农业转移人口常将"以势维权"作为经济利益获取的"捷径"和行动,因而急需建立农业转移人口诉求表达的渠道。然而,行政化的诉求表达和协商机制,致使农业转移人口非正规劳动关系因缺乏合法制度性引导而矛盾加剧,工会的行政化也导致弱势工人的疏远(翁玉玲,2018)。

(二) 政府职能转变

如果要进一步改变地方政府重资本轻劳工的导向与行为,使政府成为行使公共职能、维护法律秩序与社会公平的政府,使政府成为劳资平等权利保护者的政府,就必须改变目前地方政府的职能与考核要求。如果把行使公共职能、维护法律与社会公平作为对地方政府的最重要的考核,把对农业转移人口的服务管理和市民化作为对地方政府重要的职能与考核指标,那么目前地方政府对劳动管理的导向与行为就会改变,就不会重资本而轻劳工权益。同时,还要强化人力资源与社会保障部门的职能,提升人力资源与社会保障部门的地位,增强其劳动服务管理的力量,促进劳动关系的制度化。因为劳动关系的制度化是调节劳动关系、化解劳动关系双方矛盾、构建均衡的劳动关系的关键所在。

1. 强化政府对企业的政策引领

劳动关系是影响农业转移人口落户城市意愿的重要因素,促进农业转移人口城市化,不仅需要政府部门制定政策,还应发挥企业的作用。政府应加强对企业构建和谐劳动关系的引导、监督,完善企业内部与政府层面劳动关系协调机制建设,推动企业规范劳动关系管理与民主管理制度,维护劳动者权益。在建立完善和谐劳动关系评价体系的过程中,应充分考虑劳动者对劳动关系的满意度（韩清池、谌新民，2016）。

在企业社会责任考察中将非正规用工的弱势群体保护要求明确化、具体化，强调劳动权益保障的指数要求。通过地方政府及社会组织等社会广泛力量，监督劳动关系管理层面的社会责任履行，尤其是在中小规模的私营企业中，农业转移人口非正规就业普遍，劳动卫生安全、工作环境、工作待遇方面的企业社会责任监督应加强（翁玉玲，2018）。

2. 加强劳动保障监察

劳动保障监察是国家劳动保障行政部门的一项重要职能。2004年国务院颁布的《劳动保障监察条例》规定，劳动保障行政部门实施劳动保障监察，履行下列职责：宣传劳动保障法律、法规和规章，督促用人单位贯彻执行；检查用人单位遵守劳动保障法律、法规和规章的情况；受理对违反劳动保障法律、法规或者规章的行为的举报、投诉；依法纠正和查处违反劳动保障法律、法规或者规章的行为。从我们调查的宜昌市劳动保障监察局的情况看，它的主要职责有四项：一是用人单位劳动保障年审；二是劳动保障专项检查，一般每年三到四项专项检查；三是劳动保障常规巡视检查，一般每年巡视检查不少于五十家用人单位；四是投诉举报处理及参加综合执法。

在劳动保障监察的实践中，劳动保障监察部门探索建立了一系列制度与办法，包括企业劳动保障守法诚信等级评价管理办法、劳动用工项目管理制度、工资支付保障金制度、欠薪应急资金制度、重大劳动保障违法行为社会公布办法、建立统一的举报平台和劳动监察应急指挥中心以及劳动保障的"两网化"管理[①]。

从我们的调查情况看，劳动保障监察能够回应和处理农业转移人口的举报与投诉，特别在欠薪追讨、工资赔付、社会保险权益等方面一定程度

[①] "两网化"管理是人力资源社会保障部从2011年开始在全国推行的一项制度，具体来说就是劳动保障实现网格化与网络化管理。基层工作网格以乡镇（街道）为基础，将城乡用人单位全面纳入网格监管范围。一个网格由1名劳动保障监察员负责，一般配备2名以上劳动保障监察协管员。监察网格职责包括宣传政策法规、采集用人单位信息、调处简单劳动纠纷、上报举报投诉材料、发现和上报违法案件和群体性事件等职责。同时，在市级以上的地方建立集中式的监测管理信息系统，使监察管理网络延伸到乡镇街道，实时动态掌握劳动保障信息。

上实现了对农业转移人口权益的保护。同时,通过对用人单位的监管与引导,促进了用人单位守法诚信,在一定程度上协调了劳动关系。我们发现,劳动保障监察能够发挥作用,跟我国政府具有较强的行政主导力量分不开。无论是农业转移人口还是用人单位,都愿意服从政府的权威以及配合政府的管理和调解,这一状况自然有利于劳动保障的监察,也可以解释为什么很多劳动保障方面的投诉和纠纷到最后都要依靠政府的权威和力量才能加以解决。不过,依赖政府的介入是双刃剑。政府自上而下的行政推动、多部门联动能够快速地解决一些具体问题,但是难以治本。同时,政府行政执法为了解决实际问题或摆平事情,很多时候不能做到依照法律法规执行,而是变通处理或打折扣,这一方面损害了法律法规的权威,另一方面也不能很好地保护农业转移人口的权益。

3. 加强调解仲裁

在我国,有企业劳动争议调解组织,也有基层人民调解组织或具有调解功能的组织。劳动争议仲裁委员会则由地方政府建立,它由劳动行政部门、工会代表及企业或用人单位代表构成。劳动争议调解和劳动争议仲裁是解决劳动争议、维护当事人权益、促进农业转移人口市民化的重要制度。广州市的做法是:在调节组织方面建立市、县(区)、街道乡镇、村(社区)四级网络,并督促企业建立企业劳动争议调解委员会或设立调解员;在争议调解仲裁策略方面,把调解作为解决个体劳动争议及小的劳动争议的主要方式,减少劳动仲裁的压力。从我们了解的情况看,四级网络还是发挥了作用。广州市一个村或社区就有不少企业(包括私营企业)。特别是私营企业,普遍规模较小,企业内部调解组织要么没有,要么不起什么作用,企业发生了劳动争议,就要依靠就近的村(社区)调解组织。村(社区)调解组织对于简单的以及小的劳动争议,自己能处理的就不上交给街道乡镇调解组织。村(社区)调解组织对所在村(社区)的私营企业比较了解,在调解方面有自己的优势。因此,四级网络的触角能够深入末端即社区与企业,在很多时候能把劳动争议化解在基层,化解在萌芽状态。不过,我们观察到,基层这样的调解往往采取实用主义的取向,以化解争议、平息纠纷为目标,对是否完全符合法律法规、是否积极去纠正企业类似违法违规的做法并不坚持,因而从长远看,这种就事论事的调解方法对促进私营企业劳动关系的规范化与制度化、从根源上减少劳动争议帮助不大。深圳市的做法是：各级仲裁机构实行"预防为主、基层为主、调解为主"的方针，推动案外调解，将劳动调解贯穿于劳动争议处理的全过程。

总之，在劳动争议调解仲裁的实践中，仍然存在不少对农业转移人口要求劳动争议调解仲裁进行推诿、拖延的现象。劳动争议调解仲裁执行难也使胜诉的农业转移人口难以得到赔偿或补偿。这种现象的存在促使农业转移人口降低了对调解仲裁制度的信任，转而采取集体上访、缠访、堵塞交通等过激方式维权。同时，劳动争议调解仲裁的专业化力量尚较为薄弱，仍然不太适应维护农业转移人口合法权益的需要。

4. 加强劳动关系协调

劳动关系协调能否服务于农业转移人口，政府主导与政府推动是非常重要的因素。实际上，政府越来越重视农业转移人口劳动关系的协调，出台了专门性的政策与措施。如深圳市建立了农业转移人口工作领导小组，出台了关于农业转移人口工作的专门性文件，制定了《深圳市集体合同》《深圳市行业集体合同》《深圳市区域性集体合同》《深圳市劳务派遣劳动合同》等，推动行业性与区域性集体协商以及订立行业性、区域性集体合同，这对农业转移人口劳动关系协调有帮助。因为农业转移人口大多在中小型私营企业工作，这些企业规模小，企业结构与管理非正式化程度高，企业工会不健全，没有能力与精力在企业内部开展集体协商。但是，这些企业因为合同等事由产生的劳动争议与纠纷比较多，而政府等机构又没有办法去一一处理这些纠纷。在这种情况下，开展行业性与区域性集体协商，订立具有法律效力的集体合同，对这些中小型私营企业进行规范与约束，对规范农业转移人口劳动关系、维护农业转移人口权益起到了一定的作用。

目前，实行集体协商与集体合同的比例不低，但大多流于形式，难以发挥它的功能。首先，很多集体协商的主体缺位，谈判环节缺失，协商与谈判流于形式，导致由此产生的集体合同等缺乏针对性和可操作性，也缺乏约束力。形式上，集体协商主体有了，但实际上，劳资主体组织化程度低，组织化水平不足以开展真正的集体协商。其次，专门规范集体协商的法律法规至今未出台，粗略、零散的规定对规范集体协商是远远不够的。在实践中，对于雇主不执行集体合同，或采取措施规避不利于自己的规定，目前缺乏制约手段。企业层面的集体协商更加缺乏制约。正如有人指出的，为应对集体合同谈判，雇主采取不承诺和控制谈判使集体合同徒有形式的策略来实现其对集体合同签订的影响（常凯，2002）。吴清军的研究也发现，地方政府运用各种策略和途径，完成国家交给的关于集体协商的指标任务。而这种只重视结果不重视过程的管理模式，往往会出现集体协商形式化的现象，使得集体协商并非劳资博弈的手段，而成为一场以指标为导向的体制内部考核与评估（吴清军，2012）。因此，尽管政府的政策措施及行政驱动对农业转移人口劳动关系的协调及劳动权益的保护有一定的作用，但只是具有暂时性的作用，尚不能从根本上解决问题。

劳企商谈会是一种基本符合上述要求的劳动关系治理机制。它最早出现于深圳市宝安区的瑞德电子有限公司，目前已经在数百家企业实施。劳企商谈会即劳动关系双方共同参加、根据特定程序举行的"会议"，会议上双方面对面表达和沟通、商谈和协调。其具体形式主要有四种。①职工座谈会。一般每月1次或几次，企业方总经理等高级管理人员参加，职工方各部门代表参加或自愿参加。职工在会上提出意见，管理方或当即接受，或待研究后反馈，或做出目前不能解决的解释。会议纪要在布告栏内张贴，落实责任人，跟踪到最终解决。②政策听证会。公司内涉及职工利益的政策草案、规章草案，都在职工会议上公布、说明，职工发表意见，会后修改甚至当即修改。③信息发布会。公司方发布与职工相关的信息，如经营计划、赢利状况、人事任免等，职工进行询问、发表意见。④工会与管理方联席会。其基本流程是：工段的工会小组长在本工段职工中收集意见，汇报到车间分工会；车间分工会主席参加公司工会会议，汇报职工意见；公司工会与公司副总经理等定期举行联席会议（一般每月1次），讨论职工的意见，提出解决方案，然后逐级向职工传达。

劳企商谈会在一定程度上填补了企业体制的缺项，建立起对于企业方的平衡、归正机制。它并非通过罢工、上访等压力施加影响，而是立足于中华民族的和合文化，以富于文化合理性的陈情、说理、商量产生穿透力，以公理、公议、公论产生影响力，以设身处地、通情达理实现互谅互让。通过这样的商谈，职工的意见、诉求得到较充分的表达，企业方的权力和利益进行开放，职工的权利和利益被包容在内；双方协调、互适，寻求超越和升华，建构起企业内部新的"商谈式"平衡（石秀印，2013）。因而，这是建设性、和平性、柔性的劳动关系治理机制。

（三）改善企业的微观环境

除了已有宏观层面的社会与经济制度优化外，还为农业转移人口在城市定居提供微观基础。企业是新生代农业转移人口实现"农民—市民"临时身份转变的载体，若想让其进一步融入城市，真正实现"市民化"，必然更加依赖企业平台。用工企业必须关注新生代农业转移人口的需求，强化他们与用工企业之间的心理契约强度。

目前，劳资冲突频繁，除"资强劳弱"格局所致的利益分配失衡之外，与近年来劳动者的"增长性"诉求也有密切关联（蔡禾，2010）。其中，以新生代为主体的劳工阶层，诉求明确转向"分享经济增长的成果和争取有尊严的体面劳动"（汝信等，2010：259）；在行动逻辑上趋向采取"以势维权"的集体行动（李琪，2013）——通过现代通信技术进行有效动员和组织，在短时间内形成聚合之"势"与资方进行博弈，以期实现在现行的劳动争议处理程序中难以实现的诉求。置诸当下中国语境，其内涵则如社会学家拉尔夫·达仁道夫所言，是"一种应得权利和供给政治和经济、公民权利和经济增长的对抗"（达仁道夫，2000：3）。随着时间的推移，新生代农业转移人口群体内部又出现微妙的代际分层——已成长起来的"90后"正逐步成为社会的用工主体，在劳动关系问题上，他们的诉求更以体面劳动为指向。

首先，淡化新生代农业转移人口的户籍身份，增强年轻一代农业转移人口的组织认同，让他们感受到自己是企业的一员，企业的发展与他们的工作密不可分。新生代农业转移人口是网络化的一代，绝大多数有上网的习惯，接受新鲜事物比老一代更多、更快，因此，为他们构建网络社区有利于他们更快地融入这个城市，增强对企业的认同。目前一些企业专门在工厂附近建网吧等娱乐设施，并且开展职工联谊活动、乡亲活动，都有利于新生代农业转移人口融入企业、扎根城市。

其次，企业在制定薪酬政策时应尽可能消除农业转移人口与城镇职工同工不同酬的定薪方式，避免由户籍差异导致的福利待遇上的差别。在晋升和培训政策上，应该充分考虑新生代农业转移人口的职业发展路径，开展技能升级性培训，并且公开晋升制度，让员工看到其在企业的发展前景。组织内部构建公正的分配环境，制定公平合理的分配程序，以员工的绩效考核为基础，使分配结果合理地反映员工的工作投入和工作绩效。企业加强公平文化氛围的培育，设立农业转移人口发表意见、共享信息的渠道，让员工了解企业信息的同时，有机会表达自己的观点和诉求。管理层对待新生代农业转移人口在态度上要充分尊重他们，出现生产问题时能够倾听他们的申诉，充分了解事情的缘由，真正做到人际公平。

最后，企业应当给予新生代农业转移人口基本的信任与尊重。通过绩效反馈构建新生代农业转移人口的组织认同，认同组织的经营和管理方法，在此基础上帮助农业转移人口进行自我目标设定和自我监控，帮助进城农业转移人口融入社会和组织。企业根据农业转移人口自我设定的目标提供相应的培训，发展其相应的职业技能，并同时提供晋升渠道。由于培训缺乏，一方面企业缺乏中高级技能型人才，另一方面大量农业转移人口没有掌握市场亟须的专业技能，出现"民工荒"与"农业转移人口失业"并存的荒谬现象。因此，企业应该完善梯度培训体系和职业生涯规划，将企业发展同农业转移人口的个人职业生涯拓展联系起来，这样才能让新生代农业转移人口具有归属感，构建和谐劳动关系（淦未宇、刘伟，2012）。

（四）推动多元参与机制的建立

劳动关系治理机制由以利益为中心、政府主导型向以权利为中心、个人自治、组织自治和政府强制相结合转型，其实质就是劳动关系治理由外部行政干预向内生自土治理转型，实现劳动关系利益博弈整合治理现代化（柯凯钛，2015），建立劳动者、工会组织、企业、政府之间多元参与、平等协商，相互运作、互相制约的关系。

要加强农业转移人口自身建设。人力资本理论指出，人力资本越高，越有可能在劳动力市场上得到较好的职位，获得较好的工作环境和较高的工资水平，因此提高人力资本是提高工资、改善劳工待遇、维护劳工权益的重要路径。不言而喻，在保护劳工权益方面，政府的责任是提供培训和教育，即通过赋能提高劳动力的人力资本来间接干预劳动力市场。

有学者提出改善农业转移人口现状的"权-能"模型，揭示出劳工政策应该从侧重个体赋权转向集体赋权与个体赋能，将保护目标从保障生存调整为保障发展。集体赋权为农业转移人口权利保护提供制度空间，而个体赋能作为承接集体赋权的微观条件，二者相互补充，缺一不可，只有同步开展，才能够实现劳资关系的平衡发展，让广大农业转移人口享受经济增长带来的成果（孙中伟，2013）。因此，加强农业转移人口自身可行能力建设，通过赋能实现发展权非常重要。

要建构政府与社会、市场的新型关系，政府要转变职能简政放权，包括向市场放权、向社会放权、向基层放权以及给公民放权（柯凯钦，2015）。制度化的劳资关系的形成离不开三方协商机制和集体协商制度，离不开政府从外部的介入及集体性劳资关系制度的形成。目前，我国实行三方协商机制与集体协商制度尚不普遍、不成熟，且有赖政府自上而下的推动。有人认为，现阶段的三方协商机制是一种"来自国家权力体系内部的政府机构与准政府机构之间的功能协调机制，而非利益斗争和利益博弈的平台，它们的终极目的是通过劳动关系的协调来维持政治稳定和社会稳定，防止独立的、替代的社会利益组织的发育"（乔健，2010）。这样的看法反映了劳资双方主体组织化程度低，在三方协商机制中弱化，从而使三方协商机制很大程度上变成了政府主导和协调的事实。但是，我们认为，在目前的三方协商机制中，尤其是在低层级的三方协商机制中，并非完全没有利益博弈与斗争。

第七章　户籍制度与农业转移人口市民化

自党的十八届三中全会召开以来，尤其是2014年7月《国务院关于进一步推进户籍制度改革的意见》出台后，户籍制度改革成为党和政府的一项重要工作，学术界也随之掀起一股探讨户籍制度改革的热潮，如何切实有效地推动户籍制度改革成为理论研究的热点。

学术界主流的观点认为，首先要从户口登记展开改革，实现一元式的人口登记制度，变暂住证为居住证制度（Solinger，1985：98－103），要"以常住地登记户口；取消'户口特权'；加速实现迁移自由、居住自由；从以户为中心的静态管理向以人为中心的动态管理过渡"（曹景椿，2001），要"取消户籍制度，实现人口自由流动迁徙并打破城乡二元分割体制"，"应该通过配套改革逐步剥离附加在户籍制度上的教育、医疗、住房、社会保障等诸多公共服务和待遇的福利功能，还原户籍的民事登记与人口统计功能"，实现绝大多数福利的非户籍性获取（王春光，2006；党国英，2006；王美艳、蔡昉，2008；王太元，2009）。也有学者认为，户籍制度改革在总体上应是渐进式的，应先淡化城市偏向，使户籍与社会福利逐步脱钩，通过先改内容后改形式的方式缓和利益冲突，逐步过渡到城乡一元的户籍管理制度（辜胜阻、成德宁，1998）。"只有大力发展经济，消除城乡差别，逐步剥离附加在户籍上的各种社会功能，这决定了中国户籍制度改革的渐进性。"（姚秀兰，2004）

户籍制度改革的目标不仅仅是实现人口的自由迁移、民事登记、身份识别或是剥离户籍的权益配置并还原户籍管理的基本功能那样简单，更为重要的还需要实现农业转移人口的国民待遇，并以此为基础重组户籍背后的权益（张国胜、陈瑛，2015）。此外，还有学者认为应实行建设用地指标与城镇户籍人口全面挂钩的联动改革方式，让跨省进城务工的农村人口将其拥有的建设用地指标带到其就业所在地，并换取当地城镇户籍，从而获得其对应的城市福利（华生，2013；陆铭，2010a）。

总之，无论是基于理论界的异质性探讨而言，还是基于国内各区域的多样性实践而言，我国户籍制度改革的现有进展仍然远远滞后于社会公众的期望、滞后于社会经济发展的需要，整体上仍然处于举步维艰的境地。

一 户籍制度改革的政策评估

（一）农业转移人口对户籍制度改革的诉求

在城乡户籍分割的制度环境下，落户城市成为许多进城农业转移人口获得城市居住权及相关公共服务的关键。我们从户籍取消诉求、解决本地户口诉求及相关的小孩入托/上学和医疗救助诉求等方面进行论述。

从前文可知，总的来看农业转移人口对取消户籍并不是很迫切，其中仅不到40%的人认为需要赶快取消户籍制度。有约45%的人迫切希望解决本地户口。但对解决小孩入托/上学的诉求较大。在解决小孩入托/上学诉求方面，有迫切需求的比例约为60%，而迫切希望医疗救助的人口比例则占到73%。结合取消户籍和解决本地户口诉求可以看出，人们更为迫切需要解决基本公共服务问题，反过来取消户籍和解决户口本身就是为了解决这些公共服务的获得问题。需要注意的是，解决小孩入托/上学诉求，在不同工作地存在显著差异，数据显示工作地行政等级越高，反而迫切性越低，这可能与小孩是否带在身边有关，即行政等级越高，小孩带在身边的比例可能越小，于是对当地解决教育问题的诉求就不强烈。

（二）新一轮户籍制度改革的政策评估

新一轮户籍制度改革始于2014年。该年3月，中共中央发布《国家新型城镇化规划（2014—2020年）》，提出到2020年努力实现1亿名左右农业转移人口和其他常住人口在城镇落户。2014年7月国务院发布《国务院关于进一步推进户籍制度改革的意见》，明确指出"要建立城乡统一的户口登记制度，全面实施居住证制度，稳步推进义务教育、就业服务、基本养老、基本医疗卫生、住房保障等城镇基本公共服务覆盖全部常住人口",现阶段,在尊重农民意愿前提下,不得以退出土地承包经营权、宅基地使用权、集体收益分配权作为农民进城落户的条件。这标志着进一步推进户籍制度改革进入全面实施阶段。表7-1展示了各省区市至2020年的户籍制度改革政策目标。

表7-1 各省区市户籍制度改革政策目标比较(至2020年)

单位:万人,%

省份	转移农业人口数	常住城镇化率	户籍城镇化率	设定落户限制的大城市
北京				控制总人口2300万人以内
上海				控制总人口2500万人以内
天津		90		总人口1800万人
重庆		65	50	主城区
四川		54	38	成都
贵州	300	50	43	贵阳部分市辖区
云南		50	38	昆明市城区
陕西	1000	62	52	西安市辖区
甘肃	350	50	38	
青海	40		50	西宁
新疆		58	45	乌鲁木齐、克拉玛依
内蒙古	400	65	53	呼和浩特、包头
广西	600	54	34.5	南宁、柳州、桂林、玉林
辽宁	500	72		沈阳、大连、鞍山、抚顺、本溪
吉林	200	60	54	长春、吉林
黑龙江		63	55	哈尔滨、大庆、齐齐哈尔
山西	350	60	43	太原、大同部分地区
安徽		56	35	合肥等
江西	600	60		南昌及其他设区市中心城区
河南	1100	56	40	郑州市等
湖北	500	61		武汉
湖南	850	58	35	长沙、株洲、湘潭等
河北	1000	60	45	

续表

省份	转移农业人口数	常住城镇化率	户籍城镇化率	设定落户限制的大城市
江苏		72	67	南京等
福建		67	48	福州、平潭综合实验区和厦门
山东	120万人/年	63	56.5	济南、青岛积分落户
广东	1300	73	50	广州、深圳、珠海、佛山、东莞、中山

2014年12月，国务院法制办正式公布了《居住证管理办法（征求意见稿）》。该意见稿规定，公民离开户籍地到其他城市居住半年以上，符合有稳定就业、稳定住所、连续就读条件之一的，可以申领居住证；居住证持有人可与当地户籍人口享受同等的免费义务教育、平等劳动就业等基本公共服务，并可逐步享受同等的就业扶持、住房保障、养老服务、社会福利、随迁子女在当地参加中考和高考的资格等权利。居住证是为非户籍常住人口提供公共服务的重要工具，随居住年限增加，其可获得的公共服务将愈加接近户籍人口，并最终有望获得当地户籍，体现了"分期赋权"的思路（张林山，2015）。

从理论层面看，改革目标回应了农业转移人口的利益诉求，为农业转移人口平等享受基本公共服务打下了基础（实行居住证持有人享受基本公共服务）、制定了路线图（什么情况下"享有"、什么情况下"逐步享有"）、提供了保障（现阶段不得以退出土地承包经营权、宅基地使用权、集体收益分配权作为进城落户的条件）。但就操作层面而言，该意见则基于不同的城市规模给出了不同的落户门槛——全面放开建制镇和小城市落户限制、有序放开中等城市落户限制、合理确定大城市落户条件、严格控制特大城市人口规模，仍然将户籍制度作为调控城市规模的重要手段。

截止到2016年4月底，除北京市、西藏自治区之外，我国共有29个省（自治区、直辖市）出台了《关于进一步推进户籍制度改革的实施意见》。从整体来看，这些实施意见是对《国务院关于进一步推进户籍制度改革的意见》结合各地实际进行的细化。改革目标都不同程度地呼应了国务院的要求——稳步推进城镇基本公共服务常住人口全覆盖、加快构造城乡统一的户口登记制度等利益协调，但政策文件的重点仍然集中在城市的落户条件等方面，并给出了不同的落实限制条件和操作办法。

第一，户籍利益的协调与重组仍然带有鲜明的"选择性"而非"普惠性"特征，基本公共服务常住人口全覆盖以农业转移人口满足城市落户条件为前提，这一点在东部地区，尤其是东部地区的特大城市表现得尤为突出。

第二，许多地区户籍制度改革都特别强调"专业人才与投资人员"等价值导向，即使是"严格控制人口规模"的（特）大城市，其户籍制度改革也向优秀人才、投资人员重点倾斜，例如上海市就明确提出"以能力和贡献为导向，进一步完善人才落户政策，优化特殊人才引进通道"。

第三，（特）大城市的户籍制度改革基本上是围绕"严格控制人口规模"而展开，并带有"条件管理＋指标管理"的特征，这些城市的户籍制度改革并未呈现逐步松动的发展趋势。

第四，东部地区城市落户的"门槛条件"明显高于中西部地区城市落户的"门槛条件"，东部地区的大部分省（自治区、直辖市）的中小城市都强调有条件落户，严格程度基本等同于西部地区省会城市的落户条件。如浙江规定"积分落户，投资与人才优先"，广东和江苏规定"合法稳定就业＋合法住所，社会保障小于3年"，与广西南宁的落户条件基本类似。中西部地区户籍制度改革比较快，有些省（自治区、直辖市）甚至放开大城市的户口，如四川省、贵州省就规定"城区人口100万人以上的城市"，只要拥有合法稳定住所（含租赁）就可落户，表明西部地区大城市的落户条件出现了明显松动的发展趋势。

现有政策文件并没有在"逐步取消城市累积的排他性不当利益"等方面取得实质性突破，以排他性不当利益最为突出的北京、上海、广州、深圳等特大城市为例，其户籍制度改革更多是在强调享受地区户籍利益的选择性条件，并没有在取消排他性不当利益方面取得任何进展，这种利益协调方式确实可以最大限度降低户籍制度改革的阻力（不影响城市现有户籍人口的既得利益），但显然无法全面满足农业转移人口的利益诉求。另外，各个省（自治区、直辖市）的改革具有西部地区的户籍制度改革明显快于东部地区的户籍制度改革、中小城镇的户籍制度改革明显快于（特）大城市的户籍制度改革等特征，现有改革措施"没有全面撬动东部地区与（特）大城市的户籍利益调整，尤其是排他性不当利益的逐步取消"（张国胜、陈明明，2016）。

二 户籍制度改革的核心问题

当前，各地户籍政策调整只是做出改革的姿态，实质性进展不大。因此，急需进一步明确改革方向、破解核心难题。

（一）户籍制度改革的动力问题

当前，户籍管理的权利主要集中在地方政府，而地方政府不具备很强的改革动力。这是亟待解决的问题。具体地说，在户籍制度改革中，中央政府的利益诉求可以归纳为优化配置城乡劳动力资源、保障农业转移人口的权益、促进社会的和谐与稳定等。地方政府的利益诉求尽管会贯彻中央政府的意志，但在财政分权、属地管理背景下，流入地政府更多地要考虑发展当地经济、强化竞争优势并维持社会稳定等地方利益。向农业转移人口提供公共服务，或者允许大量农业转移人口落户当地，会损害农业转移人口所在企业的利润最大化，甚至有可能影响城镇户籍人口的社会福利与既得利益，不符合地方政府的自身利益。就农业转移人口所在企业而言，由于农业转移人口均等化享受城镇的公共服务与基本权益意味着用工成本的上升，户籍制度改革中其利益需求在更大程度上仍然表现为尽可能维持现状并最小化用工成本，这与流入地政府的利益需求相互兼容，但与中央政府、农业转移人口的利益需求存在相互冲突。"从整体上看，户籍制度改革过程中各个经济主体之间的行为博弈具有典型的、非合作博弈特征。"（张国胜、陈瑛，2014）

因此，我国推进新一轮户籍制度改革仍然需要强化中央政府在不同利益需求者之间"意见一致"的建设作用，围绕"突出中央政府的全面主导、推进户籍利益的协调与重组、构造户籍改革的成本分摊机制、推动（特）大城市成为户籍改革的重点对象、构造户籍改革的强制性约束激励机制"等顶层设计，全面深化改革（张国胜、陈明明，2016）。

（二）"大中小城市"发展模式问题

长期以来，在户籍改革的顶层设计和地方实践中，小城市（镇）都是

第七章　户籍制度与农业转移人口市民化

改革的桥头堡，而大城市尤其是特大城市则成为改革的深水区。但是，近年来的实践证明，"以小城镇为中心"的户籍改革模式的意义非常有限。因为小城镇能够提供的公共服务和就业机会均非常有限，这就导致大部分农村人口宁愿前往发达地区打工，也不愿选择本地小城镇落户（陶然等，2011）。"把劳动力留在小城镇，不仅限制了劳动力本已受限的流动，也无法真正拉动内需"（黄亚生、李华芳，2013：109）。

户籍改革应从大城市尤其是被实务界视为"禁区"的特大城市切入，因为"更多样化的产品需求与供给、更好的公共品提供以及更高的城市治理水平都将在大城市的发展中得到体现"（陈钊、陆铭，2009：29）。有研究者指出，当前户籍改革模式隐含着"小城市（镇）才是未来的城市化方向"的判断，但这种判断"既没有意识到'城市病'并非大城市的必然现象，也没有意识到小城市（镇）的发展必须以大城市的存在及其集聚效应的充分发挥为前提"（陈钊、陆铭、许政，2009）。中国大城市常见的拥挤和公共服务不足等"城市病"，并非出自人口持续迁移引发的公共服务需求暴涨，而是来源于政府的公共服务供给相对不足。如果限制人口向大城市集聚，不仅不利于经济增长，而且可能会强化城市的"新二元结构"（陆铭，2010b）。同时，何种城市规模是最优的，应通过比较城市扩张所带来的规模经济效应和拥挤效应予以科学衡量，而不应盲目采取限制城市人口规模的措施（陆铭、高宏、佐藤宏，2012）。有学者据此呼吁，城市化的当务之急是放开户籍对人口向大城市迁移的限制，回归大城市（黄亚生、李华芳，2013：81）。

户籍改革的"大城市模式"强调通过劳动力的自由迁徙以实现规模经济，然而，学界亦有异见，认为仅仅依靠自由迁徙无助于化解当前户籍改革面临的维稳、利益平衡以及财政危机等困境，尤其是无法将普通劳动者包容进城市化进程，一个稳妥且有效的选择是"就业地落户"模式。所谓"就业地落户"，是指"将是否在当地有（合法稳定）就业作为公民户籍迁移准入的唯一标准"（楚德江，2013）。该模式的支持者认为，它不仅能够降低户籍迁移的门槛，且有利于保护迁移者的合法权益并鼓励他们为工作地的城市发展做出贡献（牟少华、张伟，2013）。因此，我们主张大中小城市协调推进，尤其不能忽视中等城市在户籍改革中连接大小城市的纽带功能。

(三) 城市间福利差异问题

我国的城市规模与行政级别高度相关,行政级别越高的城市往往人口规模越大,更为重要的是,在一个严格依照直辖市、省会和计划单列城市、地级市和县级市的行政层级运作的城市体系下,行政级别较高的大城市监督指导行政级别较低的城市,大城市享有更大的决策自主权和更多的社会资源,更容易得到交通方面的便利和政策方面的照顾,从而获得更多的发展空间,这种体制造成了我国不同行政级别城市各项发展指标的巨大差异。户籍制度作为我国城镇化进程中最重要的一项制度安排,调节着人口资源在城乡之间和城市之间的流动分布。从当前人口流动的态势来看,农村转移劳动力主要流向的是大城市和特大城市。有学者认为:"宁愿迁移到大城市做非户籍居民也不愿意迁移到小城市做户籍居民,这种选择虽然是基于自由迁移条件下获取最大福利水平的个人理性。"(邹一南,2015)在当前我国的城市中,存在两种类型的福利:一是户籍福利,包括就业保障、子女教育、医疗、住房、社保等一系列带有一定竞争性的公共品,这些福利的获取是基于户籍身份,也就是说,这些户籍福利需要城市居民通过获得城市本地户口才能够享有,是城市内部福利分配歧视的主要形式;二是非户籍福利,包括城市基础设施、非正式的就业机会、秩序、信息、环境和文化氛围等一系列非竞争性的公共品,这些福利的获取是基于居民所在的城市,也就是说,这些非户籍福利只需要劳动者来到这座城市就能够享有,不同城市居民之间非户籍福利的差异取决于城市之间经济社会发展水平的差异。一般说来,大城市普遍具有较高的经济社会发展水平,基础设施、社会秩序、文化氛围、就业机会和信息服务等纯公共品供给较为充分,因而城市的非户籍福利水平较高;小城市的经济社会发展水平较低,城市的非户籍福利水平也较低。当大城市和小城市发展水平差距足够大时,将会出现大城市的非户籍福利量也要高于小城市的户籍福利量和非户籍福利量总和的情况(邹一南,2015)。

对于农业转移人口来说,即使迁移到大城市做非户籍居民所享受到的福利水平也将高于迁移到小城市做户籍居民所能享受的福利水平。因此,尽管大城市的户籍门槛很高，户籍福利对外来人口来说遥不可及，农业转移人口仍然趋之若鹜；尽管小城市早已全面放开外来人口落户，但小城市的户口依然无人问津。

在城市之间发展水平存在巨大差距的情况下，人口的自由迁移实际上会导致农业转移人口向大城市过度集中的无序迁移，而在存在大量外来非户籍居民的情况下，大城市内部单一的消除户籍与非户籍居民福利分配差异或福利分配非歧视化的改革政策将会失效。

首先，大城市的福利分配非歧视化政策实际上是提高了非户籍居民的福利水平，这在客观上会导致大城市非户籍福利与小城市户籍福利和非户籍福利的总水平差距进一步拉大，使更多的外来人口向大城市非户籍迁移，给福利分配非歧视化政策增加难度。其次，由于户籍福利具有竞争性，给予大量外来人口户籍福利将会影响城市原住户籍居民的福利水平，从而引发原住户籍居民的反抗（邹一南，2015）。

因此，有效的户籍制度改革途径，应该率先缩小不同城市发展水平的差距，通过一系列分散化的政策措施，引导投资、人口、社会资源向中小城市流动，促进形成均衡的城市发展格局，缩小城市之间居民非户籍福利差异，改变人口自由迁移条件下向大城市过度集中的无序特征，然后再通过一系列福利分配非歧视化政策消除城市内部基于户籍身份的福利差异（尤琳、陈世伟，2015）。同时，要"以权利配置、利益重组为价值取向，以城镇基本公共服务均等化为重点内容"（张国胜、陈瑛，2014），中央政府应尽快制定"基本公共服务省际统筹标准"，使基本公共服务省际转续有法可依。对于制度的政策设计，要充分考虑政策协调性问题，同时也要考虑地区差异性，在实施过程中，则要重视地方政府的配合与各部门之间的合作。

（四）成本分担机制问题

农业转移人口的市民化需要巨大的财政投入，我国绝大部分中小城市的政府没有雄厚的财政实力来承担改革成本，抑制了户籍制度改革的速度。2011年国务院发展研究中心课题组在重庆、武汉、郑州和嘉兴四个城市进行了实地调研，对农业转移人口融入城市的具体成本做过测算，包括各类社保投入、公共服务投入、住房保障投入等,一个典型的农业转移人口(包括相应的抚养人口)市民化所需的公共支出成本总共约8万元。经济学家辜胜阻细算改革利益账之后发现,依附于户籍制度之上的城乡不平等福利可以在60种以上,进城之后,福利均沾,这一切都需要地方政府有雄厚的财政实力。他坦言,户籍改革要解决人往哪里去,也要考虑钱从哪里来。有研究部门测算,一个农业转移人口的市民化,仅基本公共服务这一块就需要花十万块钱。这样一个高成本的改革需要成本分担。[①] 但是,在我国绝大部分中小城市,地方政府没有如此雄厚的财政实力来承担改革成本,户籍制度改革无法深入、彻底地进行。

因此,必须改革以户籍人口为依据的政府间财政转移支付制度,构建以城市实际承载人口为主要依据的政府间财政转移支付制度。在此基础上,建立由政府、企业、社会等共同参与的多元化成本分担机制,明确成本承担主体和支出责任。政府要承担农业转移人口市民化在义务教育、就业服务、基本养老、公共医疗卫生、社会保障、保障性住房以及市政设施等方面的公共成本。努力推动企业落实农业转移人口与城镇职工同工同酬制度,加大职工技能培训投入,依法为农业转移就业人口缴纳职工养老、医疗、工伤、失业、生育等社会保险费用。积极引导农业转移人口参加城镇社会保险、职业教育、技能培训等,提升融入城市社会的能力。

三 推进户籍制度改革的对策

户籍制度改革是聚焦农业户籍人口的重大改革,牵涉到乡村振兴、城乡发展一体化、城镇化诸多方面,为使其有利于人口合理有序的流动及其社会权利的有效保障,以进一步推动城乡社会的协调发展,需要在科学思想的有效指导下,循序渐进推动改革进程,同时统筹改革规划,在分类有序、因地制宜的方法下,坚持以人为本,推动户籍制度改革顺利实行。为了积极稳妥全面地推进户籍制度改革,促进农民市民化,根据2014年《国务院关于进一步推进户籍制度改革的意见》要求,我们认为应当实施

---

① 《户籍改革复杂点是和各种利益挂钩》,http://china.cnr.cn/yxw/201312/t20131219_514436711.shtml,2013年12月19日。

以下改革的具体举措。

（一）合理确定落户条件，引导农民向城镇有序转移

根据户籍制度改革的问题和政策原则，推进户籍制度改革，一方面需要破除阻碍农民进城落户的障碍因素，另一方面需要采取激励措施，吸引农民进城。

1. 优先解决存量农业户籍人口

应当尊重城乡居民自主定居的意愿，依法保障农业转移人口合法权益，不得采取强迫做法办理落户。户籍制度改革并不是强迫农民进城，农业转移人口要不要落户城市，什么时候落户城市，想落户哪座城市，都应当由其自己选择，而不是"被落户"。

从2000年的4.6亿人增加到2017年的8.13亿人，我国城镇常住人口平均每年净增加2100万人。根据笔者推算，其中有1100万人左右是户籍人口数量的净增长，其中包括由行政区划调整、条件户籍迁移和户籍人口自然增长所带来的城镇户籍人口数量增加。除此以外，每年还有1000万名左右的农村人口进入城市，但是难以获得城市户籍。目前，城镇中有约2.5亿名农业转移人口，以及1亿名左右从城镇迁移到城镇的非户籍迁移人口。这些存量非户籍人口对户籍的需求更大，他们对户籍改革带来的压力巨大。虽然由于户籍制度的限制，有相当比重的非户籍人口并不必然希望得到城市户籍，他们将选择返回迁移流出地区，但是他们在城市长期居留和得到户籍的期望是增强的，积压在城镇中的存量非户籍人口将成为城市户籍改革的主要压力，因此户籍制度改革尤其应该重视农业转移人口存量的消化吸收，而且这种存量消化要有一定的速度，才能抵消继续不断涌入的农业转移人口。在消化存量非户籍人口上要有相当的力度，才能使城镇化过程中的社会分化不至于继续扩大和得以逐步减少（仇远，2016a）。

2. 推出优惠政策，刺激本地户籍农业转移人口向城市转移

推动户籍制度改革，是农业劳动力向非农产业转移，农业人口向城镇和城市集聚的关键。当前，农业转移人口落户城市的意愿不足以支撑各地，尤其是中西部地区城镇化建设与农民市民化总体规划的规模。因此，应当及时推出优惠政策，吸引农业转移人口向城市转移，促进农业转移人

口市民化。而农业转移人口能否在城市站稳脚跟，根本上取决于其是否有相应的职业技能，能否在城镇从事正式稳定的非农工作。

(1) 帮助农业转移人口就业

要转变城市劳动力市场主要服务于城市居民的职能，使其同时向城市居民和农业转移人口敞开，让农业转移人口可以有机会通过城市劳动力市场求职。

要建立劳动力市场中介组织，提供信息服务，促进信息网络化，形成城乡统一的劳动力市场。建立健全劳务输出中介机构，引导劳动力合理有序流动。

要建立完善的培训制度，提高农业转移人口的素质和技能。农业转移人口进城以后，需要不断学习接受新知识、新技能，转变生活方式，适应角色的变化。政府相关部门要为城乡劳动者提供就业指导，为就业困难的劳动者提供免费的职业技能培训。同时，要进一步调动城乡劳动者、用人单位、培训机构和行业企业的积极性，多渠道、多层次、多形式地开展城乡劳动者的培训工作，逐步形成政府统筹、行政组织、多方参与、整体推进、重复依托各类有资质的培训机构和用人单位开展职业技能培训工作的局面，并要逐步建立培训、考核、使用与待遇相联系的激励机制。

(2) 保障农业转移人口原有权益，打消其城镇落户顾虑

《国务院关于进一步推进户籍制度改革的意见》强调，要切实保障农业转移人口及其他常住人口合法权益，现阶段，不得以退出土地承包经营权、宅基地使用权、集体收益分配权作为农业转移人口落户的条件。土地承包经营权和宅基地使用权是法律赋予农户的用益物权，集体收益分配权是农民作为集体经济组织成员应当享有的合法财产权利。加快推进农村土地确权、登记、颁证，依法保障农民的土地承包经营权、宅基地使用权。推进农村集体经济组织产权制度改革，探索集体经济组织成员资格认定办法和集体经济有效实现形式，保护成员的集体财产权和收益分配权。建立农村产权流转交易市场，推动农村产权流转交易公开、公正、规范运行。坚持依法、自愿、有偿的原则，引导农业转移人口有序流转土地承包经营权。进城落户农业转移人口是否有偿退出"三权"，应根据党的十八届三中全会精神，在尊重农民意愿前提下开展试点。现阶段，不得以退出土地

承包经营权、宅基地使用权、集体收益分配权作为农民进城落户的条件。

户籍制度改革推进过程中,各个相关部门要积极做好宣传引导,向农业转移人口准确全面传达户籍制度改革及相关配套政策内涵。大力宣传各地在解决农业转移人口落户城镇、保障合法权益、提供基本公共服务等方面的好经验、好做法,合理引导社会预期,回应群众关切,凝聚各方共识,形成改革合力,为进一步推进户籍制度改革营造良好的社会环境。

(3) 加快实施社会保障制度创新,促进农业转移人口落户

实行社会保障制度进一步改革与创新,总的原则是扩大保障面。为了使农业转移人口能够真正享有城市生活资源,使中国城市化稳步推进,必须逐步将农业转移人口纳入社会保障体系。

保障农业转移人口随迁子女平等享有受教育权利;将随迁子女义务教育纳入教育发展规划和财政保障范畴;逐步完善并落实随迁子女在城市(镇)接受中等职业教育免学费和普惠性学前教育的政策以及接受义务教育后参加升学考试的实施办法。完善就业失业登记管理制度。将农业转移人口纳入社区卫生和计划生育服务体系,提供基本医疗卫生服务。完善并落实医疗保险关系转移接续办法和异地就医结算办法,整合城乡居民基本医疗保险制度,加快实施统一的城乡医疗救助制度。加快实施统一的城乡居民基本养老保险制度,落实城镇职工基本养老保险关系转移接续政策。加快建立覆盖城乡的社会养老服务体系,促进基本养老服务均等化。完善以低保制度为核心的社会救助体系,实现城乡社会救助统筹发展。

(二) 分类有序,针对不同人群推出多元举措

户籍制度改革是一个系统工程,涉及人群广,推进难度大。只有针对不同人群推出多元、有针对性的举措,才能提高工作效率,吸引更多农业转移人口进城,最大化发挥户籍制度改革释放出的人口红利。因此,有必要对农业转移人口进行科学、系统的分类,区分、甄别出户籍制度改革推进过程中的优先对象群体、重点对象群体和困难对象群体。

在城市有无稳定工作以及在农村有无土地这两项指标是农业转移人口落户意愿的显著影响因素,可以将农业转移人口群体划分为四种类型:①城市有稳定工作 & 农村无土地;②城市有稳定工作 & 农村有土地;③城

市无稳定工作 & 农村无土地；④城市无稳定工作 & 农村有土地。

针对这四类不同群体，推出不同优惠政策，并做好政策宣传造势工作，打消他们不同的顾虑，保障他们的各项权益，就可以和谐安定并更有效率地推进户籍制度改革，促进农民市民化的进程。

第一，在城市有稳定工作、在农村无土地的农业转移人口。这部分群体普遍存在较高的城市落户意愿，一方面在农村已无土地牵绊，另一方面在城市找到稳定工作，所以有较强的意愿和能力在城镇站稳脚跟。分析数据发现，相较于城市压力大和房价高这两个推力，这部分群体更为关注就业保障问题。因此，在户籍等级管理工作中，应该尽量不设条件的允许他们落户，着重为其提供就业、生活等多方面的保障。同时，鼓励其家属同时落户，吸引他们家庭的整体迁移，将其家属纳入城镇社会保障体系。

第二，在城市有稳定工作、在农村有土地的农业转移人口。这部分群体的迁移落户意愿仅次于第一类群体，同时落户能力也较高。城市生活压力问题、就业问题、住房问题依然是他们目前担心的首选。他们能够享受到部分城市公共服务，在城市有稳定工作，同时消费地点多在城市中。流动经历增加了他们对于城市生活的向往，但同时也受到一定的农村土地拉力的影响，故整体的城市落户意愿不如无土地的强。数据还发现，没有城市户口享受不到市民待遇，也是该群体中部分想要返回农村居住的人比较看重的一个因素。因此，应该针对这部分群体设置一定的城市户口准入条件，权责相应，保障其权益的同时，引导其通过自身努力达到更高的城市生活目标。

第三，在城市无稳定工作、在农村无土地的人群。较于前两个群体，这部分人群并未表现出较高的城市迁移落户意愿，一方面，在城市打零工，其就业得不到稳固保障；另一方面，在农村无土地，其农村权益严重缺失，处于进退两难的境地，他们是户籍制度改革的重难点人群。调查数据显示这部分群体迁移落户意愿仍然对子女教育、医疗等各种优惠政策措施有较好的刺激反应性，应该有针对性地提出相应优惠措施，提升迁移落户城市对他们的吸引力，同时对其原有各项权益予以制度保障。

第四，在城市无稳定工作、在农村有土地的人群。这部分人群占样本总数最多，但其落户城市意愿反而最低。这部分群体在城市的工作和生活得不到保障,加之受到农村土地的拉力影响,因而城市落户意愿弱于前三类群体。所以,对于占多数的从事农业生产人口,应该对其土地进行确权,确保其继续享受各项村集体权益,可以考虑在土地流转、宅基地置换城市权益和其他福利过程中优先对待。家庭年收入较低的农业转移人口,应该着重向他们宣传享受城市各项社会保障的好处,并将其纳入城市最低生活保障范围。

(三) 逐步实现城市间资源的公平配置

当前,尽管大城市的户籍门槛很高,户籍福利对农业转移人口来说遥不可及,但他们仍然趋之若鹜;小城市早已全面放开农业转移人口落户,但其户口无人问津。要从根本上解决大城市过度超载问题,不在于户籍制度限制,而应该缩小城市间教育、社保、住房等公共服务的差别,实现资源配置的区域均衡。党的十九大报告指出:"以城市群为主体构建大中小城市和小城镇协调发展的城镇格局,加快农业转移人口市民化。"大中小城市和小城镇协调发展,本质上指的是城市间公共资源均衡配置。

根据对 2005 年、2010 年和 2015 年不同规模等级的城市人口的增长情况的分析我们也发现,中小城市户籍虽然开放,但是在长期发展中并没有吸引力,反而城市规模越大城市人口增长得越快。《价值线》数据中心2013 年数据显示,全国城市户口门槛最高的上海、北京也是人口吸引力最高的城市。排名其次的是深圳、东莞、广州、天津。[1] 在排名前 20 位的城市中包含了 5 个一线城市的全部和 18 个二线城市的 11 个,其中除东莞和佛山个别城市外,基本上呈现一线城市人口吸引力 > 二线城市 > 三线城市的趋势。[2]

从不同规模城市的资源条件来看,根据我国一、二、三线城市各项发

---

[1] 新华网财经频道,http://www.js.xinhuanet.com/2014-05/04/c_1110517865.htm.
[2] 根据中国经济与社会发展统计数据库最新数据,一线城市包含北京、上海、深圳、广州、天津 5 个城市;二线城市包括沈阳、大连、南京、无锡、苏州、杭州、宁波、合肥、厦门、济南、青岛、郑州、武汉、长沙、东莞、重庆、成都、西安 18 个城市;三线城市包括石家庄、唐山、太原、呼和浩特、长春、吉林、哈尔滨、徐州、常州、南通、温州、嘉兴、绍兴、金华、福州、泉州、南昌、淄博、烟台、潍坊、洛阳、襄阳、珠海、汕头、佛山、中山、南宁、海口、贵阳、昆明、兰州、乌鲁木齐 32 个城市,除此之外,其余地级市以上城市归为三线以下城市。

展指标对比，城市规模越大，经济发展水平、公共生活条件和公共服务设施水平越高，城市的吸引力也相对越强。人口迁移的方向主要取决于城市吸引力的大小，户籍制度是人口迁移过程中的摩擦性动力，只能加速和延缓人口迁移的进程，而不能从根本上改变人口迁移的方向，大量的流动人员融入大城市的愿望强烈（仇保兴，2014），仅依靠大中小城市差异化的户籍制度难以调控人口合理流动。据统计，2000~2010年，不仅小城市的数量减少了近100个，其所吸纳的人口比重也下降了8个百分点。因此，"解决城市之间因发展水平差异造成的居民福利差异问题，应比解决城市内部因户籍身份不同造成的居民福利差异问题有优先性。有效的户籍改革政策应该是先缩小大城市和小城市之间经济社会发展水平的差距，再在各个城市内部进行福利分配非歧视化的改革"（邹一南，2015）。新型城镇化提出要优化城镇规模结构，促进大中小城市和小城镇协调发展。这就必须缩小不同规模城市之间吸引力大小的差距，努力提高中小城市的吸引力（岳晓琴、艾勇军，2015）。

首先，要增加就业机会，就要重视中小城市的经济和产业发展。如果没有足够的经济繁荣、产业支撑，城市就很难提供足够的就业机会和就业选择。为此，政府要建立人才、资源、重点项目分散化的激励机制，使中小城市获得发展的机会。根据国家统计局公布的数据，2014年全国共有县级行政区划2854个，如果能将有发展潜力的县级城市都发展壮大，就能有效改变过度依赖省会城市或少数大城市带动区域经济发展的"小马拉大车"现状。根据"城区常住人口50万人以上100万人以下的城市为中等城市"的城市规模划分标准，目前相当部分县级城市还处于小城市规模阶段，扩大城市规模有很大的发展空间。

其次，公共资源配置要更多地向小城镇倾斜，提升完善中小城市和小城镇公共服务设施水平。避免各类优质社会资源过度集中于大城市，而挤占中小城市的发展空间（邹一南，2015）。

最后，国家应通过发展层面的规划和财政支付，快速提升中小城市的基础设施水平，改善城市的生活环境，让生活在中小城市和小城镇的居民也能享受到大城市的文明和便利，从而为小城镇产业发展和外来人口就业定居创造条件。

（四）完善土地制度，建立合理的成本分担机制

户籍制度改革通过现有建成的城市吸纳农业户籍人口的能力相对有限，农村土地依然是吸纳农业剩余劳动力的最基本场所。调查显示，大部分农业户籍人口落户城市不愿意放弃土地权益。为此，应该建立合理的土地制度，为户籍制度改革服务。

1. 建立合理的农地、农房退出机制

在对土地和宅基地确权颁证的基础上，对于愿意进城落户的农业转移人口来说，土地的处置有保留抛荒、流转承包、有偿退出、有偿置换、土地入股等多种方式可供选择。对于不同农村土地和宅基地的处理意愿来说，也存在地理区位和群体偏好的差异。因此，农业转移人口进城落户后土地的处理要根据不同地区和不同类型农业转移人口的意愿有所区别。

第一，针对愿意退出土地的农民，建立土地有偿置换和农地入股相结合的土地用益物权处理机制。针对城市近郊或乡镇城区周边农村，对于自愿放弃土地的外出农业转移人口，分全部放弃和部分放弃两部分。对于全部放弃土地的外出农业转移人口，有条件的地方可以采取以土地、宅基地、农房置换城镇住房的形式解决农业转移人口城市住房问题。通过市场评估、政府招拍挂卖、政府有偿征用等措施，给予自愿放弃土地和宅基地的农业转移人口以城市住房或养老金代缴等补偿。通过有偿置换，解决农业转移人口落户城市初期的生活与住房困难，保障其城市生活的稳定性，避免其陷入生活贫困，从而给城市服务、管理和社会保障带来更加沉重的后期负担。

对于部分放弃土地的外出农业转移人口，在不改变其农村集体经济组织成员身份，不改变农村集体经济组织明确的权利和义务的条件下，探索村集体经济股权分配制，以分股、确权的形式发放到他们手中，以此解决其落户城市后农村权益的留存问题。要根据具体村情制定合理的标准和股权制改革措施。条件成熟的地方可以考虑成立村集体资产评估和股份制改革指导委员会，帮助有条件的农村实现资产重组和股权再分配。对于没有条件进行村集体股份制改革的地方，可以通过政府有偿开发征收的形式一次性补偿给落户者，或置换部分城市权益。

第二，针对偏远、土地价值相对较低的农村外出农业转移人口，可以探索政府承包经营和远近土地置换进而资本化的措施，以此补偿农业转移人口落户退出收益和市民化的城市支付成本。户籍制度改革对农村土地和宅基地的处置在尊重农民意愿的前提下，应该主要以探索农村土地流转、承包与规模经营的模式，提高土地经营效益。对于愿意退出农地和农房进城落户的农业户籍人口，城市给予相关补偿和置换待遇。同时，可以探索政府承包与专业经营的方式，通过宅基地平整和土地大片经营，探索政府承包和经营下的农村特色农业与科技农业发展道路。既充分利用了进城落户农业转移人口退出的土地，也增加了政府收益，补偿了政府向落户者支付的市民化成本。

另外，也可以允许农村宅基地、农房进入农房土地交易市场，合法上市流转。可通过宅基地平整置换耕地的形式，通过土地价值评估，设立合理的土地置换方案，采取远近置换、土地换土地的形式，换取城市周边可利用建设用地，以此进入市场流转和供政府征用。作为补偿和流转资金，提供农民进城落户的原始资本。

第三，对于政府通过置换、有偿征收等获得所有权的农民土地，应积极盘活利用。按照规划及用途管制、农村集体土地所有权不变的要求，对退出的承包地加大国土整治力度，促进承包地向经营大户、龙头企业流转，实现规模经营，提高劳动生产率和土地产出水平。退出的宅基地，在优先保障农村发展建设用地需求的前提下，通过占补平衡、增减挂钩等方式，显化其资产价值。产生的地票及大宗的承包地、林地使用权可在专门的土地交易所交易。

第四，对于不愿意放弃农地和宅基地的落户者，应鼓励、倡导创新土地流转。按照国务院最新颁布的《农村土地流转意见》，妥善解决因农民进城落户造成的土地闲置问题。鼓励承包农户依法采取转包、出租、互换、转让及入股等方式流转承包地。鼓励有条件的地方制定扶持政策，引导农户长期流转承包地并促进其转移就业。鼓励外出农业转移人口在自愿前提下采取互换并地方式解决承包地细碎化问题。在同等条件下，本集体经济组织成员享有土地流转优先权。以转让方式流转承包地的，原则上应在本集体经济组织成员之间进行，且需经发包方同意。以其他形式流转的，应当依法报发包方备案。抓紧研究探索集体所有权、农户承包权、土地经营权在土地流转中的相互权利关系和具体实现形式。

2. 户籍制度改革成本的构成与预算

关于市民化的成本，主要指的是经济成本，即在一定时期内，为解决城镇新增人口所必须花费的资金投入。主要包括城镇各项基础设施建设投资成本和解决这些新增城市人口就业问题以及公共服务需求必须指出的投资成本。其中，城镇基础设施建设成本包括城镇基础设施建设、城镇住宅建设、城镇社会设施建设、城镇用地投资等。

从已有的研究来看，户籍制度改革的成本主要包括两个方面：公共成本和个人成本。个人成本主要是与个人智力投资、自我保障和生活消费等有关的成本。而公共成本则主要是指政府需要支付的部分费用，包括城镇基础设施建设成本、公共服务成本、社会保障成本、保障性住房成本、城市管理成本以及随迁子女教育成本等。

城镇生活成本：指的是农业转移人口落户城市和市民化转型过程中的日常生活开支。包括人均住房、食品、服装、水、电、气、交通、通信等方面。实际上表现的是农民消费与市民消费成本的差距。

个人基本保障成本：也就是所谓的五险，包括个人基本养老保险、基本医疗保险、失业保险、生育保险和工伤保险。其中，基本养老保险、基本医疗保险、失业保险由用人单位和个人共同缴纳，工伤保险和生育保险完全由用人单位缴纳。

个人住房成本：根据当前城镇住房价格来考量，住房成本是农业转移人口落户城市和市民化需要付出成本最高的一部分。除满足保障性住房条件、可以享受保障性住房的农民外，绝大部分农业转移人口最终都必须自购住房满足居住需求。租房居住并非农业转移人口落户城市的长久居住选择。

城镇基础设施建设成本：指的是为满足城镇物质生产和居民正常生活需求，尤其是市民化转型后，城镇人口迅速增加，所需要满足市民各方面需求的基础设施建设投入。一般分为工程性基础设施和社会性基础设施建设投入。工程性基础设施建设投入包括交通运输、排水、供水、通信、能源和环境清洁与保护等设施投入。社会性基础设施建设投入包括文化娱乐、医疗卫生、学校教育和体育服务等。

社会保障成本：指的是政府财政需要保障新市民在城镇平等享有基本养老、医疗和失业等社会保障。从实际情况看，各级城市政府在医疗保障救助、人口与计划生育、失业和低保等社会救助方面需要较大的资金投入。

保障性住房成本：指的是农业转移人口转化为市民后，收入低的需要纳入城镇保障性住房体系，因此需要建设廉租房和公租房等的投入。从农业转移人口实际需求来看，住房是最大的保障缺口。

随迁子女教育成本：主要包括义务教育经费支出增加部分、新建学校投入和扩编教师队伍支出等。当前，我国在中小学阶段施行九年义务教育政策，教育经费由各级财政负担。其中，对农村义务教育经费的分担标准各地有明确规定，对城镇义务教育经费却缺乏中央统一的规定。有些地区中央财政负担多，有些地区中央财政负担少。因此，农业转移人口落户城市，城镇义务教育的经费投入是不确定的，可能给地方城市财政带来不小的负担。

根据上面个人与公共成本的分析和解释，结合国家发展改革委课题组户籍改革成本的指标计算方法，结合统计年鉴相关数据，我们以湖北省荆门市为例，测算中等城市户籍制度改革与农民市民化的成本大致如下。

第一，城镇生活成本。城镇生活成本的计算方法是用当年城镇居民人均生活消费支出减去农村居民人均生活消费支出。得出城市居民年人均消费支出高于农民年人均消费支出的差额，即农业转移人口落户城市个人需要补偿消费的部分支出。根据荆门市2011~2013年连续三年的城乡居民人均生活消费支出差计算，农业转移人口落户城市，需要额外增加的城镇生活成本为（7704 + 7546 + 6382）/3 = 7210.6元。

第二，个人基本保障成本。包括养老、医疗和失业保险等。由个人缴费的比例分别为工资水平的8%、2%和1%，总比例为11%。按照2014年荆门市城镇居民在岗平均工资35475元/年计算，个人基本保障成本为35475 × 11% = 3902.3元。

第三，个人住房成本。荆门市范围内，2014年城镇住宅平均价格为3345元/平方米。按照我国2030年长期发展规划目标，城市人均住宅20

平方米，三口之家需60平方米。总购房成本为20.1万元。按照长期投资，20年购房支付期限，每年人均需支付成本为（3345×60）/（20×2）=5017.5元。

第四，城镇基础设施建设成本。按照城镇年固定资产投资扣除住房投资后余额为基础设施建设投资。根据荆门市统计数据计算得出（1190.1万元－87.8万元）/301万=3.66（万元），即36600元。

第五，社会保障成本。按照荆门市2012年社会保障总支出27亿元计算，总计各项参保人口为260万人。计算人均社保投入为27亿元/260万=1038元。

第六，保障性住房成本。按照2015年荆门市区建成保障性住房1.44万套，城镇总人口39.2万人计算。人口保障比约为2.5%。按人均20平方米，全国每平方米建造均价2498元计算，再加人均20元/月的廉租房补贴，保障性住房总成本为（2498×2.5%×20）+（20×12）=1489元。

第七，随迁子女教育成本。包括一般公共预算教育事业费支出和一般公共预算公用经费支出。一般公共预算教育事业费支出，根据2017年全国普通平均水平测算，小学生人均一般公共预算教育事业费支出为10199.12元，农村为9557.89元。初中生教育事业费支出为14641.15元，农村为13447.08元。按照人均支出算，落户的农业转移人口子女进城教育，需增加人均支出约641.23元。

一般公共预算公用经费支出方面，2017年全国城镇普通小学生支出为每人年均2732.07元，农村为2495.84元，按照人均支出计算，落户的农业转移人口子女人均需增加236.23元。

新建学校方面，根据我国《城市普通中小学校校舍建设标准》要求，生均建筑面积在7.2~11.4平方米。按生均最低标准、房屋造价2498元/平方米计算，则生均新建学校经费需投入17985.60元。

综合抽样调查数据来看，农业转移人口家庭的少儿抚养比平均低于50%，即平均一对父母有一名少年儿童需接受教育。各项支出加总得出农业转移人口随迁子女教育成本约为（641.23+236.23+17985.60）/2=9431.53元。

综上所述，荆门市户籍制度改革年均需投入成本总额约4.5万元/人。

对于在城镇务工、经商多年的农业转移人口来说,他们已经享受公共服务和基础设施建设等许多城镇市民权益。因此,某种程度上这部分人的市民化成本主要是个人成本。从上面计算看,人均年支付成本为16130元。

3. 成本分担原则和机制

农业转移人口进城落户和市民化的过程中,满足新市民待遇,会导致较大的基础设施建设、社会保障支出、保障性住房建设和义务教育支付等资金缺口。较大的公共服务资金缺口如何弥补,也是户籍制度改革能否成功的关键。

户籍制度改革是全国一盘棋户籍制度改革的组成部分,成本的分担多少关系到中央与地方财政的关系。当然,我们还要考虑到,我国目前政府间事权划分带有明显的"属地"色彩,因此,地方政府而不是中央政府,才是户籍制度改革各项事权的现实承担者。对此,应承认现实并通过合理的转移支付体系进行成本协调。

第一,建立合理的中央与地方政府户籍制度改革的事权与财权匹配机制。理论上属于中央政府事权范围内的随迁子女教育、社会保障支出等,在核定总量的前提下,中央政府应通过增加财政转移支付总额、调整转移支付比例和截留部分地方财政等方式,促进地方政府财力与事权匹配。如调整城镇义务教育中央与地方负担比例;农业转移人口大规模进城落户后,调整财政教育支出中农村与城镇的支出比例分配;增加对地方社会保障基金的补助,调整城镇与农村社会保障补助结构等。为此,要加大一般性财政转移支付力度。2014年12月27日,国务院印发《关于改革和完善中央对地方转移支付制度的意见》(国发〔2014〕71号),针对中央对地方转移支付制度存在的问题和不足,提出了改革和完善的基本原则和主要措施,其中包括"以一般性转移支付为主体,建立一般性转移支付稳定增长机制,增加一般性转移支付规模和比例,逐步将一般性转移支付占比提高到60%以上",同时"建立激励约束机制,采取适当奖惩等方式,引导地方将一般性转移支付资金投入民生等中央确定的重点领域",这也是继土地财政之外,中央政府弥补地方政府财力不足的重要举措。

第二,积极引入社会资本参与保障性住房等资金缺口较大的项目,减轻城镇财政负担。保障性住房方面所需资金缺口较大。可以进一步增加中央专项补助，同时，中央政府应尽快出台鼓励、支持引入社会资金参与保障性住房建设的金融和土地政策。

第三，要妥善处理户籍制度改革过程中流出地农村和流入地城镇间的财政关系。户籍制度改革成本分担也要讨论地方财政与个人支付的关系。农业转移人口大规模进城落户，对城镇会形成明显的财政压力。而流出地农村的财政则会有所收益。为此，可以从农村与城镇土地增减挂钩的方式以及地方财政内部转移支付的方式来考虑。

第四，积极谋求政府、市场、社会等多方力量的合作，共同分担户籍制度改革的成本。户籍制度改革不只是政府的责任，社会力量的加入以及在这个过程中有所受益的市场应该及时介入，分担政府的压力。降低户籍制度改革的政府财政压力，要积极引入企业、社会组织等主体参与相关公共服务的生产。进一步创造条件，扫清阻碍企业、社会组织等民间资本进入户籍制度改革的通道。在保障性住房建设资金筹集、随迁子女教育、养老、医疗、社会救助等领域，引入更多的民营教育机构、民办医院、慈善公益组织等参与，间接分担政府责任，减轻城镇财政压力。

为此，确定合理的财政支持措施，是落实成本分担的重点。具体从中央财政、地方财政、企业和个人等主体的角度分别说明。

公共服务具有一定的外部性，如卫生、计划生育、就业扶持和义务教育等。这些领域，地方政府增加投入的意愿相对较低，中央政府应对这些领域予以重点扶持；基础设施建设和社会保障是准公共产品，可以由中央财政和地方财政共同承担，并增加企业、社会组织和个人等共同负担。

具体来说，义务教育、保障性住房和社会保障等领域，中央财政可以根据地方政府户籍制度改革完成的具体人数规模来进行一定比例的补贴，按照公共服务的具体类别进行补助。

综合考虑义务教育、计划生育、卫生、就业扶持、保障性住房等项目，参考农业转移人口落户城市成本计算方法，中央财政需要负担的单个农民进城落户成本约为2.26万元，占单个农民进城落户成本的35%左右。

农业转移人口落户城市，基本的就业服务、子女义务教育、社会保障、基础设施建设等,是地方财政必须承担的项目。社会保障,如养老、医疗、工伤、保障性住房等方面,需要地方财政按人数提供一定比例的财政补贴。公共基础设施方面,需要城市政府增加城镇道路、供水、燃气、管网和环保等市政基础设施建设的投入。就业服务方面,需要增加农业转移人口就业服务机构费用投入,使就业服务机构能够提供足够的就业信息;对农业转移人口的就业培训补贴也要增加。随迁子女义务教育方面,学校校舍建设、教师队伍扩编的工资待遇和相关的教学设备等,都需要地方公共财政增加投入。同时,也要加大对民办和私立学校的支持力度,分担公立学校的资源紧张局面。

从以上地方财政需要负担的项目情况来看,地方财政需要负担的总成本约占农业转移人口落户成本的35%,约为人均2.26万元。

企业等民间资本的参与,可以有效减轻地方财政的压力。不过,企业与地方政府的责任不同,不能要求企业承担过多的公共性责任。只能在企业依法需要负担的领域,如落户农业转移人口就业的职工养老保险和医疗保险新增缴费部分等,要求企业落实责任。为此,要求企业尊重落户农业转移人口的劳动价值,根据新市民职业能力和水平,给予合理、正常的工资待遇。同时,企业要切实改善进城落户农民的工作环境,保障新市民社会福利,注重对新职工的职业培训与提升,为新市民稳定就业提供条件。从这些企业需要负担的项目来看,根据农业转移人口落户的成本项目预算,企业需要负责的农业转移人口落户成本约占10%,即人均约6450元。

农业转移人口落户城市自己需要负担的成本主要体现在日常生活消费,如水、电、气、交通等;社会保障中个人需要支出的部分;住房保障中个人需要分担的成本。从落户成本计算结果来看,农业转移人口个人需要负担的成本约为12901元,约占落户人均总成本的20%。

总之,农业转移人口在城市落户,核心问题是广义的生活保障问题(住房、教育、社保、土地等),这一带有全局性的问题需要政府的统筹。目前,户籍制度改革基本上放权给地方,因此,户籍制度改革也局限在地方比较小的范围内,农业转移人口的权利保障没有顶层设计和整体推进。实质性户籍制度改革要求打破地域界限,使跨省、跨地市的农业转移人口都可以落户,将不可避免地涉及跨地方、各行政区域的事权与财权、人口管理的问题,需要在一个更高的层次统筹规定与执行。财政体制的改革,解决事权、财权不相配,以及财政如何适应城镇化和人口流动的改革。公安、劳动、工商、人口计生和教育等政府部门要突破部门分立、权限分散的流弊。

第八章 促进农业转移人口市民化的服务管理

解决农业转移人口的社会融入和市民化问题，为农业转移人口提供更好的社会服务既是一个理论问题，又是一个现实问题，同时也是全面建成小康社会的本质要求，需要政府、企业和社会力量多方合作，从农业转移人口的现实需求出发，从服务管理入手推动农业转移人口市民化进程。

一 研究起点

党的十八大后，中央提出到2020年实现约1亿名农业转移人口落户城镇的目标，出台了推进户籍制度改革、实施居住证制度等举措。2013年党的十八届三中全会指出：要推进农业转移人口市民化，逐步把符合条件的农业转移人口转为城镇居民，稳步推进城镇基本公共服务常住人口全覆盖。2014年3月，中共中央、国务院印发《国家新型城镇化规划（2014—2020年）》，把有序推进农业转移人口市民化作为重要工作，并从健全落户制度和政策、共享基本公共服务、建立合理成本分担机制等方面明确了任务。党的十八届五中全会审议通过的《中共中央关于制定国民经济和社会发展第十三个五年规划的建议》中，提出了户籍人口城镇化率加快提高的目标，推进以人为核心的新型城镇化。"十三五"规划纲要进一步明确从深化户籍制度改革、实施居住证制度、健全促进农业转移人口市民化的机制三个方面加快农业转移人口市民化。习近平同志在十九大报告中提出，要"以城市群为主体构建大中小城市和小城镇协调发展的城镇格局，加快农业转移人口市民化"。

第八章 促进农业转移人口市民化的服务管理

为了推进农业转移人口的市民化进程，不仅需要宏观制度的改革，更需要中央、地方及基层政府在体制、职能上做出转变，需要充分发挥国家角色、市场力量与社会力量的作用。

首先应对国家角色进行准确的功能定位，确立恰当的价值标准以作为资源配置的原则。而仰仗国家解决一切问题也是不现实的，因此，深入剖析国家功能的限度和边界，同样非常重要。同时，权力的运行内在地要求相应的制度体系具有有效性和公正性的特征，这要求研究工作必须关注法律和社会制度的改革与完善问题，对制度体系如何优化和改进，做出建设性的探索工作。

在市场方面，要揭示市场主体、市场机制、市场风险对流动人口的影响层面、作用机制及其现实后果，进而提出具体的对策。职业融合是农业转移人口城市融合的立足之本，能否形成稳定而和谐的劳动关系，直接关系到农业转移人口及其家庭能否顺利融入城市。因此，从劳动关系角度研究农业转移人口市民化，有助于学界找到现代化理论的本土经验。

对于社会力量，我们在研究中要探讨如何发挥社会组织和舆论在流动人口服务管理方面的作用。在强调宏观层面的制度、结构的影响的同时，也注重研究流动人口如何能发挥其主体性和能动性，分析他们为了维持生存或者追求更好的生活所采取的行动与策略。同时，研究他们自己可以通过怎样的途径和方式，参与对他们自身的服务和管理过程。社区参与和组织参与的情况是反映农业转移人口融入城市的一个重要指标（包路芳，2010）。一些学者根据欧盟国家的社区参与实践，提出了通过社区参与促进社会融入的框架模式（关信平、刘建娥，2009）。此外，中央政府和地方政府的政策推动一定程度上鼓励了农业转移人口的社区参与。2012年民政部出台《民政部关于促进流动人口融入城市社区的意见》，首次从国家层面勾画了农业转移人口参与社区生活的"路线图"，该意见明确指出，社区文体活动设施要向农业转移人口开放，吸引农业转移人口参与各种社区文体组织和文体活动，切实保障农业转移人口参与社区自治的权利。

我们认为，社会组织应该作为社区参与治理模式的重要"参谋"，为农业转移人口社会融入问题的解决贡献力量。实践证明，社会组织在解决农业转移人口的社会融入问题方面担当了重要角色。因此，在农业转移人口的社会融入问题上，社区参与和社会组织两种必要性力量缺一不可。另外，社区参与和社会组织之间又有差异性。社区参与更多地体现了农业转移人口社会融入的主体能动性，是一种从内部参与因素出发去解决社会融入问题的方式。社会组织则更多体现为一种外部管理和服务机制。

二 推动制度建设，提高劳动关系的制度化水平

劳动关系的制度化是调节、化解劳资矛盾，构建均衡劳动关系的关键所在。国家统计局抽样调查结果显示，2016年农业转移人口在第二产业中从业的占51.5%，在第三产业就业的占48%。[①] 其中，以受雇方式就业的占80%以上。由此可见，现阶段农业转移人口不但是第二、第三产业部门最大的从业者群体，同时也是最大的受雇者群体。作为受雇者，农业转移人口必然与雇佣方或雇主形成劳动关系。众所周知，劳动关系是在就业组织中由雇佣行为而产生的关系，从劳方的角度看，劳动关系事关劳动者的就业、经济利益及其家庭的生计，事关劳动者的劳动体面、尊严与满足，因此劳动关系对于作为受雇者的农业转移人口的重要性不言而喻。

近年来，国家有针对性地出台了一系列的法律制度，逐步形成了以《劳动法》为基础，以《劳动合同法》为主干，以《劳动争议调解仲裁法》《就业促进法》《职业病防治法》等为保障的劳动法律结构框架。从立法理念来看，我国劳动法坚持了社会法的"倾斜性保护"原则，旨在通过确认和保护弱势劳动者的权利来实现劳资利益的平衡，具有极强的"管理主义"色彩。2015年3月，中共中央、国务院印发《关于构建和谐劳动关系的意见》，对构建中国特色和谐劳动关系进行顶层设计，做出重大部署安排，号召全国积极稳妥推进中国特色的劳动关系工作理论、体制、制度、机制和方法创新。这本质上是从中央层面对劳动关系治理创新的探索赋予了制度空间，并同时确定了发展的目标。

---

① 《2017年农民工监测调查报告》，http://www.stats.gov.cn/tjsj/zxfb/201804/t20180427_1596389.html。

（一） 强化劳动合同制度

加强制度建设，降低工人对企业主（雇主）的依附性，促使劳动关系双方力量对比保持相对平衡，才能更好地化解劳动关系矛盾（游正林，2006）。劳动合同包含劳动者与用人单位达成的关于权利与义务的条款，因此劳动合同是劳动关系的基本契约，强化劳动合同制度非常必要。我们调查发现，合同形式化是农业转移人口劳动合同非常大的问题。

针对合同的形式化，我们有如下建议。（1）法律规定尽量符合经济与社会发展水平，不拔高标准，留下劳资双方协商的空间，但对基本权利保障应做出严格规定。（2）政府方面不片面追求合同签订率，而是对已签订合同严格检查与执法。如果合同不切合实际，在政府方面的要求下合同签订率又高，那么对于大量的形式化合同就很难处理了。（3）在符合法律规定的范围内，尽量让劳资双方自愿协商、自愿签订双方合意的劳动合同。合同真正反映了劳资双方的意愿，就可以避免合同的形式化了。

（二） 推进三方协商机制与集体协商制度

工业化国家劳资关系演变的历史告诉我们，制度化的劳资关系的形成离不开三方协商机制与集体协商制度。

关于如何推进三方协商机制与集体协商制度，我们有如下建议。（1）政府到位不越位。政府的主要角色是适时推动立法，建立规则，充当第三方。（2）创造宽松环境，推动劳资双方主体的组织化，使三方协商机制和集体协商制度中的劳资主体不缺位和不虚化，从而使三方协商机制及集体协商制度具备制度的基本条件与前提。因此，要推动集体劳权的立法，使集体劳权制度发挥作用，使三方协商机制与集体协商制度具备主体条件。（3）自上而下地推动，不急于求成，鼓励自下而上的实验与创造。从制度变迁的角度看，制度变迁是长期的过程，同时自下而上的变迁对制度变革的作用也是明显的。

（三） 针对农业转移人口特殊的劳动关系进行立法

农业转移人口劳动关系既有与其他劳动者一样的共性，也有自身的特殊性。农业转移人口大多在非正规部门就业，在中小型企业就业，在诸如建筑业那样劳动关系复杂且不正规的行业或企业就业，劳动关系制度化水平低，弹性化程度高，农业转移人口劳动权益更容易受损，不容易受到现有劳动法律法规的保护。因此，有必要针对农业转移人口特殊的劳动关系进行专门性立法，对劳动关系进行有效调节，并有效保护农业转移人口劳动权益。

日本的经验可以借鉴。日本针对劳动力人口的变化及非正规就业的增加，在1985年出台了《劳动者派遣法》，在1986年出台了《高年龄者雇佣管理改善法》，在1993年又制定了《短时间劳动者雇佣管理改善法》。目前我国劳动法律法规对非正规就业、劳务派遣等的规范很不完善，形成法律空白和法律漏洞，这种现状对农业转移人口劳动权益保护是很不利的。因此，我们认为，应当尽快制定和出台专门的劳务派遣法、非正规就业法等法律法规，促进对农业转移人口的服务管理。

三 转变政府职能，推动多元参与治理

促进农业转移人口劳动关系的服务管理，要以推动劳动法制与劳动关系制度化为核心，促进政府改革与转变职能，发挥好政府的主导作用，通过培育包括农业转移人口在内的多元主体的自组织发挥它们的协同功能。

（一）转变政府职能

努力构建中国特色和谐劳动关系，是推进社会治理现代化、保障和改善民生的重要内容，是经济持续健康发展的重要保证。

2015年3月，中共中央、国务院出台《关于构建和谐劳动关系的意见》，提出加强调整劳动关系的法律、体制、制度、机制和能力建设，加快健全党委领导、政府负责、社会协同、企业和职工参与、法治保障的工作体制，加快形成源头治理、动态管理、应急处置相结合的工作机制，实现劳动用工更加规范，职工工资合理增长，劳动条件不断改善，职工安全健康得到切实保障，社会保险全面覆盖，人文关怀日益加强，有效预防和化解劳动关系矛盾，建立规范有序、公正合理、互利共赢、和谐稳定的劳

动关系。同时,一系列重要的劳动法律法规相继出台,比如《劳动合同法》《就业促进法》《劳动争议调解仲裁法》等法律法规,制定并落实给予农业转移人口国民待遇与市民待遇的各项政策,等等。这些举措提高了农业转移人口的待遇和经济地位,在法律上明确了农业转移人口更多的更高水平的权利,在政策上给予了农业转移人口更多的平等待遇。

在实践中,各级政府开始改变片面注重经济增长的政策导向,推动政府进一步转变职能,为民众提供公共服务,应该说取得了一定的效果。

但是,从总体看,地方政府重视经济增长与经济发展、重视资本及企业、轻视农业转移人口劳动关系的服务管理及农业转移人口劳动权益的导向还没有得到扭转。

因此,如果要进一步改变地方政府重资本轻劳工的导向与行为,使政府成为行使公共职能、维护法律秩序与社会公平的政府,使政府成为劳资平等权利保护者的政府,就必须改变目前地方政府的职能与考核要求。如果把行使公共职能、维护法律与社会公平作为对地方政府的最重要的考核,把对农业转移人口的服务管理作为对地方政府重要的职能与考核指标,那么目前地方政府对劳动管理的导向与行为就会改变,就不会重资本而轻劳工权益。同时,还要强化人力资源和社会保障部门的职能,提升人力资源和社会保障部门的地位,增强其劳动服务管理的力量。

(二) 明确政府服务管理的难点与重点

我国90%以上的私营企业都是小型企业,这样的企业规模小,企业治理结构不健全,工会及职代会比例低,企业劳动管理不正规。它们大多是劳动密集型企业,雇佣的劳动者以低技能的劳动者为主,劳动者的市场能力弱,加之劳动者的结构能力即组织能力弱,劳资力量对比失衡严重,劳动关系以雇主为主导,劳动者发言权小,劳动关系不容易规范化、正式化。农业转移人口占大多数的建筑煤炭等行业、非正规就业及劳务派遣工的劳动关系具有与小型企业劳动关系相似的特点。

小型企业、建筑煤炭等行业、非正规就业及劳务派遣工的劳动关系是政府在劳动关系方面对农业转移人口服务管理的难点与重点。之所以是难点,是因为这些企业、行业或劳动用工形式有特殊性,数量大,人员流动大，劳动用工不规范，劳动关系弹性化特点明显，劳动关系的确不好协调与监管。之所以看成重点，是因为目前大中型企业劳动关系相对来说规范化程度要高，也较容易监管，小型企业经常成为监管的"盲区"。再则这些企业、行业或劳动用工方式容纳了大多数弱势的农业转移人口。

我们建议：从劳资互利的角度出发，制定专门的非正规就业及劳务派遣工的法律法规；吸收广东等地方已有的实践经验与探索，建设完善四级劳动调解网络及三方机制网络；借鉴义乌工会经验，发挥工会的功能，实行工会维权社会化；针对小型企业规模小的现状，重点实行区域性集体协商与行业性集体协商；借鉴日本的经验，在车站等人流密集场所设立劳动服务管理站。

（三）严格劳动执法

当前，各地在劳动执法方面打折扣或不严格执法的现象具有普遍性。劳动行政执法人员不严格按照法律法规进行监察与执法，主导的方式是实用主义的摆平问题的方式。只要摆平了农业转移人口与企业，就不在意是否符合劳动法律法规。

有学者认为，从我国的劳动法律法规对劳动者权益的法律规定来看，其水平超过了不少国家。有人甚至认为，从发展水平看，我国的劳动法律法规有些超前，需要通过修改立法降低劳动法律法规对劳动者权益的保护水平。但是，如果看一看劳动执法情况，我们对劳动法律法规的实际作用就会有更为客观的认识，就不会有法律法规过度保护劳动者的担心，农业转移人口劳动权益实际水平明显低于法律法规所规定的水平。

根据我们的调查，农业转移人口对政府严格劳动执法的需求很高，但是现实情况很不尽如人意。难以严格劳动执法的原因主要有以下几个方面：一是法律法规条文不切合实际，或超前，或滞后，实践中难以执行；二是法律法规过于宽泛，缺乏细则，操作性差；三是政府执法力量缺乏足够的动力与压力去严格执法；四是缺乏足够的具有专业化水平的执法力量。针对上述情况，我们建议：进一步修订劳动法律法规，使之符合社会发展的要求与实际情况，提高劳动法律法规的合理性；制定与相关法律法规配套的细则，增强劳动法律法规的可操作性；强化对劳动执法的行政监督与社会监督，使政府执法力量有压力与动力去严格执法；最后是采取措施增加劳动监察执法人员的数量，并提升他们的专业化水平。

（四）推动多元参与机制的建立

制度化的劳资关系的形成离不开三方协商机制与集体协商制度，离不开政府从外部的介入及集体性劳资关系制度的形成。目前，我国实行三方协商机制与集体协商制度尚不普遍，不成熟，且有赖政府自上而下的推动。有人认为，现阶段的三方协商机制是一种"来自国家权力体系内部的政府机构与准政府机构之间的功能协调机制，而非利益斗争和利益博弈的平台，它们的终极目的是通过劳动关系的协调来维持政治稳定和社会稳定，防止独立的、替代的社会利益组织的发育"（乔健，2010）。这样的看法反映了劳资双方主体组织化程度低，在三方协商机制中弱化，从而使三方协商机制很大程度上变成了政府主导和协调的事实。但是，我们认为，在目前的三方协商机制中，尤其是在低层级的三方协商机制中，并非完全没有利益博弈与斗争。

最早出现于深圳市的劳企商谈会是一种基本符合上述要求的劳动关系治理机制。劳企商谈会即劳动关系双方共同参加、根据特定程序举行的"会议"，会议上双方面对面表达和沟通、商谈和协调。其具体形式主要有四种。

职工座谈会。一般每月1次或几次，企业方总经理等高级管理人员参加，职工方各部门代表参加或自愿参加。职工在会上提出意见，管理方或当即接受，或待研究后反馈，或做出目前不能解决的解释。会议纪要在布告栏内张贴，落实责任人，跟踪到最终解决。

政策听证会。公司内涉及职工利益的政策草案、规章草案，都在职工会议上公布、说明，职工发表意见，会后修改甚至当即修改。

信息发布会。公司方发布与职工相关的信息，例如经营计划、盈利状况、人事任免等，职工进行询问、发表意见。

工会与管理方联席会。其基本流程是：工段的工会小组长在本工段职工中收集意见，汇报到车间分工会。车间分工会主席参加公司工会会议，汇报职工意见。公司工会与公司副总经理等定期举行联席会议（一般每月

1次),讨论职工的意见,提出解决方案,然后逐级向职工传达(石秀印,2013)。

(五) 进一步讨论

当前,即使是信奉市场作用的自由主义者也同意政府在某种程度上去调节或干预劳动关系和工作场所。在我国,政府通过推动立法或直接干预去服务管理于弱势的农业转移人口群体,自然无可厚非。我们需要进一步讨论的问题是:为什么政府在劳动关系方面对农业转移人口的服务管理会形成打折扣或者走样的后果?为什么主导型的政府不能从制度层面解决根源性难题?

对第一个问题,既有的研究提供了一些直接或间接的解释。有人认为,农业转移人口的身份与弱势地位使地方政府能够不认真对待农业转移人口的诉求(程秀英,2012)。有人则认为,造成完备的法律法规政策与农业转移人口实际遭遇的断裂的原因在于,资本和地方权力体系具有制度连接的能力,这种能力制造了农业转移人口权益实现的制度性障碍(郑广怀,2005)。有人则从地方政府利益立场的角度进行分析,认为地方政府追求经济增长与经济利益压低或压倒了为农业转移人口服务管理的目标与行为(舒建玲,2007)。农业转移人口的弱势地位及能给政府施加的压力有限,资本对地方政府的影响力较强,以及政府担心按照法律法规落实农业转移人口权益对招商引资及经济增长造成负面影响,的确会影响按照法律法规政策落实对农业转移人口的服务管理。不过,政府既不会完全忽视农业转移人口的劳动权益,因为现在的农业转移人口也有一定的行动能力,同时政府也不会完全站在资本一方,因为资本与政府的利益立场还是有差别的。有的劳动部门官员认为,有些法律法规政策的规定超前,在执行的时候不可能抠条文,否则企业会经营不下去。即使我们不否认这一点,但还是要问,为什么不超前的条文也落实不了?我们认为,政府在执行法律法规政策时打折扣或走样,很重要的一个原因是,我国政府在社会发展和劳动关系体系中的地位和角色与其他国家不同。我国政府的角色不是劳工和资方以外的独立第三方,而是整合劳工和资方的统合者与主导者。如果政府考虑到农业转移人口的权益遭到损害会导致社会不稳定,那么它就以法律法规政策为武器威慑用人单位或雇主;如果政府认为按照法律法规政策落实农业转移人口的权益会影响经济发展,那么它就会在劳动管理及劳动执法中打折扣。

为什么主导型政府不能从制度层面解决农业转移人口权益保护的根源性难题?有学者相信主导型政府是主要解决方案,在劳动关系方面就是弱化资方与劳方自治的重要性,放大政府干预的作用。我们认为,政府在农业转移人口劳动关系和劳动权益保护中的作用是非常重要的。现阶段在缺乏相关内生条件的情况下,需要政府自上而下推动相关劳动立法、推行集体协商与集体合同制度等。但是,没有真正的劳资协商与谈判,集体协商与集体合同就变成了在政府主导与安排下的形式上的产物。结果是,劳动关系的运行与治理形成对政府干预的依赖。可是在现代市场经济条件下,没有劳资主体的自组织与自治,单单依靠政府是无法协调好劳动关系的,也是无法从根源上解决农业转移人口权益保护问题的。

四 促进农业转移人口主体的发育与组织化

社会组织,顾名思义,是一种社会性的组织,它由一定的目标、规范、角色和权威等要素构成,是经济社会发展到一定阶段的特定产物。实践证明,社会组织一定程度上为农业转移人口群体提供了必要的服务和维权保障。

(一) 在企业主或雇主方面

首先,促进企业主或雇主增强劳资合作意识与社会责任感。近年来,我国私营企业主素质有明显提高,出现了高学历化、专业化、精英化的趋势。不过,从整体看其素质还有待提高。在企业社会责任方面,很多企业主社会责任意识淡薄,没有考虑自己及自己的企业怎样通过企业的发展为社会做贡献。因此,我们认为,必须不断提高私营企业主的素质,增强他们的劳资合作意识和社会责任感,进而使他们与包括农业转移人口在内的劳动者形成建设性的、伙伴式的合作关系。

美国学者迈克尔·布若威认为,随着工会的出现以及对某些最低限度的就业权利的保护，失业或未能获得生存所需工资的威胁已经逐渐与在工作场所的努力程度脱钩，强制就不再能够单独解释工人进入生产车间以后的所作所为，还应该考虑自发的认同（布若威，2008）。因此，企业内部的管理方式，需要实施"共识性生产"，将工人纳入企业的制度安排内，通过"内部劳动力市场"和"内部国家"的制度，调节企业与工人之间的关系，进而实现"同意"的生产。国际劳工局局长胡安·索马维亚于1999年6月在第87届国际劳工大会上首次提出"体面劳动"概念。他强调：所谓体面劳动意味着在生产性劳动过程中，既要使劳动者的权利得到保护，同时也要使劳动者有足够的收入，并且能够享受充分的社会保障，获得足够的工作岗位（转引自余云霞、刘晴，2008）。2010年5月29日，中华全国总工会发布《关于进一步做好职工队伍和社会稳定工作的意见》，其中特别强调，要加强对青年职工特别是新生代农业转移人口的心理疏导，关心职工的生产生活，使广大职工有尊严地生活，实现体面劳动。企业保证劳动者体面劳动，就必须给予劳动者合理的劳动报酬、良好的工作环境。更重要的是，劳动者应被公平对待，被尊重并且参与社会对话。而要实现体面劳动，企业家包括企业主的意识与作为是非常重要的。

此外，促进企业主的组织化，发挥企业主组织在协调农业转移人口劳动关系中的作用。根据我们调查的情况，私营企业主尤其是中小私营企业主参与工商联、企业家联合会、行业协会比例低，即使参加了这些组织，也不活跃。在协调与处理劳动关系时，私营企业主往往独自应对，没有发挥企业家组织的作用。

（二）在农业转移人口方面

1. 培育农业转移人口主体力量，促进劳动者的组织化

农业转移人口的经济地位、政治地位、社会地位都较低，同时，这些地位低的劳动者又是组织化程度较低的劳动者。这样双重弱势的劳动者怎么能跟企业主或用人单位去博弈？劳资双方没有相对的均势，怎么能形成劳资关系的平衡？因此，我们认为，当务之急是通过促进就业、完善社会保险制度及合理调节税收等手段，增加农业转移人口收入，提高他们的经济地位；通过落实农业转移人口的公民权利提高他们的政治地位；通过法律等手段明确和保障农业转移人口参与企业民主管理的权利；通过引导农业转移人口自我组织企业工会，提高组织化水平，从而真正发挥农业转移人口组织的功能与力量。

从我国劳动关系的历史看，工会一直被要求通过政治动员来鼓励工人生产和保护他们的利益，韩国政治学学者张允美和社会学学者张晙硕认为这是一种古典的"双重主义"。改革开放以后变成了功能性的"双重主义"，即劳资关系模式不是工会与资本组织在同等位置上进行"谈判"的对立性的模式，而是通过协调达成国家目标的友好的"协商"的模式。因此，在发生劳动争议时，工会不仅担当代表劳动者一方的"代表者"角色，也负责为维持协调劳动关系而说服劳动者的"调整者"角色。这种既是代表者又是调整者的矛盾角色使工会在为劳动者维权时面临制约。为了有效地维权，工会需要改变相关的制度制约性。我们认同这种观点。我们认为，目前工会建设的关键不是建立更多的工会，而是工会体制的改革，使工会从企业组织内部的劳动关系的调整者角色转变为独立于企业的劳动者利益代表者角色（蔡禾等，2009）。否则，工会建制率再高，也不能提高劳动者的组织化水平。

2. 加强农业转移人口的教育与培训

随着新生代农业转移人口越来越多，农业转移人口的文化程度在不断提升，多数农业转移人口知道用法律武器维护自身的合法权益，但是他们对于如何利用法律武器维护自己的合法权益并不是很清楚，这就说明他们的法律意识在增强，但依法维权的知识与能力还有待提高。因此，各方面的机构通过各种方式开展对农业转移人口的教育与培训是必要的。这样的教育与培训不仅包括法律方面，还包括各种技能方面。在西方发达国家，它们的劳资关系已经很成熟，劳动者主体的能力也比较强，但它们依然非常重视劳动者的教育与培训工作，工会、政府职能部门、非政府组织等把劳动者的教育与培训当作非常重要的工作。我国更需要这样做。尽管农业转移人口的教育与培训效果不会立竿见影，但是它对于坚持不懈地提高农业转移人口的主体意识、组织能力、沟通能力、依法维权能力、工作技能等是不可或缺的。而这些意识与能力的提高则增强了农业转移人口应对劳动关系问题时的驾驭能力，有助于平衡劳动关系。

3. 发挥社会力量及社会组织对劳动关系的影响

近年来，非政府组织、媒体等力量在劳动关系议题上的作为越来越大。但是，现阶段从事劳动关系方面服务的非政府组织数量少、力量弱，远远没有发挥非政府组织在劳动领域的作用。从中外的经验来看，在现代社会，缺乏舆论的监督，缺乏社会民主与大众的压力，缺乏非政府组织，仅依靠劳资双方的自治及政府的管理是无法构建均衡、公正的劳动关系的。

五 发挥社会组织促进农业转移人口市民化的作用

农业转移人口的市民化既包含了制度（保障权利）和法律（法律地位）的实践，也包含了生活（归属）和场域（参与）的实践（Bloemraad et al.，2008：1581-1586）。因此，在中观和微观层面，社会组织通过为社区中的农业转移人口提供有针对性的服务，提高这些"准市民"的社区参与度和归属感，方能有效地促进这一群体的真正融入。与一般的社会工作服务相比，针对农业转移人口的社会服务受限于所处的区域社会环境复杂性和所服务的对象群体特殊性而有较大差异。

环境复杂性指的是源于户籍隔离功能的持续性影响（刘林平，2015：558）、企业组织不断进行的技术调整（西尔弗，2010：6）、落脚空间遭受城市更新运动的侵蚀（陈映芳，2013）、公共服务政府购买化的趋势[①]等方面的政治-资本-空间的多重压力。这些环境构成了农业转移人口的生活场域的主要结构性约束，塑造着农业转移人口在城市空间中的身份和与之相关的实践活动。对象群体特殊性指的是农业转移人口就业市场高流动性、社会身份污名化（管健，2006；潘泽泉，2007；张友庭，2008）、社会支持网络断裂化、心理抚慰缺失（郑广怀、朱健刚，2011：96~100、201）等方面的独特群体特征。农业转移人口的群体特征并非先赋性的，而是在跨越边界和被边缘化的过程中不断形成的一种较为普遍的群体特

[①] 《民政部、财政部关于政府购买社会工作服务的指导意见》（民发〔2012〕196号），2012年11月14日发布，http://sw.mca.gov.cn/article/zcwj/201304/20130400441061.shtml，最后访问日期：2016年12月18日。

征。在政治、资本和空间的联合作用下，农业转移人口被割断了和居住地点的联系，而成为无根的漂泊者。因此，社会组织在为农业转移人口提供服务的时候，必须考虑到复杂性环境和特殊性对象两个方面，以及交互影响下的对象实际需求情况，据此进行项目方案的设计和开展（郭景萍，2015），以鼓励农业转移人口进行社区参与，在居住的社区扎"根"。我们认为，只有基于环境复杂性和对象特殊性，才能较为全面地审视当前社会组织服务供给过程中的错位和不足问题。

（一）增能与充权：农业转移人口的社会服务需求

为了更好地描述农业转移人口的社会服务需求，本节试图将其困难和诉求根据在第二章中提及的主要项目简单归纳为"适应型需求"和"融合型需求"两种类型。从目的来看，前者偏重于生存适应，如环境适应（适应环境、学会语言）、经济适应（增加储蓄、提高生活水平）、居住适应（希望拥有住房、家庭和睦和健康）、职业适应（提高技术能力和工资水平）等，后者强调发展融入，如争取权利（期望社会平等、政策完善）、谋求发展（希望自己创业、渴求升职、期望社会保障、子女教育和成长、本地购房和建房等）。从需求层次来看，"适应型需求"层次较低，关注个人和家庭的基本生活需求的满足，而"融合型需求"对自己的能力和未来有着较为积极的预期，对社会和国家提出了更高的要求。从与市民化的关系来看，适应是一种希望暂时性市民化的理想，最终的结果距离市民身份的获得遥遥无期，而融合是一种试图永久性市民化的努力，强调社区参与和归属感，最终指向市民身份和地位的获得。

农业转移人口在流出原籍地之后，面临着很多的现实性问题，其中首先是来自劳动力市场的就业压力。正如第二章所说的，强调工作困难的工人占到了总困难数的50.69%。其次是家庭生活困难，比重为21.58%。最后是个体生活和社会交往等方面的困难，约占20%。从中不难发现，工作和生活中的困难对希望在城市中谋求职业发展和经济境况改善的农业转移人口来说构成了极大的威胁。加之对社会政策的不明朗预期和个人社会交往的同质化，在城市中落户几乎是一个难以想象的奢求。

在需求方面，农业转移人口的需求总体上也是集中于工作和生活，两者合计约占所有期望数的84.42%。这个结果和农业转移人口反映出来的现实困难也是高度契合的。可见，对于农业转移人口的社会服务应当着重于改善其最基本的生存状况，进行职业能力提升培训，链接就业信息，改善工作权益和社会保障，同时注意协调其家庭系统的内部关系，以及协助建立社会支持网络，等等。换句话说，这也就是为个体"赋能"的服务。

调查显示，有困难的人表现出了较为强烈的低层次适应型需求，而近四成未遇到太多重大困难的人更倾向于提出发展型诉求。这启示我们，在关注农业转移人口的适应型需求的同时，还应当注意到服务对象内部的分化，进行需求评估，对不同类型的对象提供有针对性的服务。在当下，大部分社会组织将注意力集中于提供适应型服务上，而忽视了更高层次、更高要求、更高难度的发展型服务。如果一个社会组织能够承担起满足作为群体的服务对象的发展型诉求的话，那就意味着这个专业性组织已经真正走向了社会化的输出，走向了谋求社会（社群）正义和平等的服务（郭景萍，2015）。

专业性社会服务提供者的关怀不仅体现在为"个体赋能"方面，也体现于追求社会公正之中。然而，理想的社会服务管理只在理论上具备可行性，在实践层面往往不得不因区域社会环境复杂性和对象群体特殊性而遭遇重重约束，甚至在价值和自主之间的踯躅中陷入困境。

1. 个体增能：无法满足的个体适应型需求

为农业转移人口提供适应型服务，是为其修复、改善并提升自身社会功能的重要手段。农业转移人口在社区中交往封闭，对于社区里的活动极少参与，这也是导致他们社会功能受损、难以适应社区的一个关键因素。从2013年国家卫生和计划生育委员会的全国流动人口动态监测项目的数据可以看到，农业转移人口在社区中的参与度非常低，文体类、公益服务类和管理类三种类型活动的参与率都在30%以下。具体来说，参与度最高的是诸如演出、广场舞等文体娱乐活动，参与率达到25.39%；公益服务类参与约占21.06%；最低的是社区管理类活动，仅有12.68%的农业转移人口参与过此类活动。缺乏参与使得农业转移人口在社区中处于边缘化的境地。对此，社会组织的回应存在较大偏离。大多数的社会服务项目都关注到了农业转移人口的适应型需求，但实际上并没能对需求进行认真研究，一味开展文化娱乐性活动，而广泛忽视了公益服务类和社区管理类活动。

这样的服务活动并未收获预期的效果。由于服务对象较少，服务宣传不够，社会组织和社工机构始终"悬浮"于社区之上。一方面，农业转移人口对社工机构和劳工机构等社会组织知之甚少，更谈不上向社会组织求助或主动参与。另一方面，社工机构自身也受累于"文件治理"，离社会工作的"初心"越来越远。社会工作服务机构大多在社区驻点，由于人员流动大、考核指标多、管理官僚化，许多一线社会工作者变得"会写不会做"（朱健刚、陈安娜，2013）。这不仅是社会公益的浪费，更是专业价值的"腐化"，结果导致服务对象被工具化利用，更无法从社会工作的服务项目中获益。

这种低层次的服务，实际上还是将农业转移人口当作城市的过客看待，未能将其视为社区居民或者是社区利益相关者。

农业转移人口面临着来自各方面的环境限制，主体性和能动性的不足更加剧了适应的困难。针对农业转移人口的社会服务绝不能仅仅停留于满足精神层面的文化娱乐需求。一个好的服务项目应当着眼于对服务对象的关怀，致力于帮助其提升职业、生活、人际等多方面的能力。另外，一个好的项目也应该注重情境性，超越个案中心主义的服务模式，促进社会管理和制度政策的改善。

2. 群体充权：不愿触及的群体融合型需求

强调个人赋能还是追求社会公正？这两种不同的服务模式之间似乎存在某种张力（Clark，2002：38-40），致使众多一线社会工作者为之感到苦恼。对于农业转移人口来说，融合意味着农业转移人口群体以平等的身份融入城市社会生活中，同时也要求社会或社区对这一群体的吸纳和接受。然而，比较好地适应城市生活的一部分人依然能够明显地感受到社会环境中潜在或显在的种种歧视和不公正。[①] 尤其是当农业转移人口权益受损时，很多人选择默默忍受，也有一部分人选择发声，但也仅仅是希望依托非正式途径而不是正式程序进行维权。

[①] 第二章中已经指出，没有遇到太大困难的人对于社会不平等的改善有着强烈的呼声。

从这个意义上讲，只有将服务参与者看作"公民"（Clark，2002：38－40），进而采取群体赋能的服务模式，才可以消除这两种服务模式间的张力。社工机构在社区中作为治理主体之一，应当重视培养农业转移人口精英，协助孵化农业转移人口社会组织，如业主委员会、行业协会等。通过构建社会组织－精英－农业转移人口的社区参与链条，促进社区社会资本的增长，带动农业转移人口积极地参与社区日常生活的管理和服务，最终实现社区营造的目的。

（二）理想与现实：面向农业转移人口的社会服务困境

如何针对特殊群体服务长期以来都是社会工作发展过程中不可绕过的现实性问题。一项服务的效果，不仅取决于服务内容的设计，还可能受到供给主体、服务接受者、服务传输模式等因素的影响。面向农业转移人口的服务困境主要表现在以下几点。

1. 政府主导的购买服务：专业化趋向对社会化服务的抑制

当前，大量农业转移人口从迁出地流入迁入地，生活环境和人际关系的调整与改变，成为农业转移人口顺利融入陌生地区的重要阻力。因此，随之而来的便是农业转移人口的社会适应问题，如语言沟通障碍、生活习惯适应、获得好的工作、改善工作环境等个人社会适应和基本需求问题。那么，如何改善农业转移人口的生活环境，使其尽快适应新生活，是目前包括社工机构和劳工机构在内的各种社会组织主要面临的问题之一。在对各种社会组织所开展的一系列针对农业转移人口社会融入问题的活动进行研究的基础上，我们归纳出一种新的服务模式——"需求－供给/反馈"模式，即通过对服务对象的社会需求进行综合评估，进而为其提供相应的社会服务，或将其需求反馈给政府或企业，以求引起政府的重视，进而制定翔实而可行的社会政策。

社会工作的快速发展不能仅仅看作社会经济文化的发展对专业的呼唤所致，掩藏于其背后的强大的政治推动力不容忽视。政府购买服务已经逐渐取代政府直接提供服务，成为一种日益广泛的服务供给模式。2014年对广州、深圳、东莞、佛山、珠海五市的100家社会工作机构（劳工机构）的问卷调查显示，汇报了财务数据的95家机构中有76家获得了政府的资金支持，年平均资助达到500万元，占这些机构所有资金来源的80%。政府购买服务使社会工作本身的合法性地位进一步得到了制度认可，极大地促进了社会工作走向专业化的进程。社会工作机构在各大主要城市迅速发展起来，在公共服务供给链条中的重要性日益凸显。

但也应当清醒地认识到，从短期来看，嵌入式发展对于社会工作的专业化有利，但长期下去就会使社会工作者沦为"政府的雇员"。学者们所谓"社会工作的嵌入性发展"指的是，社会工作逐渐走向政府——专业合作下的深度融合，这一发展模式强调政府主导、进入政府让渡的社会服务管理核心领域、在行政性社会服务中处于辅助地位等（王思斌，2011）。嵌入性发展无疑为社会工作作为一门专业和职业奠定了制度合法性。然而，这样的发展模式暗含了专业化的风险，即以牺牲自下而上的社会合法性为代价获得了自上而下的政治合法性。专业社工被逐渐吸纳进入社区和街道权力网络当中，往往会抑制社会化服务的提供，最终导致社会工作退化到"权威为本"的服务（朱健刚、陈安娜，2013）。社会服务组织发育不良，以及与政府的暧昧关系，给了政府以大力购买服务的契机，并试图吸纳社会组织以消除两者之间固有的边界（黄晓星、杨杰，2015）。在行政推促下，越来越趋向专业化的社会工作教育和服务，似乎正在重走专业主义和官僚化的老路，不仅未能带来"社会性"的回归，还使自身陷入了"道德实践与政治实践的异化"困境（肖小霞、张兴杰、张开云，2013）。

2. 被忽视的职业风险：一线社工心理健康和职业发展困境

社会工作是一门高风险的职业（汪淑媛，2008；许雅娟、游美贵、郑丽珍，2014）。在多数人眼中，一线社工可能面临诸如收入难以满足自身（或家庭）的基本生活需求，硬性工作指标，缺乏职业培训和向上流动渠道，工作满意度低和流动率高，以及自身专业性不强等问题。事实上，由于长期暴露于特殊的工作环境和服务群体中，一线社会工作者的健康受到严重威胁，这些威胁指的是"与服务对象的矛盾关系，来自案主的暴力、加害人的威胁以及替代性创伤"等潜在的风险（汪淑媛，2008）。

服务对象在生存适应和发展融入方面的巨大需求增大了社会工作者的工作难度，来自组织内部和外部系统的双重压力可能使社工的项目难以如期开展。在这种环境复杂性下，社会工作者的负面情绪不断淤积，职业倦怠感不断加深，心理健康问题越发严重，职业流动率不断升高。这为组织建设带来极大的挑战，一方面社工机构遭受行政权力侵蚀、面临经费来源问题；另一方面机构难以向一线社工提供应有的庇护和支持，社工流失率高，组织建设缺乏稳定性。

3. 发育受挫的草根组织：社会服务体系中缺位的社会力量

草根志愿组织是社会群体进行公共参与的重要渠道（朱健刚，2004）。比较不同服务机构发现，社会工作机构所承接的平均项目数量是劳工机构的2.7倍（6.82/2.52），平均项目经费更是达到了劳工组织的4.7倍（和经纬、黄培茹、黄慧，2009）。政府购买服务对社会服务的供给主体产生了重大影响，一边是社会工作机构的暖春，一边是劳工草根组织的寒冬。一项对珠三角农业转移人口维权NGO的调查显示（康晓光、韩恒，2005），劳工机构更加倾向于采取对抗性策略来给企业和政府施压，迫使他们改变对劳工权益的破坏，最终使其与政府之间的关系隔阂不断加深，也难以获得政府资金的支持。这些劳工机构不得不采取投身公益、信息透明化等策略来寻求制度外的道义，通过成立理事会、邀请顾问团等方式来建构政治"防火墙"。

政府对官方机构和草根机构的"分类控制"（管兵，2013），造成了社会服务体系链条中自发性社会力量的脱链与缺位。总之，由于缺失制度上的合法性，草根组织在社会治理和服务供给体系中的地位饱受质疑，其行动也受到各种阻挠，摆在它们前面的是严峻的生存危机。

4. 难以满足的需求缺口：面向农业转移人口的服务供给难题

从实务层面来说，面向农业转移人口的服务供给难题表现在四个方面：一是服务输送遭遇瓶颈；二是政策制定地域化；三是服务持续性难以保证；四是服务效果评估存在困难。一线社工多是采取"摸着石头过河"或是生搬硬套的服务方式，针对高流动和高需求的农业转移人口群体还有待探索开发出一个有针对性的服务工具箱。

首先，社会组织发展仍然不够充分，社工职业化程度低，还未形成庞大的人才队伍，给服务输送带来了瓶颈难题。城市中农业转移人口规模大，构成复杂，居住聚集，庞大的农业转移人口群体对社会服务提出了多元化、均等化的诉求。在社会组织数量有限和从业队伍不稳定的情境下，服务的质量较低，数量也不充足，需求与供给之间产生了巨大的缺口。

其次，社会组织服务呈现地域化特征，社会服务的对象群体、目标区域有限，群体间、区域间呈现较严重的不均衡问题。政府购买服务会对社会服务供给范围加以限制，给服务加上了一套隐形的枷锁。各地、各级政府存在的差异，也会导致社会组织机构发展程度不一（管兵，2013），特别是社会组织在拥有强势政府的广大中小城市中长期缺位。在城市社区或企业中，社会组织的服务活动会优先提供给机构及其驻点周围的群体，服务内容、服务对象以及服务的方式都会受到该地的社会文化环境、社会群体构成的约束。

再次，社会服务短期化趋势明显，难以为农业转移人口提供较为完整、长期的定制化服务。农业转移人口在城市中换职频繁，其居住和就业的高流动性和不确定性对项目服务的持续开展造成了严重挑战。加之各种指标考核的压力、官僚化组织的限制，以及社工自身的流动，一线社工通常很难完成一年及以上的长期性服务项目，大多数的个案服务草草结案，很多项目最终演变成了公益浪费。因此，建设专门的社会工作服务数据库、加强机构间的信息和资源的整合就显得十分必要。

最后，社会组织和项目资助方对项目评估不够重视，项目的质量有待提升。评估在社会工作服务中起着关键作用，是促进专业反思和项目进步的重要手段，而在实务过程中，社会组织机构和利益相关者常常忽视评估的严谨性、科学性，以及客观性要求。项目资助者仅凭借文本审核、结项汇报等方式简单完成项目成效评估，缺乏与第三方评估机构合作。

（三）服务管理的对策和建议

在面对庞大的农业转移人口管理问题时，社会组织应在困境中寻求新的发展路径，寻求更加公平而多元化的社会服务新模式，寻求更为独立自主的运行方式。

1. 以购买服务为驱动力加快社会组织多元化发展

在农业转移人口服务管理方面，政府应适当地释放权力，优化社会治理空间，允许社会组织在法治原则下向多元化方向发展。

(1) 资金上形成多元筹措途径

目前，社会组织的资金来源结构不合理，并且筹资方式单一。只有建立多元的筹资渠道，建立公正公开的募捐系统，才能使社会组织拥有足够的活动资金从事农业转移人口的服务，同时规范提高社工等专业人才的薪酬制度，鼓励更多的社工加入农业转移人口服务的行列。

一方面，政府应加大对农业转移人口社会融入和管理的资金投入，加大对社会组织的政府购买力度，同时应进行第三方的监督和评估，防止购买资金的滥用。另一方面，允许社会组织进行公开的社会募捐活动，完善社会募捐程序，加强对募捐资金流向的管理，对财务进行公示，加大社会的监督力度，提升对社会组织服务成效的评估。

(2) 机制上推动农业转移人口服务的整合，建设支持性社会组织

一是服务方法的整合。从个案、小组到大型活动，从解决问题到提升能力，从助人到自助，从小组建设到组织孵化都需要整合起来。唯其如此，助人的服务才能真正起到促进自主的效果。二是服务场所的整合。工作场所与社区、服务中心与外展服务网点、实体服务与网络服务需要实现有机统一。三是服务人员的整合。农业转移人口的服务需求多元而复杂，例如，一次工伤不仅可能引发赔偿问题，也可以引发家庭婚姻问题、心理问题，因此，社工、心理、残障康复、法律等专业人员需要进行跨专业协调，专业人员要与政府工作人员进行跨界别合作。

2. 推动社会组织提供更有针对性的服务

社会组织要提升自身的服务质量、服务能力，简化服务程序，制定相关的服务标准，培养专业自主性和规范职业水平，加强能力建设，以社会性为导向，合理利用资金，提供更多有针对性的服务。

(1) 注重政策倡导

社会组织不仅作为公益性组织为农业转移人口提供社会性服务，其在政策倡导上也发挥了一定的作用。目前社会组织提供的服务之所以难以取得明显成效，原因之一在于就服务谈服务，将服务的目的局限于在服务中解决农业转移人口面临的一个个具体的问题。尽管直接服务能够在一定程度上满足他们的需求，但不足以解决诸如就业、住房、法律地位、民族偏见、教育与健康服务及社会参与等问题。因此，社会组织应当扮演社会变

迁的促进者和协作者角色，促进权力和资源更为平等地分配。在服务农业转移人口的过程中发现既有政策的问题，确定影响的人群和影响的范围，向政府提出可行的解决方案是服务农业转移人口的题中应有之义。

加强农业转移人口的服务管理不仅事关农业转移人口本身，也事关广大社会公众。只有农业转移人口所在社区的本地居民和一般社会公众真切了解到农业转移人口的巨大贡献和深重苦难，深刻认识到他们的日常生活与农业转移人口的工作和付出密切相关，体认到农业转移人口的问题其实是全社会的问题，他们的社会融入才真正具备了社会共识。因此，作为服务提供者，社会组织有责任将农业转移人口的真实处境披露给社会公众，从而吸引更多社会人士关注农业转移人口的命运，通过社会力量提升农业转移人口的服务管理水平。

社会组织一般通过三种方式发挥政策倡导作用。首先，某些非营利性社会组织作为社会公益事业单位的领头羊，站在农业转移人口的立场上，积极参与相关社会立法，在政府政策制定过程中为弱者发声，一定程度上为农业转移人口群体在就业、子女教育、劳动权益维护等方面争取了政策支持，相对降低了农业转移人口社会融入的问题门槛；其次，作为社会公正和公平的拥护者和传播者，社会组织在全社会范围内积极推动公正的社会价值观，努力在社会政策层面拓展更广阔的社会公正空间；最后，社会组织借助媒体、社会舆论等社会公众平台时刻关注相关社会法规的执行过程和结果，以其公益性的服务宗旨努力影响并推动社会政策的公益性产出。社会组织对政府政策制定的倡导功能，在流入地的社会治安以及整体社会治理方面都产生了重要影响，一定程度上给政府政策的制定带来了社会压力，使得政府在制定政策的过程中不得不考虑弱势群体的合法权益，建立有利于维护弱势群体权益的社会政策。因此，从更广泛的社会意义上看，社会组织在政策上的倡导作用，一定程度上提升了政府的社会治理效能。

（2）普法送法，增强农业转移人口的权利意识

社会组织应定期向农业转移人口进行相关的法律权益宣传，开展法律援助等活动。社会组织一般为服务对象提供法律咨询、代理诉讼和法律宣传等服务。如上海平民村工作站在平民村，通过海报、讲座、黑板报、现

场咨询等方式为老年人、外来人员等开展法律援助、法律咨询和诉讼代理等服务（朱健刚，2004）。另外，社会组织还可以协同工会组织等各种组织制定与劳动关系相关的法律法规，开展维权咨询和协调劳资矛盾等服务。又如浙江慈溪市创立的"和谐促进会"在维护农业转移人口的劳动权益和调处劳资纠纷方面发挥了重要作用。

对农业转移人口而言，由于劳动争议处理程序的复杂和资方、地方政府设置的重重阻挠，其维权过程中遭遇的法律问题仅靠自身力量难以完全解决，这就需要社会组织的介入和跟进，向他们提供法律咨询、个案辅导等法律服务，并向他们中的典型个案提供个案代理服务，这种典型个案可被用来在法律宣传过程中树立并增强尚未开始维权的农业转移人口信心，起到维权示范作用。

需要指出的是，农业转移人口面临的权利问题不仅仅是个体的问题，更是群体性的问题。我们认为，提升农业转移人口的权利意识应通过他们之间的互助和团结来实现。通过在普法送法过程中大力发展来自农业转移人口的志愿者参与维权和互助行动，让更多的农业转移人口及时得到法律信息，让更多的志愿者具备辅导他人处理法律事务的能力，逐步提高农业转移人口的权利意识和群体意识，最终使农业转移人口能够通过合法途径表达其群体意愿，促进国家在保障农业转移人口权益方面做出实质性改善。

（3）开展公共服务

2013年，民政部、财政部下发了《关于政府购买社会工作服务的指导意见》，意见指出，各级民政和财政部门要切实增强责任感和紧迫感，充分总结借鉴国内外政府购买社会工作服务实践经验，加快社会团体、民办非企业单位、基金会以及具备相应能力和条件的企事业单位等各类社会组织的政府购买服务步伐。[①] 在社会政策的引导下，社会组织机构多以政府购买的方式提供服务。一般为农业转移人口提供心理辅导、文娱活动、子女教育、技术培训、健康卫生知识培训、医疗帮扶、工伤探访等社会公共服务。如浙江省慈溪市以村（社区）为单位组建的民间团体、群众组

---

① http://sw.mca.gov.cn/article/zcwj/201304/20130400441061.shtml。

织——和谐促进会，致力于为外来农业转移人口提供教育培训、文化体育、卫生保健、扶贫济困、社区服务等多种服务项目（蔡旭昶等，2011）。

农业转移人口内部已经呈现明显的分化，社会组织对不同的群体，应采取不同的服务方案和策略，针对不同年龄、性别、地区、受教育程度、职位的农业转移人口群体，提供定制化的服务。对特殊的农业转移人口群体（如非正式就业者、工伤者），社会组织应充分考虑群体间、行业间的实际差异，突出针对特殊情况和重点对象的先行试点探索，促成"整体推进、重点突破、各有侧重、互相衔接"的农业转移人口社会服务的发展格局。

面对大量而复杂的农业转移人口，社会组织应增加社区活动的多样性，积极开展多种多样的社区服务，提高居民的社区参与度。同时，对农业转移人口进行相关的社会适应性辅导，以更好促进农业转移人口之间的互动，提升他们处理社会问题的能力。在社区服务过程中，社会组织应注重培育农业转移人口自发成立的社区社会组织，提升该群体的自我服务和管理能力。

（4）调配社会资源

社会组织自身的服务性决定了其必须以获取外界资源的方式展开服务，同时也决定了其获取资源的公益性。为了提供更多更优质的社会服务，很多非营利性组织会采用多种渠道获取社会资源，一方面可以通过开展各种慈善性、公益性募捐活动从社会的各个层面获取资金，如社工机构通常开展的义卖活动；另一方面动员广大社会志愿者加入公益性服务活动中。此外，可以从政府方面获得相应的资金支持，即政府购买服务。值得一提的是，这里所说的社会组织进行调配资源，其实更强调"配"的能力。以公益性和服务性为宗旨，评估服务对象的需求，提供相应的资源供给和服务以达到资源的合理利用和分配，是社会组织必须完成的使命。事实证明，社工机构、劳工机构在为农业转移人口提供服务的过程中都在秉持这一思路。可以说，社会组织调配和分配资源的行动解决了农业转移人口在社会融入过程中资源稀缺的问题，一定程度上有利于缓解各地区、各阶层之间资源分配不均的局面，同时为流入地营造安全稳健的社会秩序贡献了力量。

总之，社会组织是目前为农业转移人口提供社会服务的重要中坚力量，它在很大程度上以其公益性的功能帮扶了绝大部分适应型需求的农业转移人口。但以往的研究发现，农业转移人口除了有适应型需求之外，还有部分人更多地表现为一种融合型需求。而现有的社会组织多从农业转移人口的基本适应型需求出发提供服务，无法满足部分农业转移人口的融合型需求，这在一定程度上造成了农业转移人口的实际社会需求和社会组织的服务提供之间的脱节问题。无论是社区参与还是社会组织的社会服务，它们在解决农业转移人口社会融入问题方面都存在些许不足和缺陷。为此我们建议，首先是以购买服务为驱动力加快社会组织多元化发展，其次是推动社会组织提供更有针对性的服务。总的来说，无论是社区参与还是社会组织的社会服务，都旨在解决农业转移人口的社会适应和社会融入问题，营造安全稳健的社会秩序。

第九章　结语：农业转移人口市民化的路径

以往关于农业转移人口问题的研究大多基于"现代化"理论预设、市民化发展趋向预设，认为农村人口到城市就业就是一个被整合、被同化为城市文化的过程。城市社会中农业转移人口的治理，不仅考量着嵌入中国经济结构、文化模式、社会结构的社会治理形态，而且农业转移人口的治理话语体现了中国城市化的推进路径与农业转移人口的未来出路。在社会治理视角下，有必要将宏观社会结构与微观行动相结合，城市整体利益与农业转移人口个人权益相结合，从农业转移人口秩序生成的社会基础出发，探讨农业转移人口秩序构建的创新路径。

一　加快农业转移人口市民化的原则

伴随着社会治理的现代化转型以及中国新型城镇化战略的提出，农业转移人口的治理向度需要突破原有的路径依赖，从而在更深层意义上推进城市秩序的构建，并形塑农业转移人口的未来。

（一）权利赋予与城市秩序相结合

农业转移人口治理的实践表达需要深刻理解农业转移人口的权益需求特征、城市秩序期待的内生动力以及治理主体的秩序建构能力。当前，随着国家治理话语的转型，农业转移人口的治理向度需将流动的权利赋予与城市秩序满足相结合，构建具有适应社会现实性与有效引导未来的农业转移人口治理模式。

从浮萍到扎根：农业转移人口的市民化

改革开放以前，由于过高估计大城市的规模经济效应，加之计划经济体制形成的行政化惯性，我国城市发展中的大城市偏向和政府资源配置的行政中心偏向明显。虽然20世纪90年代以来，在城镇化的发展话语中，政策文本上一再强调要促进大城市与中小城市协调发展，但是从城镇化的实践态势来看，大中城市科学合理、规模均衡的城镇化布局非但没有形成，反而是大城市尤其是特大城市迅速膨胀、中小城市和小城镇相对萎缩，出现了两极分化的城镇化格局，中小城市与特大城市、大城市的发展差距不断扩大，大城市与特大城市在资源集聚、人口吸引力方面形成了突出优势。据统计，珠三角、长三角、京津冀三大城市群聚集了18%的国内人口，创造了36%的国内生产总值，日益逼近资源环境承载力的极限，可持续发展问题日渐突出，而中西部中小城市和小城镇，由于缺乏产业支撑和公共服务，就业岗位和人口吸纳能力严重不足（魏后凯，2014）。

同时，在城镇化发展中，区域经济之间的差距非常明显。改革开放后，东部地区率先发展，产业聚集逐步强化，导致东部沿海地区和中西部地区之间经济发展差距日趋增大。以江苏、广东、上海、浙江为代表的东部地区的经济发展与产业聚集程度远远超过西部地区。一些经济学研究根据差异测度和多尺度比较研究发现，中国区域经济差异在多个尺度上均表现为差异增大的演变趋势（陈培阳等，2012）。在这种区域之间发展差距大、城市之间发展不平衡的城镇化格局下，区域之间收入和就业机会的差异，诱发了大规模的人口流动。大量农业转移人口被吸引到中东部地区经济发达的城市就业，迁移距离大、跨省流动多成为农业转移人口流动的特征之一。国家统计局2017年调查数据显示，在中东部地区就业的农业转移人口占农业转移人口总量的76.4%，其中在东部地区务工农业转移人口达15993万人，占总量的55.8%，在中部地区就业的农业转移人口达5912万人，占总量的20.6%。在农业转移人口中，跨省流动农业转移人口占外出农业转移人口总量的45.7%。①

从农业转移人口市民化成本与收益最大化的角度来看，属地市民化的迁移成本较低，也符合农业转移人口的心理诉求。但是从农业转移人口的

---

① 《2017年农民工监测调查报告》，http://www.stats.gov.cn/tjsj/zxfb/201804/t20180427_1596389.html。

流向来看，跨省流动多是其主要特征之一。在流入地远离家乡、风俗习惯差异较大的就业环境中，农业转移人口融入流入地城市的难度大大增加，同时也增加了农业转移人口在流入地长期生活的现实阻隔与心理距离。因此，在农业转移人口属地市民化相对容易的条件下，跨省流动的异地市民化选择大大降低了农业转移人口市民化的可能性。

从农业转移人口属地市民化来看，农业转移人口流向地级以上大中城市就业的比较多，在目前城市发展格局下，大城市与小城市之间经济发展存在巨大的差距，地级以上城市的就业机会和收入显然要多于中小城市。但是从农业转移人口市民化的个人成本来看，在住房、生活成本方面，在大中城市市民化的市民难度较大，很多农业转移人口无力承担在大中城市的购房支出。与此同时，我国的户籍改革政策的主要基调是严格控制大城市人口规模，积极促进农业转移人口落户小城镇。农业转移人口在大城市市民化不仅成本高而且很难获得户籍身份，这大大降低了农业转移人口在大城市市民化的可能性。在中小城市市民化的难度低，但是很多中小城市就业机会少，公共服务水平与社会保障层次方面较低，即使这些中小城市离农业转移人口的输出地较近，也难以吸引他们在这些地区市民化。

纵观各国的发展历史，不难发现，成功的城市化过程一定是根据工业化与城市化的需要，通过公平的农业转移人口制度与政策体系，将农业转移人口转化为城市秩序的维护者、财富的创造者（陈丙欣、叶裕民，2013）。因此，针对农业转移人口的就业、医疗、教育、住房保障等呈现权利碎片化与权益缺失化的状态，政府层面需要建立农业转移人口的权益保障体系，以社会保障体系为依托，提高社会保障体系的统筹层次，激发城市政府对于农业转移人口权益赋予的积极性，建立农业转移人口与城市常住人口相融合的城市秩序体系。

同时，要正视城乡二元结构的客观现实。当前，由于城市基础设施、公共服务水平的限制，把农业转移人口转化为城市居民的能力有限，农业转移人口的快速城市化与全部市民化也并不符合现有国情下城市的承载力。因此，要从中国的国情出发，建立农业转移人口城乡之间双向流动的机制，支持农业转移人口回乡创业。对农业转移人口的城市化要发挥市场自由筛选的作用，并结合农业转移人口的意愿，以农业转移人口的生活改善为价值目标，对农业转移人口的城市化与市民化既不盲目跃进也不强制阻拦。

（二）制度规范整合与价值整合相结合

现代社会与传统农业社会的区别之一在于现代制度规范在社会整合中的基础性作用。由于中国现代化的独有路径，在以速度和空间悖论为特征的中国现代性语境中，前现代性的余波尚未褪尽，后现代性的隐忧已经出现，这就使得前现代、现代、后现代的历时性矛盾在中国现代性语境中演化为共时性矛盾，大大加剧了中国的"现代性风险"。新旧规范、价值体系、价值观交替之间不可避免地出现了"真空地带"，从而导致多元多重主体行为的失范、社会的失序，造成秩序困境（鲍宗豪、赵晓红，2014）。在这种背景下，现代、传统等多元价值体系的矛盾在农业转移人口群体表现得尤为明显，在传统逐渐退却时，这一群体却无法找到整合群体秩序的价值规范，在城市文化的冲击下，这一群体的个体意识觉醒，个人主义膨胀，对物质的追求成为生活的核心目标与动力。农业转移人口群体在社会实践场景中表现出的伦理道德持有状况以及价值观念等，既区别于城市社会的市民群体，又与传统农民有着很大的区别，在与传统的决裂中又具有传统性的部分特征，他们向往城市生活的现代性，但只具有现代性的萌芽。在城市就业增加了生活的不确定性与风险，也增加了他们的孤独感与对社会规范的不确定性的认同。因此，对农业转移人口的治理向度需要发挥现代制度规范引领作用，同时也要注意传统价值伦理的基础性整合作用。

从社会秩序的建立来看，"公平、正义"始终是社会秩序获得认同和正当性的力量之源（鲍宗豪、赵晓红，2014）。农业转移人口作为城市人口的重要组成部分，在复杂现代性的多重叠加下，现代社会治理需关注不同利益群体的价值诉求与利益诉求，消解由利益矛盾造成的治理张力。

制度、规范是建立有效秩序的强大基石，为有效实现流动的秩序性、利益分配的公平性，政府需要不断推进有效的制度、政策改革，通过制度和规范引导农业转移人口的行为，培养农业转移人口的现代规范观念与积极进取精神。城市要给予农业转移人口公平的制度环境，如住房方面，应在政府主导下,根据农业转移人口的收入、迁移意愿、在流入地居住时间长短的差异,建立形式多样、多渠道、不同层次的住房租售方案;在教育政策上,建立流入地、流出地可以自由选择的公平的教育环境。同时在农业转移人口的治理上,要积极发挥价值整合的作用,媒体和社会舆论要给予农业转移人口多方面的积极、正面报道。农业转移人口群体作为来自农村的就业人口,他们具有吃苦耐劳、勤俭节约等很多传统美德,这一群体朴素的价值观念、积极向上的进取精神,是这一群体价值整合的重要基础,也是这一群体有效秩序构建的重要力量,应不断宣扬农业转移人口的进取精神与传统道德观念,鼓励他们守住传统文化之精髓,在社会融合中有积极的信心与动力。

(三) 多元分化与不同治理策略相结合

农业转移人口群体已经发生了很大的分化,《2017年农民工监测调查报告》显示,农民工在第二产业中从业的比重为51.5%。其中,从事制造业的农民工比重为29.9%;从事建筑业的农民工比重为18.9%。农民工在第三产业就业的比重为48%。[1] 农业转移人口规模庞大,半数以上聚居在城乡接合部和环城带地区,居住环境和居住条件与城市居民相隔离。1980年及以后出生的新生代农业转移人口逐渐成为农业转移人口主体,首次过半,占全国农业转移人口总量的50.5%。不同代际、不同子群体之间在经济收入、职业、岗位、社会心理方面已经存在很大的不同,其城市社会融合状况也存在很大差别。虽然从总体来看,农业转移人口以体力劳动为主的状况并未发生根本性的转变,文化水平低、职业层次低等仍然是农业转移人口的主要特征,但是随着农业转移人口群体的历时性发展与我国改革开放的不断深入以及就业政策的逐步完善,约三成的农业转移人口凭借多年的打工经验,开始涉足技术领域或企业的管理者阶层,出现了"去农民工化"或"去体力化"的新特征,城市融入能力大大增强,价值诉求也出现了新要求。新生代农业转移人口既没有务农经历也缺乏在农村生活的基础,既对农村缺乏认同也不具备在农村生存的资源与能力,即使在城市生

---

[1] 《2017年农民工监测调查报告》,http://www.stats.gov.cn/tjsj/zxfb/201804/t20180427_1596389.html。

存艰难,也不愿回到农村。他们普遍较年轻,以体力劳动为主,就业技能有待提高,本应加强职业技术教育和岗位培训,但其频繁流动影响了企业增加人力资本投入,导致劳动力素质难以适应产业结构升级要求。

随着农业转移人口群体的分化,这一群体的留城意愿出现明显分化,权益需要出现明显差异。在这种情况下,农业转移人口治理政策必须关注这一群体多元分化的社会实践现实,针对农业转移人口中不同的子群体分别给予不同的治理对策。按照权利与义务对等的原则,对于农业转移人口中长期在流入地生活,实际上已经成为城市常住居民的群体,要着力解决他们的户籍问题,使这一群体在就业、医疗、教育等方面获得同样的市民待遇,促进他们同当地市民的进一步融合。对于仍具有一定流动性的农业转移人口,在回乡与留城之间尊重其个体选择,在福利保障等方面要给予他们更多自由选择的空间。还有一部分农业转移人口只把在城市就业作为增加经济收入的目标,价值诉求、心理归属仍在农村,希望保留农村户口。

除了农业转移人口的显性特征外,我们还要关注农业转移人口背后深厚的文化价值基础。由于来自乡土性浓厚的乡村,农业转移人口身上带有大量传统文化基因。传统文化中对群体的认同、对生活的价值理念以及朴素的生活观念成为农业转移人口克服种种困难而在城市生存、奋斗的动力来源基础。同时,现代社会治理的目标也是通过不同个体之间、个体与群体之间、不同群体之间共同的信仰、情感、道德、价值观的共同纽带把社会大众联系在一起,促进社会凝聚力的增强。因此,传统文化的凝聚力作用符合现代社会治理的价值诉求。在农业转移人口市民化进程中应继续弘扬传统文化中优秀精髓部分对农业转移人口秩序的基础性作用。

因此,针对农业转移人口不同的留城意愿建立不同的城市融入政策,既促进农业转移人口的社会融合,又要防止不顾农业转移人口意愿的"被市民化"。按照市场的需要及政策的调控,使农业转移人口在流动地域上有一定的筛选,减少其盲目性,既使农业转移人口的生活看到希望,又使农业转移人口的地域选择有一定的针对性,建立不同城市之间、城乡之间流动的有序通道。

第九章 结语：农业转移人口市民化的路径

二 农业转移人口市民化路径的变革与政策创新

持续进行的城镇化浪潮不仅在话语方面占据主体空间，而且在地理空间方面也在重构原有的农村地理格局，在人口分布方面扭转原有的城乡人口布局。但是，与城镇化共生的农业转移人口市民化受城镇化进程中经济理性的制约而步履维艰，陷入融城难、身份获取难的市民化困境。

在新型城镇化的背景之下，如何突破原有社会空间的局限、完成农业转移人口的生存与发展诉求，并有效达成与城镇化的共生互促关联，这不仅需要反思原有的城镇化与市民化路径选择，而且要深切关注农业转移人口市民化的主体性。

（一）重构农业转移人口城市权利

城镇化之所以成为中国社会发展的政策中心，更多的是源于国家重视城镇化对经济增长的突出作用。城镇化过程中大量农村人口进入城市，他们的生活方式转变和消费革命，使得城镇化能够成为内需的重要来源。同时，城镇化过程带来土地利用和城市形态的变化，以及引发房地产业发展的巨大投资，从而刺激经济增长。当前我国城镇化发展水平达到54.7%，基本处于向城镇化发展中后期转变的阶段（任远，2016a）。当前经济逻辑主导、工具理性盛行的城镇化潮流带来的诸多问题，使得我们需要从社会发展的总体维度上去重建城镇化的逻辑，以避免过分倚重城镇化数字与符号所带来的种种弊端，消解过分看重经济盈利带来的"虚空城镇化"，应对城镇化进程中农业转移人口市民化的挑战。

"人"是城镇化的核心和本位，要以"共享"城镇化的发展利益为理念，重构农业转移人口的城市权利。城市与乡村不同，由于城市社会的陌生性、流动性与工业聚集性等特征，以及市场的不确定性与个体的渺小性，城市生活存在诸如失业、工伤、住宅、养老等风险，独立的个体并不能掌控生活的全部，需要同他人保持更加密切的关系，特别是离不开制度的安排。在这种情境之下，城市社会必须为其就业人口提供城市福利，才能使人们愿意离开农村，从而成为城市居民（胡小武，2011）。因此，在当前的城镇化发展中，不仅要凸显城镇化的经济要素，更要凸显城镇化的"民生"要素，给予农业转移人口城市就业风险的消解机制。作为现代化标志之一的城镇化，不仅暗含了城镇化率的数字化提升，而且包含城市福利设施的健全、城市正义的凸显、公平的城市权利的获取机制。

在城市社会治理体系中，农业转移人口不仅仅是"经济人"，有着追求经济收益的驱动力，他们也是"社会人"，有着"被尊重""归属感"的需要与权利诉求，作为行动者，他们会运用多种行动策略维护个体的权益。因此，要实现对农业转移人口的有效治理，构建农业转移人口和谐、稳定的流动秩序，完成城市政府有序管理的秩序期待与政治期待，必须改变传统的治理模式，以权利赋予、服务保障为手段，实现治理创新。

农业转移人口在城市落户遇到的核心问题是广义的生活保障问题，这带有全局性的问题，需要中央和省级政府的统筹资源分配，要靠缩小城乡之间、不同地域之间的发展差距，实现城乡一体化获得根本性解决。目前，户籍改革基本上放权给地方，因此，户籍改革也局限在地方比较小的范围内。在许多开放户籍给农民、农业转移人口的地方，其政策的对象基本只限于市内的农业户籍人口，基本没有触及核心群体即外地农业转移人口；就算对本地农业转移人口放开，条件也很苛刻，如强制农民"土地换户籍"。这些地方的户改，算不上有实质性的进展，有些还被扭曲成"农民上楼，政府卖地"的政府工程。实质性户籍制度改革要求打破地域界限，使跨省、跨地市的农业转移人口都可以落户，将不可避免地涉及跨地方、各行政区域的事权与财权、人口管理的问题，需要在一个更高的层次进行统筹和制度设计。这样既给予农业转移人口融入城市的空间，又尊重农业转移人口的个体选择，建立不同城市之间、城乡之间留居与流动的有序通道。

城镇化的持续进行不仅要有经济理性而且要有人文关怀、价值关注，才能使得城镇化回归真正的价值所在。在技术层面，应给予农业转移人口必要的城市权利。要变革城市治理中以户籍为边界的治理方式，消除这一群体在居住空间、人际交往等方面的边缘化状态，以制度给予为依托，改变农业转移人口在城市受歧视与排斥的状态。

（二）关切农业转移人口的主体性选择

农业转移人口市民化虽然来源于城镇化的现实需要、受制于城乡二元结构的制约、形塑于市民化的政策路径，但是作为个体参与的行动过程，农业转移人口市民化仍然要依赖农业转移人口个体的主体选择性。

1. 尊重农业转移人口的多元价值诉求

作为个体行动者，农业转移人口个体有着多元的价值诉求与利益需要。在现实的实践中，农业转移人口市民化也不是表现为单一的线性过程，更不能简单化约为农业转移人口必然要走向市民化的单一选择。

在农业转移人口乡城流动的实践图景中，多维的现实状况与多样的群体特征使得农业转移人口在市民化选择中呈现多意愿并存、多选择同在的境况。基于农业转移人口务工的现实特征与个体的人力资本差异，农业转移人口在市民化选择中存在多样的类型，因此，我们要将农业转移人口市民化的主体性意愿全面嵌入国家政策的顶层设计之中。对于具有较高市民化意愿与较强市民化能力的农业转移人口，要积极创造条件促使这一部分农业转移人口市民化。这部分农业转移人口文化层次较高或就业技能较强，在城市中拥有较高的收入，大部分在发达的大中城市就业或经商，小部分在中小城市谋生。基于就业能力和城市融入水平，这部分农业转移人口已无回乡意愿，甚至一部分已经在中小城市购房、安居。对于这部分农业转移人口国家在政策选择上要推进这一群体的市民化进程，促进这一群体在户籍、就业、教育等方面全面城市化。对于缺乏主动市民化意愿的农业转移人口，不能盲目推进这一群体的市民化。这一类型中大部分农业转移人口就业能力较弱，也无较强的城市融入能力。这部分农业转移人口数量庞大，他们虽然在城市没有较高的收入，更没有较强的职业技能，但是由于家乡落后的经济发展环境，他们回乡就业的可能性较小。基于较弱的人力资本，这一部分农业转移人口就业呈现低收入、高流动性的特征，由于城市融入能力较弱，这部分农业转移人口与家乡仍有较强的社会联系。基于较低的收入，这部分群体无强烈的市民化意愿，更多处于漂泊型农业转移人口状态。对于这部分农业转移人口，关键是提升这一群体的就业技能与社会融入能力。第三类是就业能力较弱但与家乡联系紧密，就业地与流出地距离较近的农业转移人口。这部分农业转移人口对家乡的归属感较强,并无市民化意愿,经常处于打工—回乡的候鸟型迁移中,在这部分农业转移人口看来,在外地务工是为增加收入,安家在农村是必然的选择。对于这部分农业转移人口,要尊重他们的主体选择,不能盲目引导这一群体进行市民化。在尊重他们意愿与现实的基础上,跟进这一群体的社会保障,促进这一群体现代农民素养的养成。

2. 建立农业转移人口的自身组织

作为从传统社会关系链接脱离出来的劳动者,新生代农业转移人口脱域于乡村网络,远离传统亲缘关系,在城市社会中,作为孤立无援的社会个体,他们缺乏传统的单位制的利益保护,也失去了村落社会集体的庇护,缺乏社会支持网络和心理归属。融入群体是社会个体最基本的生存需求之一,基于个体的社会需求与社会整合的需要,政府应鼓励农业转移人口在流入地城市建立自己的组织,鼓励农业转移人口以自己的兴趣或需要为基础建立各种自组织,并给予各种组织帮扶,通过组织一系列贴近农业转移人口需要的活动,增强农业转移人口社会认同与个体自信,实现农业转移人口与城市社会的有机联系,形成归属与认同感。政府也可以现有的共青团等群团组织为依托,为农业转移人口提供公共服务,通过公共服务实现农业转移人口在城市的融入,构建农业转移人口公共生活与交往平台,帮助农业转移人口重建或强化与同事、朋友、市民的社会关系网络,通过建立社会资本,实现从农村到城市的关系与心理归属的嵌入与整合。

3. 建构农业转移人口的权益表达机制

农业转移人口群体也缺乏表达个体权益与群体诉求的正常机制与通道。因此,需要在新生代农业转移人口的流入地,建立农业转移人口利益诉求表达的机制与通道,使这一群体的正常诉求能够上传下达,同时为农业转移人口传递信息。在信息沟通中,使农业转移人口与公共机构能发生有效连接,同时使这一群体的诉求得到有效回应。这样可以增强农业转移人口对政府的认同与对社会公共机构的信心,增强农业转移人口的社会认同与社会融入。

(三) 拓宽农业转移人口的发展路径

在城镇化充满张力与矛盾的发展进程中,现代经济发展对农村劳动力的吸纳作用机理复杂而多元,与此同时,现代化进程也不可化约为单一的数字或符号。在此过程中,我们要从人的发展的角度重新思考农业转移人口的发展路径。从未来趋向上看,市民化绝不是农业转移人口发展的唯一选择。从核心要义上看,现代社会的城乡必定是共荣与同步的发展关系,因此,对于农业转移人口的未来发展要跳出城乡二元的视野。尽管在现代化的主流叙事中,城市被置于中心位置,而农村则被认定为现代化的"他者"抑或残余。但是不可否认的是农村社会在整个现代社会中仍具有积极的意义与价值,并且由于地域分布广泛,农村社会仍然是社会发展与精神依托的重要载体。尤其在当代个体化风险盛行、未来模糊不定的发展路径中,农村社会仍然是原子化个体抵御风险的庇护来源(吴越菲,2016)。

在城镇化背景下农业转移人口的发展路径中,要摒弃城市中心主义的视角,赋予农村社会以现代价值。具体而言,要从农业转移人口发展的主体性出发,重新深思农业转移人口就地转移的可能性与可行性,从提升农业转移人口的职业素养、行为规范等方面出发,赋予农业转移人口未来发展的能力。从农业转移人口的优势出发、从农村的潜能出发,重构农村社会在城镇化格局下的地位与角色。要赋予农村社会更多的发展资源与发展能量,给予城乡均衡发展的可能路径。

(四) 努力推进公共服务的均等化

当前,城市的公共服务水平明显优越于农村,而不同城市之间也存在程度上的巨大差别,北京、上海等特大城市在医疗、教育和社会保障等资源方面明显优于其他大中城市,与中西部的中小城镇更有着天壤之别。在这种情况下,造成了人口向大城市集聚,也造成城市尤其是大城市农业转移人口集中带来的交通拥堵、治理失序等一系列问题,对农业转移人口流出地的社会结构也带来了离散化的影响,造成了流出地农村空心化的发展困境。从中国长期发展的目标来看,解决农业转移人口问题的根本在于实现公共服务的均等化。因为农业转移人口在城市工作、生活的最大顾虑是他们的收入有限和依靠自身的力量无法承担和化解就业、疾病、养老和住房等市场风险。化解市场风险的最有效手段就是政府推进公共服务均等化。

农业转移人口在城市生活中居住权、就业权、发展权、教育权、社会保障权等方面的权益保障诉求明显，在农业转移人口的服务中要凸显政府对农业转移人口权益缺失的关注，要考虑到农业转移人口的居住权益，给予他们居住的空间；在就业方面，在流出地与流入地建立双向沟通的就业培训制度；在发展方面，给予这一群体职业技能培训的优惠政策；在社会保障方面，农业转移人口的社会保障呈碎片化的状态，要建立流出地与流入地可以衔接、覆盖城乡、可以跨地区转移的社会保障安全网。

总之，在社会治理理念现代化转型的背景下，构建有序的农业转移人口治理体系，促进农业转移人口的市民化是城市农业转移人口服务管理的重要目标。要实现农业转移人口市民化，我们必须站在人口与经济、社会、资源、环境协调发展的高度，在转变经济发展方式的过程中，通过社会治理创新与治理理念转变，促进人口治理向着规模适度、结构优化、多元和谐方向发展，从城市秩序需求与农业转移人口权益需要出发，建立与城市可持续发展和城市功能定位相适应的农业转移人口市民化路径。

参考文献

著作类

安东尼·吉登斯，1998，《社会的构成》，李康、李猛译，三联出版社。

安东尼·吉登斯，2007，《批判的社会学导论》，郭忠华译，上海译文出版社。

安东尼·吉登斯，2011，《现代性的后果》，田禾译，译林出版社。

包亚明，2000，《后大都市与文化研究》，上海教育出版社。

包亚明，2003，《现代性与空间的生产》，上海教育出版社。

贝克，2004，《世界风险社会》，吴英姿、孙淑敏译，南京大学出版社。

贝克等，2011，《个体化》，李荣山等译，北京大学出版社。

彼特·布劳，1991，《不平等和异质性》，王春光、谢圣赞译，中国社会科学出版社。

布迪厄，1997，《文化资本与社会炼金术》，包亚明译，上海人民出版社。

布迪厄，1998，《实践与反思——反思社会学导论》，李猛、李康译，中央编译出版社。

布迪厄，2003，《实践感》，蒋梓骅译，译林出版社。

布莱恩·特纳，2007，《公民身份与社会理论》，吉林出版集团有限责任公司。

陈钊、陆铭，2009，《在集聚中走向平衡——中国城乡与区域经济协调发展的实证研究》，北京大学出版社。

厄里，2003，《关于时间与空间的社会学》，载特纳主编、李康译《社会理论指南》，上海人民出版社。

菲利克斯·格罗斯，2003，《公民与国家：民族、部族和族属身份》，王建娥等译，新华出版社。

费孝通，1998，《从实求知录》，北京大学出版社。

风笑天，2009，《社会学研究方法》（第三版），中国人民大学出版社。

戈夫曼，2016，《日常生活的自我呈现》，北京大学出版社。

辜胜阻，1994，《当代中国人口流动与城镇化》，武汉大学出版社。

郭景萍，2015，《社会工作机构的运作与管理》，北京大学出版社。

国家人口和计划生育委员会流动人口服务管理司，2012，《中国流动人口发展报告2012》，中国人口出版社。

国务院研究室课题组，2006，《中国农民工调研报告》，中国言实出版社。

哈贝马斯，1989，《交往与社会进化》，张博树译，重庆出版社。

哈贝马斯，1999，《公共领域的结构转型》，曹卫东等译，学林出版社。

韩福国等，2014，《新型产业工人与中国工会》，上海人民出版社。

贺雪峰、袁松、宋丽娜，2010，《农民工返乡研究——以2008年金融危机对农民工返乡的影响为例》，山东人民出版社。

华生，2013，《城市化转型与土地陷阱》，东方出版社。

黄亚生、李华芳主编，2013，《真实的中国模式与城市化变革的反思》，中信出版社。

江立华，2014，《农民工的转型与政府的政策选择》，中国社会科学出版社。

柯兰君、李汉林，2001，《都市里的村民——中国大城市的流动人口》，中央编译出版社。

拉尔夫·达仁道夫，2000，《现代社会冲突——自由政治随感》，中国社会科学出版社。

列斐伏尔，2003，《空间社会学的反思》，载包亚明主编《现代性与空间的生产》，上海教育出版社。

刘传江、徐建玲，2008，《中国农民工市民化进程研究》，人民出版社。

刘林平，2015，《农民工权益保护理论与实践研究》，经济科学出版社。

刘林平、孙中伟，2011，《劳动权益：珠三角农民工状况报告》，湖南人民出版社。

卢汉龙，2009，《新中国社会管理体制研究》，上海人民出版社。

罗伯特·詹姆逊，1990，《美国神话 美国现实》，贾秀东等译，中国社会科学出版社。

《马克思恩格斯全集》（第42卷），1979，人民出版社。

《马克思恩格斯全集》（第4卷），1995，人民出版社。

马歇尔，2007，《公民身份与社会阶级》，江苏人民出版社。

迈克尔·布若威，2008，《制造同意——垄断资本主义劳动过程的变迁》，李荣荣译，商务印书馆。

曼纽尔·卡斯特，2001，《网络社会的崛起》，夏铸九、王志弘译，社会科学文献出版社。

帕克，1987，《城市社会学》，宋俊岭等译，华夏出版社。

潘毅、任焰，2008，《中国女工——新兴打工阶级的呼唤》，九州出版社。

彭希哲，2001，《推动人口合理流动，促进社会经济发展》，载《都市里的村民——中国大城市的流动人口》，中央编译出版社。

齐格蒙特·鲍曼，2002，《个体化社会》，范祥涛译，上海三联书店。

汝信等，2010，《2011年中国社会形势分析与预测》，社会科学文献出版社。

桑普斯福特、桑纳托斯主编，2000，《劳动经济学前沿问题》，卢昌崇、王询译，中国税务出版社。

沈原，2007，《市场、阶级与社会》，社会科学文献出版社。

沈原，2013，《社会转型与新生代农民工》，载《清华社会学评论》（第六辑），社会科学文献出版社。

沈原、周潇，2007，《关系霸权对建筑工劳动过程的一项研究》，载沈原《市场、阶级与社会》，社会科学文献出版社。

斯科特，2011，《弱者的武器》，郑广怀等译，译林出版社。

苏黛瑞，2009，《在中国城市中争取公民权》，王春光等译，浙江人民出版社。

孙立平，2003，《断裂——20世纪90年代以来的中国社会》，社会科学文献出版社。

涂尔干，1999，《宗教生活的基本形式》，渠东、汲喆译，上海人民出版社。

汪建华，2015，《生活的政治：世界工厂劳资关系转型的新视角》，社会科学文献出版社。

王亚南，1975，《资产阶级古典政治经济学选辑》，商务印书馆。

魏津生、盛朗、陶鹰等，2002，《中国流动人口研究》，人民出版社。

温锐、游海华，2001，《劳动力的流动与农村社会经济变迁》，中国社会科学出版社。

乌尔里希·贝克，2004，《世界风险协会》，吴英姿、孙淑敏译，南京大学出版社。

乌尔里希·贝克，2011，《个体化》，李荣山等译，北京大学出版社。

西尔弗，2010，《劳工的力量：1870年以来的工人运动与全球化》，张璐译，社会科学文献出版社。

项飚，2000，《跨越边界的社区北京"浙江村"的生活史》，三联书店。

阎云翔，2012，《中国社会的个体化》，陆洋等译，上海译文出版社。

杨云彦，1994，《中国人口迁移与发展的长期战略》，武汉出版社。

英克尔斯、史密斯，1992，《从传统人到现代人》，顾昕译，中国人民大学出版社。

郑广怀、朱健刚，2011，《公共生活评论》（第2辑），中国社会科学出版社。

论文类

艾琳，2016，《比例原则视角下的集体劳动关系治理》，《贵州社会科学》第7期。

安虎森、刘军辉，2014，《劳动力的钟摆式流动对区际发展差距的影响——基于新经济地理学理论的研究》，《财经研究》第10期。

白南生、李靖，2008，《农民工就业流动性研究》，《管理世界》第7期。

包路芳，2010，《北京市"城中村"改造与流动人口城市融入》，《新视野》第2期。

鲍宗豪、赵晓红，2014，《现代性视域下的中国秩序重建》，《社会科学》第5期。

蔡昉，2001，《劳动力迁移的两个过程及其制度障碍》，《社会学研究》第4期。

蔡昉，2010，《被世界关注的中国农民工》，《国际经济评论》第2期。

蔡昉，2013，《以农民工市民化推进城镇化》，《经济研究》第3期。

蔡禾，2010，《从"底线型"利益到"增长型"利益——农民工利益诉求的转变与劳资关系秩序》，《开放时代》第9期。

蔡禾、贾文娟，2009，《路桥建设业中包工头工资发放的"逆差序格局"》，《社会》第5期。

蔡禾、李超海，2015，《农民工工资增长背后的不平等现象研究》，《武汉大学学报》（哲学社会科学版）第3期。

蔡禾等，2009，《利益受损农民工的利益抗争行为研究》，《社会学研究》第1期。

蔡旭昶等，2011，《社会组织在流动人口管理服务中的作用》，《经济社会体制比较》第5期。

曹景椿，2001，《加强户籍制度改革，促进人口迁移和城镇化进程》，《人口研究》第5期。

常凯，2002，《WTO、劳工标准与劳动权益保护》，《中国社会科学》第1期。

陈丙欣、叶裕民，2013，《中国流动人口的主要特征及对中国城市化的主要影响》，《城市问题》第3期。

陈成文、王修晓，2004，《人力资本、社会资本对城市农民工就业的影响》，《学海》第6期。

陈丰，2014，《流动人口跨地区服务管理机制衔接研究》，《社会科学》第1期。

陈培阳等，2012，《基于不同尺度的中国区域经济差异》，《地理学报》第8期。

陈映芳，2005，《农民工制度安排与身份认同》，《社会学研究》第3期。

陈映芳，2013，《"违规"的空间》，《社会学研究》第3期。

陈钊、陆铭、许政，2009，《中国城市化和区域发展的未来之路：城乡融合、空间集聚与区域协调》，《江海学刊》第2期。

陈中伟等，2013，《农村劳动力转移与土地流转统筹发展分析》，《中国人口科学》第 3 期。

程秀英，2012，《消散式遏制中国劳工政治比较个案研究》，《社会》第 5 期。

仇保兴，2014，《简论我国健康城镇化的几类底线》，《城市规划》第 1 期。

楚德江，2013，《就业地落户：我国户籍制度改革的现实选择》，《中国行政管理》第 3 期。

单菁菁，2015，《农民工市民化的成本及其分担机制研究》，《学海》第 1 期。

党国英，2006，《户籍制度：改革的路怎么走》，《中国改革》第 4 期。

邓大松、胡宏伟，2007，《流动、剥夺、排斥与融合：社会融合与保障权获得》，《中国人口科学》第 6 期。

邓秀华，2010，《扩大农民工政治参与的社区支持》，《东南学术》第 6 期。

段成荣、吕利丹、邹湘江，2013，《当前我国流动人口面临的主要问题和对策》，《人口研究》第 2 期。

冯莉，2014，《当代中国社会的个体化趋势及其政治意义》，《社会科学》第 12 期。

冯晓英，2010，《论北京"城中村"改造》，《人口研究》第 6 期。

弗朗兹·马丁·维默，2009，《文化间哲学语境中的文化中心主义与宽容》，《浙江大学学报》（人文社会科学版）第 6 期。

符平，2005，《断裂与弥补——农民工权益保障中的法与政府角色》，《社会科学研究》第 6 期。

符平、唐有财，2009，《倒"U"型轨迹与新生代农民工的社会流动》，《浙江社会科学》第 12 期。

傅晨、任辉，2014，《农业转移人口市民化背景下农村土地制度创新的机理：一个分析框架》，《经济学家》第 3 期。

傅崇辉，2008，《流动人口管理模式的回顾与思考》，《中国人口科学》第 5 期。

甘满堂，2005，《社会学的"内卷化"理论与城市农民工问题》，《福州大学学报》（哲学社会科学版）第 1 期。

淦未宇、刘伟，2012，《和谐劳动关系与新生代农民工治理——基于社会偏好视角的研究》，《中国劳动关系学院学报》第 3 期。

高峰，2006，《苏南地区外来农民工市民化长效机制的构建》，《城市发展研究》第 4 期。

高拓、王玲杰，2013，《构建农民工市民化成本分担机制的思考》，《中州学刊》第 5 期。

高万红，2011，《增能视角下的流动人口社会工作实践探索》，《华东理工大学学报》（社会科学版）第 1 期。

辜胜阻，2010，《放宽户籍限制是城镇化制度的重大突破》，《理论参考》第 2 期。

辜胜阻，2014，《中国农民工市民化的二维路径选择——以户籍改革为视角》，《中国人口科学》第 5 期。

辜胜阻、成德宁，1998，《户籍制度改革与人口城镇化》，《经济经纬》第 1 期。

辜胜阻、李睿、曹誉波，2014，《中国农民工市民化的二维路径选择——以户籍改革为视角》，《中国人口科学》第 5 期。

谷玉良，2012，《青年农民工的回流困境》，《中国青年研究》第 10 期。

谷玉良、江立华，2015，《空间视角下农村社会关系变迁研究》，《人文地理》第 8 期。

关峰，2011，《马克思的劳动过程理论和微观政治学》，《哲学研究》第 8 期。

关信平、刘建娥，2009，《我国农民工社区融入的问题与政策研究》，《人口与经济》第 3 期。

管兵，2013，《城市政府结构与社会组织发育》，《社会学研究》第 4 期。

管健，2006，《身份污名的建构与社会表——以天津 N 辖域的农民工为例》，《青年研究》第 3 期。

郭星华、李飞，2009，《漂泊与寻根：农民工社会认同的二重性》，《人口研究》第 6 期。

郭秀云，2010，《大城市户籍改革的困境及未来政策走向》，《人口与发展》第 6 期。

郭于华、黄斌欢，2014，《世界工厂的"中国特色"——新时期工人状况的社会学鸟瞰》，《社会》第4期。

郭于华、沈原、潘毅、卢晖临，2011，《当代农民工的抗争与中国劳资关系转型》，《二十一世纪》总第124期。

国家统计局，2010，《2009年农民工监测调查报告》，http://www.stats.gov.cn/ztjc/ztfx/fxbg/201003/t20100319_16135.html。

国家统计局，2016，《2015年农民工监测调查报告》，http://www.stats.gov.cn/tjsj/zxfb/201604/t20160428_1349713.html。

国家统计局，2017，《2016年农民工监测调查报告》，http://www.stats.gov.cn/tjsj/zxfb/201704/t20170428_1489334.html。

国家统计局，2018，《2017年农民工监测调查报告》，http://www.stats.gov.cn/tjsj/zxfb/201804/t20180427_1596389.html。

国家统计局，2018，《中华人民共和国2017年国民经济和社会发展统计公报》，http://www.stats.gov.cn/tjsj/zxfb/201902/t20190228_1651265.html。

国务院发展研究中心课题组，2010，《农民工市民化对扩大内需和经济增长的影响》，《经济研究》第6期。

韩长赋，2012a，《关于新生代农民工问题的调查与思考》，《光明日报》3月16日，第7版。

韩长赋，2012b，《新生代农民工社会融合是个重大问题——关于新生代农民工问题的调查与思考》，《农村工作通讯》第6期。

韩俊，2010，《推进农民工市民化 提高人口城镇化水平》，《理论视野》第9期。

韩立达、谢鑫，2015，《变"权"为"利"，突破农业转移人口市民化私人成本障碍》，《理论与改革》第1期。

韩清池、谌新民，2016，《劳动关系对农民工入户中小城镇意愿的影响》，《中国人口科学》第5期。

郝福庆、陈磊、龚桢梽，2013，《统筹解决我国流动人口问题的路径选择及对策建议》，《人口研究》第1期。

何明洁，2009，《劳动与姐妹分化——"和记"生产政体个案研究》，《社会学研究》第2期。

和经纬、黄培茹、黄慧，2009，《在资源与制度之间：农民工草根NGO的生存策略》，《社会》第6期。

洪朝辉，2007，《论中国农民工的社会权利贫困》，《当代中国研究》第4期。

洪小良，2007，《城市农民工的家庭迁移行为及影响因素研究——以北京市为例》，《中国人口科学》第6期。

侯建州、黄源协，2013，《专业主义v.s.管理主义：英国社会工作历史的检视》，《台湾社会工作学刊》第10期。

侯力，2016，《户籍制度改革的新突破与新课题》，《人口学刊》第6期。

胡荣，2007，《农民上访与政治信任的流失》，《社会学研究》第3期。

胡小武，2011，《广义城市福利的内涵与指标体系研究》，《东岳论丛》第6期。

胡拥军、高庆鹏，2014，《处理好农民工市民化成本分摊的五大关系》，《中国发展观察》第6期。

黄斌欢，2014，《双重脱嵌与新生代农民工的形成》，《社会学研究》第2期。

黄闯，2012，《个性与理性：新生代农民工就业行为短工化分析》，《中国青年研究》第11期。

黄静晗，2008，《混合社区与居住融合探析》，《现代经济》第6期。

黄锟，2011，《城乡二元制度对农民工市民化影响的实证分析》，《中国人口·资源与环境》第3期。

黄晓春，2015，《当代中国社会组织的制度环境与发展》，《中国社会科学》第9期。

黄晓星，2011，《社区运动的"社区性"——对现行社区运动理论的回应与补充》，《社会学研究》第1期。

黄晓星、杨杰，2015，《社会服务组织的边界生产——基于Z市家庭综合服务中心的研究》，《社会学研究》第6期。

黄忠华、杜雪君，2014，《农村土地制度安排是否阻碍农民工市民化：托达罗模型拓展和义乌市实证分析》，《中国土地科学》第7期。

黄祖辉、刘雅萍，2008，《农民工就业代际差异研究——基于杭州市浙江籍农民工就业状况调查》，《农业经济问题》第 10 期。

江立华，2003，《城市性与农民工的城市适应》，《社会科学研究》第 5 期。

江立华，2009，《城乡一体化背景下的农民工转型》，《社会科学研究》第 5 期。

江立华，2018，《改革开放四十年来的人口流动与农业转移人口市民化》，《社会发展研究》第 2 期。

江立华、谷玉良，2013a，《"混合社区"与农民工的城市融合》，《学习与实践》第 6 期。

江立华、谷玉良，2013b，《空间居住类型与农民工的城市融入》，《社会科学研究》第 6 期。

江立华、谷玉良，2013c，《农民工市民化向度与力度》，《中国特色社会主义研究》第 6 期。

江立华、谷玉良，2015，《近郊农村居民户籍制度改革与市民化路径探索》，《学习与实践》第 1 期。

江立华、胡杰成，2007，《"地缘维权"组织与农民工的权益保障——基于对福建泉州农民工维权组织的考察》，《文史哲》第 1 期。

江立华、卢飞，2015，《农民工返乡消费与乡村社会关系再嵌入》，《学术研究》第 3 期。

江立华、张红霞，2015a，《流动与秩序：社会治理视野下流动人口的秩序整合》，《社会科学辑刊》第 9 期。

江立华、张红霞，2015b，《权利赋予与城市秩序构建：流动人口治理向度分析》，《河北学刊》第 10 期。

康晓光、韩恒，2005，《分类控制当前中国大陆国家与社会关系研究》，《社会学研究》第 1 期。

柯凯铁，2015，《私法自治视角下现阶段我国劳动关系社会治理研究——以新生代农民工为例》，《东南学术》第 3 期。

冷向明、赵德兴，2013，《中国农民工市民化的阶段特性与政策转型研究》，《政治学研究》第 1 期。

李斌，2004，《中国劳动力市场结构从"刚性"走向"渗透"》，《求实》第 1 期。

李汉林、王琦，2001，《关系强度作为一种社区组织方式》，载柯兰君、李汉林主编《都市里的村民——中国大城市的流动人口》，中央编译出版社。

李健、宁越敏，2006，《西方城市社会地理学主要理论及研究的意义》，《城市问题》第6期。

李明欢，2010，《当代西方国际移民理论再探讨》，《厦门大学学报》（哲学社会科学版）第2期。

李培林，1996，《流动民工的社会网络和社会地位》，《社会学研究》第4期。

李培林，2002，《巨变村落的终结——都市里的村庄研究》，《中国社会科学》第1期。

李培林、李炜，2007，《农民工在中国转型中的经济地位和社会态度》，《社会学研究》第3期。

李培林、李炜，2010，《近年来农民工的经济状况和社会态度》，《中国社会科学》第1期。

李培林、田丰，2012，《中国农民工社会融入的代际比较》，《社会》第5期。

李琪，2013，《"以势维权"：新生代农民工与集体行动》，《中国工人》第4期。

李强，1999，《中国大陆城市农民工的职业流动》，《社会学研究》第3期。

李强，2000，《中国城市中的二元劳动力市场与底层精英问题》，《清华社会学评论》特辑。

李强，2011，《中国城市化中的"半融入"与"不融入"》，《河北学刊》第5期。

李荣彬、袁城、王国宏、王领，2013，《新生代农民工市民化水平的现状及影响因素分析——基于我国106个城市调查数据的实证研究》，《青年研究》第1期。

李荣荣，2014，《从"为自己而活"到"利他个体主义"》，《学海》第2期。

李荣山，2012，《现代性的变奏和个体化社会的兴起》，《学海》第5期。

李若建，2006，《地位获得的机遇与障碍：基于外来人口聚集区的职业结构分析》，《中国人口科学》第 5 期。

李升，2015，《受雇农民工的城市劳动关系状况与公平感研究》，《青年研究》第 4 期。

李树茁、杨绪松、靳小怡、〔美〕费尔德曼、杜海峰，2006，《中国乡城流动人口社会网络复杂性特征分析》，《市场与人口分析》第 5 期。

李树茁等，2007，《农民工的社会网络与职业阶层和收入：来自深圳调查的发现》，《当代经济科学》第 1 期。

李晓飞，2013，《中国户籍制度变迁"内卷化"实证研究》，《广东社会科学》第 1 期。

厉以宁，2013，《中国应走农民"就地城镇化"道路》，《农村工作通讯》第 21 期。

刘爱玉，2012，《城市化过程中的农民工市民化问题》，《中国行政管理》第 1 期。

刘传江，2006，《中国农民工市民化研究》，《理论月刊》第 10 期。

刘传江，2008，《第二代农民工市民化现状分析与进程测度》，《人口研究》第 5 期。

刘传江、程建林，2008，《第二代农民工市民化现状分析与进程测度》，《人口研究》第 5 期。

刘传江、徐建玲，2007，《第二代农民工及其市民化研究》，《中国人口·资源与环境》第 1 期

刘传江、赵颖智、董延芳，2012，《不一致的意愿与行动农民工群体性事件参与探悉》，《中国人口科学》第 2 期。

刘华军、张权等，2014，《城镇化、空间溢出与区域经济增长》，《农业技术经济》第 10 期。

刘建洲，2011，《农民工的抗争行动及其对阶级形成的意义——一个类型学的分析》，《青年研究》第 1 期。

刘林平，2005，《外来人群中的家庭与家族网络支持》，《广东社会科学》第 5 期。

刘林平、郭志坚，2004，《企业性质、政府缺位、集体协商与外来女工的

权益保障》,《社会学研究》第6期。

刘林平、雍昕、舒玢玢,2011,《劳动权益的地区差异——基于对珠三角和长三角地区外来工的问卷调查》,《中国社会科学》第2期。

刘小年,2009,《农民工市民化路径、问题与突破》,《经济问题探索》第9期。

陆铭,2010a,《建设用地指标可交易:城乡和区域统筹发展的突破口》,《国际经济评论》第2期。

陆铭,2010b,《重构城市体系——论中国城市和区域可持续发展战略》,《南京大学学报》(哲学社会科学版)第5期。

陆铭、高宏、佐藤宏,2012,《城市规模与包容性就业》,《中国社会科学》第10期。

陆学艺,2000,《"城乡分治,一国两策"的困境》,《特区展望》第3期。

陆益龙,2002,《1949年后的中国户籍制度结构与变迁》,《北京大学学报》(哲社版)第2期。

吕佳、陈万明,2014,《新生代农民工市民化程度测量指标体系构建》,《江苏农业科学》第12期。

马西恒、童星,2008,《敦睦他者:城市新移民的社会融合之路对上海市Y社区的个案考察》,《学海》第2期。

马用浩等,2006,《新生代农民工及其市民化问题初探》,《求实》第4期。

冒佩华等,2015,《农地经营权流转与农民劳动生产率提高:理论与实证》,《经济研究》第11期。

车少华、张伟,2013,《论我国户籍制度改革的原则及路径》,《法学杂志》第9期。

潘毅、卢晖临、张慧鹏,2010,《阶级的形成建筑工地上的劳动控制与建筑工人的集体抗争》,《开放时代》第5期。

潘泽泉,2007,《社会网排斥与发展困境:基于流动农民工的经验研究》,《浙江社会科学》第2期。

彭科,2014,《户籍制度改革中的流动人口治理》,《中共中央党校学报》第6期。

彭希哲、郭秀云,2007,《权利回归与制度重构》,《人口研究》第4期。

乔健, 2010, 《中国特色的三方机制走向三方机制与社会对话的第一步》, 《广东社会科学》第 2 期。

任平, 2007, 《论空间生产与马克思主义的出场路径》, 《江海学刊》第 2 期。

任树正、江立华, 2017, 《建筑工地中的"孤岛"政治: 包工头-农民工的关系、博弈与权力》, 《社会科学研究》第 1 期。

任远, 2016a, 《城镇化的升级和新型城镇化》, 《城市规划学刊》第 2 期。

任远, 2016b, 《当前中国户籍制度改革的目标、原则与路径》, 《南京社会科学》第 2 期。

任远、陶力, 2012, 《本地化的社会资本与促进流动人口的社会融合》, 《人口研究》第 5 期。

任泽涛, 2011, 《社会融合组织服务管理流动人口的慈溪经验》, 《社团管理研究》第 6 期。

社保部课题组, 2013, 《农民市民化的"中国路径"》, 《经济参考报》2 月 7 日。

沈原, 2006, 《社会转型与工人阶级的再形成》, 《社会学研究》第 2 期。

沈原、汪建华等, 2014, 《新生代农民工组织化趋势》, 清华大学社会学系研究报告。

石其昌、章健民、徐方忠、费立鹏、许毅、傅永利等, 2005, 《浙江省 15 岁及以上人群精神疾病流行病学调查》, 《中华预防医学杂志》第 4 期。

石秀印, 2013, 《劳企商谈会: 一种新型劳动关系治理机制》, 《中国党政干部论坛》第 4 期。

石智雷、杨云彦, 2012, 《家庭禀赋、家庭决策与农村迁移劳动力回流》, 《社会学研究》第 5 期。

舒建玲, 2007, 《农民工权益受侵害的原因及对策》, 《经济问题》第 2 期。

苏熠慧, 2011, 《控制与抵抗雇主与家政工在家务劳动过程中的博弈》, 《社会》第 6 期。

孙文凯、白重恩、谢沛初, 2011, 《户籍制度改革对中国农村劳动力流动的影响》, 《经济研究》第 1 期。

孙中伟，2013，《从"个体赋权"迈向"集体赋权"与"个体赋能"：21世纪以来中国农民工劳动权益保护路径反思》，《华东理工大学学报》（社会科学版）第2期。

孙中伟、杨琛，2015，《农民工融入中小城市的政策路径与地方创新述论》，《中国名城》第1期。

谭日辉，2012，《社会空间特性对社会交往的影响——以长沙市为例》，《城市问题》第2期。

陶然、史晨、汪晖、庄谷中，2011，《"刘易斯转折点悖论"与中国户籍-土地-财税制度联动改革》，《国际经济评论》第3期。

陶然、徐志刚，2005，《城市化、农地制度与迁移人口社会保障》，《经济研究》第12期。

田凯，1995，《关于农民工的城市适应性的调查分析与思考》，《社会科学研究》第5期。

汪华，2015，《乡土嵌入、工作嵌入与农民工集体行动意愿》，《广东社会科学》第2期。

汪建华、孟泉，2013，《新生代农民工的集体抗争模式——从生产政治到生活政治》，《开放时代》第1期。

汪淑媛，2008，《论台湾社工教育对社会工作职业风险的忽视》，《台大社工学刊》第17期。

王超恩、符平、敬志勇，2013，《农民工职业流动的代际差异及其影响因素》，《中国农村观察》第5期。

王春光，2001，《新生代农村流动人口的社会认同与城乡融合的关系》，《社会学研究》第3期。

王春光，2005，《农民工：一个正在崛起的新工人阶层》，《学习与探索》第1期。

王春光，2006，《农村流动人口的"半城市化"问题研究》，《社会学研究》第5期。

王春光，2010，《新生代农民工城市融入进程及问题的社会学分析》，《青年探索》第3期。

王春蕊，2014，《农民工市民化转型中的权益谱系与匹配机制》，《河北学刊》第 6 期。

王春蕊，2015，《论农业转移人口市民化进程中居住证管理制度的完善》，《中州学刊》第 6 期。

王道勇，2014，《农民工研究范式主体地位与发展趋向》，《社会学评论》第 4 期。

王德文、蔡昉、张国庆，2008，《农村迁移劳动力就业与工资决定：教育与培训的重要性》，《经济学（季刊）》第 4 期。

王桂新、陈冠春、魏星，2010，《城市农民工市民化意愿影响因素考察》，《人口与发展》第 2 期。

王桂新、沈建法、刘建波，2008，《中国城市农民工市民化研究——以上海为例》，《人口与发展》第 1 期。

王桂新等，2010，《城市农民工市民化意愿影响因素考察》，《人口与发展》第 2 期。

王汉生等，1997，《"浙江村"中国农民进入城市的一种独特方式》，《社会学研究》第 1 期。

王建民，2008，《社会转型中的象征二元结构——以农民工群体为中心的微观权力分析》，《社会》第 2 期。

王美艳，2005，《城市劳动力市场上的就业机会与工资差异——外来劳动力就业与报酬研究》，《中国社会科学》第 5 期。

王美艳、蔡昉，2008，《户籍制度改革的历程与展望》，《广东社会科学》第 6 期。

王培安，2013，《让流动人口尽快融入城市社会》，《求是》第 7 期。

王绍光，2007，《从经济政策到社会政策：中国公共政策格局的历史性转变》，《中国公共政策评论》第 1 期。

王思斌，2011，《中国社会工作的嵌入性发展》，《社会科学战线》第 2 期。

王太元，2009，《剥离附着利益还户籍制度真面目——我为什么反对购房落户》，《中国经济周刊》第 12 期。

魏后凯，2014，《中国城镇化进程中两极化倾向与规模格局重构》，《中国工业经济》第 3 期。

魏后凯、苏红键，2013，《中国农业转移人口市民化进程研究》，《中国人口科学》第 5 期。

文军,2004,《农民市民化:从农民到市民的角色转型》,《华东师范大学学报》(哲学社会科学版)第 3 期。

文军,2012,《"被市民化"及其问题——对城郊农民市民化的再反思》,《华东师范大学学报》(哲学社会科学版)第 4 期。

翁玉玲,2018,《我国农民工地位弱化的制度反思》,《农业经济问题》第 6 期。

吴宝华、张雅光,2014,《马克思主义城乡融合理论与农业转移人口市民化》,《思想理论教育导刊》第 7 期。

吴开亚、张力,2010,《发展主义政府与城市落户门槛:关于户籍制度改革的反思》,《社会学研究》第 6 期。

吴麟,2016,《沉默与边缘发声当前中国劳动关系治理中的媒体境况》,《南昌大学学报》(人文社会科学版)第 1 期。

吴清军,2012,《集体协商与国家主导下的劳动关系治理》,《社会学研究》第 3 期。

吴娅丹,2011,《都市研究中的空间视角——一种都市社会学理论视野的探索》,《华中科技大学学报》(社会科学版)第 1 期。

吴愈晓,2011,《劳动力市场分割、职业流动与城市劳动者经济地位获得的二元路径模式》,《中国社会科学》第 1 期。

吴越菲,2016,《农业转移人口的"选择性市民化"一项类型学考察》,《中国农业大学学报》(社会科学版)第 2 期。

夏显力、张华、郝晶辉,2011,《西北地区新生代农民工职业转移影响因素分析——以陕甘宁 3 省的 30 个村 339 位新生代农民工为例》,《华中农业大学学报》第 6 期。

项飚,1996,《传统与新社会空间的生成——一个中国流动人口聚居区的历史》,《战略与管理》第 6 期。

项飙,1998,《逃避、联合与表达:北京"浙江村"的故事》,《中国社会科学季刊》(香港)第 1 期。

肖小霞、张兴杰、张开云,2013,《政府购买社工服务道德实践和政治实践的异化》,《理论月刊》第 7 期。

肖竹，2014，《群体性劳动争议应对中的政府角色》，《行政法学研究》第2期。

谢桂华，2012，《中国流动人口的人力资本回报与社会融合》，《中国社会科学》第4期。

谢勇，2008，《农民工劳动权益的影响因素的实证研究》，《中国人口科学》4期。

谢勇，2015，《就业稳定性与新生代农民工的城市融合研究——以江苏省为例》，《农业经济问题》第9期。

辛宝英，2016，《农业转移人口市民化程度测评指标体系研究》，《经济社会体制比较》第4期。

徐建玲，2009，《农民工市民化进程度量理论探讨与实证分析》，《农业经济问题》第8期。

徐丽敏，2014，《"社会融入"概念辨析》，《学术界》第7期。

徐琴，2008，《论住房政策与社会融合——国外的经验与启示》，《江淮论坛》第5期。

徐昕，2013，《为权利而自杀——转型中国农民工的"以死抗争"》，《中国制度变迁的案例研究》第6集。

许雅娟、游美贵、郑丽珍，2014，《台湾社会工作人员的一般健康初探》，《台湾社会工作学刊》第14期。

杨豪中、王进，2011，《混合居住模式在城中村改造中的适用性分析》，《求索》第1期。

杨婕娱，2014，《社会治理实践中社会工作介入拆迁安置社区的研究——基于香港与大陆的比较分析》，《中南大学学报》（社会科学版）第5期。

杨菊华，2009，《从隔离、选择融入到融合：流动人口社会融入问题的理论思考》，《人口研究》第1期。

杨菊华，2015，《中国流动人口的社会融入研究》，《中国社会科学》第2期。

杨柳，2016，《农民工劳资关系问题研究——基于劳动过程的视角》，《北京社会科学》第1期。

杨上广、王春兰，2010，《大城市社会空间演变态势剖析与治理反思——基于上海的调查与思考》，《公共管理学报》第1期。

姚先国、俞玲，2006，《农民工职业分层与人力资本约束》，《浙江大学学报》（人文社会科学版）第5期。

姚秀兰，2004，《论中国户籍制度的演变与改革》，《法学》第5期。

姚毅、明亮，2015，《我国农民工市民化成本测算及分摊机制设计》，《财经科学》第7期。

叶鹏飞，2011，《农民工的城市定居意愿研究——基于七省（区）调查数据的实证分析》，《社会》第2期。

易毅，2013，《我国农民工市民化进程中的利益关系分析》，《财经问题研究》第3期。

尤琳、陈世伟，2015，《城乡一体化进程中的户籍制度改革研究》，《社会主义研究》第6期。

游正林、游正林，2006《管理控制与工人抗争——资本主义劳动过程研究中的有关文献述评》，《社会学研究》第4期。

余驰、石智雷，2011，《往复式流动还是永久性回流农村女性就业流动性差异及决定因素》，《南方人口》第1期。

余云霞、刘晴，2008，《推行体面劳动的全球趋势》，《江汉论坛》第10期。

俞可平，2010，《新移民运动、公民身份与制度变迁》，《经济社会体制比较》第1期。

岳晓琴、艾勇军，2015，《现行户籍制度改革的误区与新型城镇化的有效途径》，《现代城市研究》第12期。

悦中山、李树茁、费尔德曼，2012，《农民工社会融合的概念建构与实证分析》，《当代经济科学》第1期。

郧彦辉，2009，《农民市民化程度测量指标体系及评估方法探析》，《学习与实践》第8期。

翟学伟，2003，《社会流动与关系信任——也论关系强度与农民工的求职策略》，《社会学研究》第1期。

张春泥，2011，《农民工为何频繁变换工作——户籍制度下农民工的工作流动研究》,《社会》第 6 期。

张斐,2011,《新生代农民工市民化现状及影响因素分析》,《人口研究》第 6 期。

张国胜,2009,《基于社会成本考虑的农民工市民化:一个转轨中发展大国的视角与政策选择》,《中国软科学》第 4 期。

张国胜、陈明明,2016,《我国新一轮户籍制度改革的价值取向、政策评估与顶层设计》,《经济学家》第 7 期。

张国胜、陈瑛,2014,《我国户籍制度改革的演化逻辑与战略取向》,《经济学家》第 5 期。

张国胜等,2008,《中国农民工市民化的社会成本研究》,《经济界》第 5 期。

张华初等,2015,《农业转移人口市民化公共成本测算——以广州市为例》,《城市问题》第 6 期。

张继良、马洪福,2015,《江苏外来农民工市民化成本测算及分摊》,《中国农村观察》第 2 期。

张林山,2015,《当前户籍制度改革需要进一步关注的几个问题》,《中国经贸导刊》7 月下。

张领,2010,《"流动的共同体"——农民工与一个乡村的变迁》,博士学位论文,浙江大学。

张学英,2011,《对中国农村移民非永久性迁移行为的再考量》,《开发研究》第 5 期。

张翼,2011,《农民工"进城落户"意愿与中国近期城镇化道路的选择》,《中国人口科学》第 2 期。

张友庭,2008,《污名化情景及其应对策略:流动人口的城市适应及其社区变迁的个案研究》,《社会》第 4 期。

章元、高汉,2011,《城市二元劳动力市场对农民工的户籍和地域歧视》,《中国人口科学》第 5 期。

赵立新,2006,《城市农民工市民化问题研究》,《人口学刊》第 4 期。

赵延东、王奋宇,2002,《城乡流动人口的经济地位获得及决定因素》,《中国人口科学》第 4 期。

郑广怀，2005，《伤残农民工无法被赋权的群体》，《社会学研究》第 3 期。

郑广怀、刘焱，2011，《"扩展的临床视角"下企业社会工作的干预策略》，《社会学研究》第 6 期。

郑杭生，2005，《农民市民化当代中国社会学的重要研究主题》，《甘肃社会科学》第 4 期。

郑卫东，2014，《农民工维权意愿的影响模式研究：基于长三角地区的问卷调查》，《社会》第 1 期。

郑震，2010，《空间一个社会学的概念》，《社会学研究》第 5 期。

周密等，2012，《新生代农民工市民化程度的测度》，《农业技术经济》第 1 期。

朱健刚，2004，《草根 NGO 与中国公民社会的成长》，《开放时代》第 6 期。

朱健刚、陈安娜，2013，《嵌入中的专业社会工作与街区权力关系——对一个政府购买服务项目的个案分析》，《社会学研究》第 1 期。

朱力，2002，《论农民工阶层的城市适应》，《江海学刊》第 6 期。

朱妍，2013，《"双重脱嵌"农民工代际分化的政治经济学分析》，《社会科学》第 11 期。

邹一南，2015，《户籍制度改革的内生逻辑与政策选择》，《经济学家》第 4 期。

英文类

Adorno, T. W., Frenkel-Brunswik, E., Levinson, D., and Sanford, R. N. 1950. *The Authoritarian Personality*. New York: Harper & Row Agger.

Akresh, Ilana Redstone. 2007. "Dietary Assimilation and Health among Hispanic Immigrants to the United States." *Journal of Health and Social Behavior* 48 (4): 404 – 417.

Alan Wilson. 2010. "Entropy in Urban and Regional Modeling: Retrospect and Prospect." *Geographical Analysis* 42 (4).

Alba, R. and Nee, V. 1997. "Rethinking Assimilation Theory for a New Era of Immigration." *International Migration Review* 31 (4).

Alba, R. and Nee, V. 2005. *Remaking the American Mainstream: Assimilation and Contemporary Immigration*. Boston: Harvard University Press.

Allen, C., Camina, M., Casey, R., Coward, S., and Wood, M. 2005. *Mixed Tenure, Twenty Years on-nothing Out of the Ordinary*. York: Joseph Rowntree Foundation.

Arnstein, Sherry R. A. 1969. "Ladder of Citizen Participation." *Journal of the American Planning Association* 35 (4).

Arthurson, K. 2008a. "Australian Public Housing and the Diverse Histories of Social Mix." *Journal of Urban History* 34 (3): 484–501.

Arthurson, K. 2008b. *Urban Regeneration, Scale and Balancing Social Mix*. Brotherhood of St Laurence Press.

Atkinson, R. and Kintrea, K. 2000. "Owner-occupation, Social Mix and Neighborhood Impacts." *Policy & Politics* 28 (1).

Berry, J. W. 1997. "Immigration, Acculturation, and Adaptation." *Applied Psychology* 46 (1).

Berry, J. W., Phinney, J. S., Sam, D. L. and Vedder, P. 2006. "Immigrant Youth: Acculturation, Identity, and Adaptation". *Applied Psychology* 55 (3).

Bian, Yanjie and J. Logan. 1996. "Market Transition and the Persistence of Power: The Changing Stratification System in Urban China." *American Sociological Review* 61.

Bian, Yanjie. 1997. "Bringing Strong Ties Back in: Indirect Ties, Network Bridges, and Job Searches in China." *American Sociological Review* 62.

Bloch, Francis and Vijayendra Rao. 2001. "Statistical Discrimination and Social Assimilation." *Economics Bulletin* 10 (2).

Bloemraad, I., Korteweg, A., and Yurdakul, G. 2008. "Citizenship and Immigration: Multiculturalism, Assimilation, and Challenges to the Nation-State." *Annual Review of Sociology* 92 (12).

Blokland, T. 2003. *Urban Bonds*. Cambridge: Polity Press.

Bollen, Kenneth A. and Rick H. Hoyle. 1990. "Perceived Cohesion: A Conceptual and Empirical Examination." *Social Forces* 69 (2).

Burawoy, M. 1985. *The Politics of Production*. London: Verso Press.

Cheshire, Paul. 2012. "Are Mixed Community Policies Evidence Based? A Review of the Research on Neighborhood Effects." In M. van Ham, D. Manley, N. Bailey, et al., *Neighborhood Effects Research: New Perspectives*. Springer.

Cindy, F. C. 2002. "The Elite, the Natives, and the Outsiders: Migration and Labor Market Segmentation in Urban China." *Annual of the Association of American Geographers* 92.

Clark, C. 2002. "Identity, Individual Rights and Social Justice." In Adams, R., Dominelli, L., and Payne, M., *Critical Practice in Social Work*. Palgrave Macmillan.

Cole, I. and Goodchild, B. 2001. "Social Mix and the 'Balanced Community' in British Housing Policy—A Tale of Two Epochs." *Geojournal* (51).

Davin, D. 1999. *Internal Migration in Contemporary China*. London: Macmillan.

Dilger, R. J. 1984. "Neighborhood Politics: Residential Community Associations in American Alternative Strategy of Minority Adaptation." *International Migration Review* 18 (2).

Dilger, R. J. 1992. *Neighborhood Politics: Residential Community Associations in American Governance*. New York: New York University Press.

Domenico de Palo, Riccardo Faini, and Alessandra Venturini. 2006. *The Social Assimilation of Immigrants*. IZA Discussion Paper, No. 2439.

Duleep, H. O. and Regets, M. C. 1999. "Immigrants and Human-capital Investment." *American Economic Review* 89: 186 – 190.

Everett, S. L. 1966. "A Theory of Migration." *Demography* 3 (1).

Foucault, M. 1980. "Question of Geography." In C. Gordon (ed.), *Power/Knowledge: Selected Interviews and Other Writing 1972 – 1977*. New York: Pantheon.

Friedberg, R. M. 2000. "You Can't Take It With You? Immigrant Assimilation and the Portability of Human Capital." *Journal of Labor Economics* 18: 221 – 51.

Fujita, M., Krugman, P. R., and Venables, A. J. 1999. *The Spatial Economy: Cities, Regions and International Trade.* Cambridge. MA: MIT Press.

Gans, H. J. 1977. "Urbanism and Suburbanism as Ways of Life: A Re-evaluations of Definitions." In Callow A. B. Jr. (ed.) *American Urban History* 2nd. London: Oxford University Press.

Garcia, J. A. 1987. "The Political Integration of Mexican Immigrants: Examining Some Political Orientations." *International Migration Review* 21 (2).

Gordon, M. 1964. *Assimilation in American Life: The Role of Race, Religion, and National Origins.* New York: Oxford University Press.

Granovetter, M. 1974. *Getting a Job: A Study of Contacts and Career.* Cambridge: MA: Harvard University.

Granovetter, M. 1988. "The Sociological and Economic Approaches to Labor Marker Analysis." In G. Farkas & P. England (eds.) *Industries, Firms, and Jobs: Sociological and Economic Approaches.* New York: Plenum Press.

Grusky, D. B. ed. 2001. *Social Stratification: Class, Race, and Gender in Sociological Perspective.* Colorado: Westview Press.

Harris, J. R. and Todaro, M. P. "Migration, Unemployment and Development: A Two Sector Analysis." *The American Economic Review* 60 (1).

Harvey, D. 1990. *The Condition of Postmodernity: An Enquiry into the Origins of Cultural Change.* Cambridge, MA: Blackwell,

Huffman, M. L. and P. N. Cohen. 2004. "Occupational Segregation and the Gender Gap in Workplace Authority: National Versus Local Labor Markets." *Sociological Forum* 3.

Hurh, W. and K. C. Kim. 1984. "Adhesive Socio-cultural Adaptation of Korean Immigrants in the U. S.: An Alternative Strategy of Minority Adaptation." *International Migration Review* 18 (2).

Ilana Redstone Akresh. 2007. "U. S. Immigrants' Labor Market Adjustment: Additional Human Capital Investment and Earnings Growth." *Demography* 44.

Jordan, B. 1996. *A Theory of Poverty and Social Exclusion.* Cambridge, Massachusetts: Polity Press.

Kleinhans, R. 2004. "Social Implications of Housing Diversification in Urban Renewal: A Review of Recent Literature." *Journal of Housing and the Built Environment* (19).

Lamare, J. W. 1982. "The Political Integration of Mexican American Children: A Generational Analysis." *International Migration Review* 16 (1).

Lee, Ching Kwan. 1995. "Engendering the Worlds of Labor: Women Workers, Labor Markets, and Production Politics in the South China Economic Miracle." *American Sociological Review* 60 (3).

Lefebvre, H. 1991. *The Production of Space*. Malden: Blackwell Publishers.

Lewis, W. A. 1954. "Economic Development with Unlimited Supplies of Labor." *Manchester School of Economics and Social Studies* 22 (2).

Li, Lianjiang. 2004. "Political Trust in Rural China." *Modern China* 30 (2).

Li, Lianjiang. 2008. "Political Trust and Petitioning in the Chinese Countryside." *Comparative Politics* 40 (2).

Liebkind, K., Acculturation., Brown, R., and Gaertner S. 2003. *Blackwell Handbook of Social Psychology: Intergroup Processes*. Blackwell: Oxford, U. K.

Liebkind, K. 1992. "Ethnic Identity: Challenging the Boundaries of Social Psychology." In Breakwell G. M. (ed.) *Social Psychology of Identity and the Self-concept."* Academic: London.

Louis Wirth. 1938. "Urbanism as a Way of Life." *American Journal of Sociology* 44.

Marcuse, P. 1997. "The Enclaves, the Citadel, and the Ghetto: What Has Changed in the Post-Fordist U. S. City." *Urban Affairs Review* 33 (2).

Marcuse, P. and R. van Kempen. 2002. *Of States and Cities: The Partitioning of Urban Space*. Oxford: Oxford University Press.

Massey, Douglas, S., Mullan, and Brendan, P. 1984. "Processes of Hispanic and Black Spatial Assimilation." *The American Journal of Sociology* 89 (4): 836 – 873.

Massey, Douglas, S. and Denton, N. A. 1988. "The Dimensions of Residential

Segregation." *Social Forces* 67 (2).

Massey, D. 1993. "Questions of locality." *Geography* (Chinese) 78.

Maxwell, R. 2010. "Evaluating Migrant Integration: Political Attitudes Across Generations in Europe." *International Migration Review* 44 (1).

Meng, Xin and Zhang, Junsen. 2001. "The Two-Tier Labor Market in Urban China: Occupational, Segregation and Wage Differentials between Urban Residents and Rural Migrants in Shanghai." *Journal of Comparative Economics* 29.

Michael Burawoy. 1985. *The Politics of Production*. London: Verso Press.

Mishler, W. and R. Rose. 2001. "What Are the Origins of Political Trust? Testing Institutional and Cultural Theories in Post-communist Societies." *Comparative Political Studies* 34 (1).

Mukherjee, D. 2002. "On a Symmetric Measure of Occupational Segregation." *Social Indicators Research* 1.

Mullan, K., Grosjean, P., and Kontoleon A. 2011. "Land Tenure Arrangements and Rural-Urban Migration in China." *World Development* 39 (1).

Musterd, S., Ostendorf, W., and Vos, S. 2003. "Neighbourhood Effects and Social Mobility: A Longitudinal Analysis." *Housing Studies* 18 (6).

Musterd, S. 2008. "Residents' Views on Social Mix: Social Mix, Social Networks and Stigmatisation in Post-war Housing Estates in Europe." *Urban Studies* 45 (4).

Musterd, S. and Anderson, R. 2005. "Housing Mix, Social Mix and Social Opportunities." *Urban Affairs Review* 40 (6).

Newton, K. 2001. "Trust, Social Capital, Civil Society and Democracy." *International Political Science Review* 22 (2).

Parish, W. L. and Michelson, E. 1996. "Politics and Markets: Dual Transformations." *American Journal of Sociology* 101.

Park, R. E. 1930. "Assimilation." In Seligman E. and Johnson A. *Encyclopedia of Social Sciences*. Macmillan: New York.

Park, R. E. and Burgess, E. W. 1969. *Introduction to the Science of Sociology*.

1921 Reprint. Chicago: The University of Chicago Press.

Phinney, J. 1990. "Ethnic Identity in Adolescents and Adults: Review of Research." *Psychological Bulletin* 108 (3).

Phinney, J. and Devich-Navarro M. 1997. "Variations in Bicultural Identification among African American and Mexican American Adolescents." *Journal of Research on Adolescence* 7 (1).

Phinney, J. S., Horenczyk, G., Liebkind, K., and Vedder, P. 2001. "Ethnic Identity, Immigration, and Well-being: An Interactional Perspective." *Journal of Social Issues* 57 (3).

Portes, A. and Zhou, M. 1993. "The New 2nd-Generation-Segmented Assimilation and Its Variants." *Annals of the American Academy of Politic and Social Science* (530).

Portes. 2001. "Introduction: The Debates and Significance of Immigrant Transnationalism." *Global Netw* (1).

Roberts, K. D. 2001. "The Determinants of Job Choice by Rural Labor Migrants in Shanghai." *China Economic Review* 1.

Rosenfeld, R. A. 1992. "Job Mobility and Career Processes." *Annual Review of Sociology* 18.

Sarkissian, W. 1976. "The Idea of Social Mix in Town Planning: An Historical Review." *Urban Studies* 13 (3).

Saunders, Peter. 1984. *Social Theory and the Urban Question*. Hutchinson.

Soja, E. W. 1989. *Postmodern Geographies: The Reassertion of Space in Critical Social Theory*. London: Verso.

Soja, E. W. 1996. *Third Space: Journeys to Los Angeles and Other Real-and-Imagined Places*. Oxford (UK), Cambridge, Massachusetts (USA), Blackwell.

Solinger, D. J. 1985. "'Temporary Residence Certificate' Regulations in Wuhan, May 1983." *The China Quarterly* 101.

Solinger, D. J. 1995. "The Chinese Work Unit and Transient Labor in the Transition from Socialism". *Modern China* 2: 155 – 183.

Solinger, D. J. 1999. "Citizenship Issues in China's Internal Migration: Comparisons with Ger many and Japan." *Political Science Quarterly* 114 (3).

Solinger, D. J. 2008. "Contesting Citizenship in Urban China: Peasant Migrant, the State, and the Logic Patterns and Marginalization of Migrant Workers in Guangzhou." In John R. Logan (ed.) *Urban China in Transition*. Oxford: Blackwell Publishing Ltd.

Stark, O., Taylor J. E., and Yitzhaki, S. 1986. "Remittances and Inequality." *Economic Journal* 383 (96).

Stark, O. 1978. *Economic-Demographic Interactions in Agricultural Development: The Case of Rural-to-Urban Migration*. Food and Agriculture Organization of the United Nations (FAO), Rome.

Stark, O. and Taylor, J. E. 1989. "Relative Deprivation and International Migration." *Demography* 26 (1).

Taylor, J. Edward, Scott Rozelle, and Alan de Brauw. 2003. "Migration and Incomes in Source Communities: A New Economics of Migration Perspective from China." *Economic Development and Cultural Change* 52 (1).

Tilly, C. 1978. "Migration in Modern European History." In W. McNeill and R. Adams *Human Migration: Patterns and Policies*. Bloomington: Indiana University Press.

Todaro, M. P. 1980. "Internal Migration in Developing Countries: A Survey." In *Population and Economic Change in Developing Countries*.

Walder, A. G., Li Bobai, and D. Treiman. 2000. "Politics and Life Chances in a State Socialist Regime: Dual Career Paths into Urban Chinese Elite, 1949–1996." *American Sociological Review* 65.

Wan, G. H. 1995. "Peasant Flood in China-Internal Migration and Its Policy Determinants." *Third World Quarterly* 16 (2).

White P. 1984. *The European City: A Social Geography*. London: Longman.

Wilson, A. G. 2010. "Entropy in Urban and Regional Modelling: Retrospect and Prospect." *Geographical Analysis* 42 (4).

Wilson, J. W. 1987. *The Truly Disadvantaged: The Inner City, the Underclass and Public Policy*. University of Chicago Press.

Wu, Weiping and E. Rosenbaum. 2008. "Migration and Housing: Comparing China with the United States." In John R. Logan (ed.) *Urban China in Transition*. Oxford: Blackwell Publishing Ltd.

Wu, Xiaogang and Donald J. Treiman. 2007. "Inequality and Equality under Chinese Socialism: The Hukou System and Intergenerational Occupational Mobility." *American Journal of Sociology* 113 (2).

Ye Liua, Zhigang Li, and Werner Breitung. 2011. "The Social Network of New-generation Migrants in China's Urbanized Villages: A Case Study of Guangzhou." *Habitat International* (8).

Zhou, Min and Cai, Guoxuan. 2006. "Trapped in Neglected Corners of a Booming Metropolis: Residential Adaptation." *Applied Psychology* 55 (3).

Zhou, Min and Cai, Guoxuan. 2008. "Trapped in Neglected Corners of a Booming Metropolis: Residential Patterns and Marginalization of Migrant Workers in Guangzhou." In John R. Logan (ed.) *Urban China in Transition*. Oxford: Blackwell Publishing Ltd.

Zhou, M. 1992. *New York's China Town: The Socioeconomic Potential of an Urban Enclave*. Philadelphia: Temple University Press.

Zipf, G. K. 1946. "The P1P2/D Hypothesis: On Intercity Movement of Persons." *American Sociological Review* 11 (6).

附录　农民工调查问卷

一　个人基本情况

A1. 您的性别

1. 男　2. 女

A2. 您的出生年（按公历算）

A3. 您的政治面貌是

1. 中共党员　2. 团员　3. 群众　4. 其他

A4. 您的民族是

1. 汉族　2. 回族　3. 蒙古族　4. 维吾尔族

5. 藏族　6. 哈萨克族　7. 其他

A5. 您目前的文化程度是

1. 没有上过学　2. 小学　3. 初中　4. 上过高中但没毕业

5. 高中毕业　6. 中专（或职高、技校）　7. 大专及以上

A6. 您是否曾经或现在担任过村干部及以上职务

1. 是　2. 否

A7. 您是否参过军

1. 是　2. 否

A8. 您现在拥有产权的住房类型是（如有住房多处，填最近盖建或购买的一处）

房屋类型	所在地	产权所有者	盖建或购买时间
1. 土房 2. 砖砌平房/瓦房	1. 农村老家 2. 镇上	1. 本人或配偶 2. 父母或配偶的父母	年（按公历算）

续表

房屋类型	所在地	产权所有者	盖建或购买时间
3. 砖砌楼房 4. 单元楼房 5. 别墅 6. 店面 7. 没房	3. 县城 4. 城市	3. 父母与我共同所有	

二 婚恋与家庭情况

B1. 您的家庭成员有____人（分了家的不算），其中劳动力____人。

B2. 您的婚姻状况

1. 未婚（跳到第B13题）　2. 已婚

3. 离婚（跳到B8题）　4. 丧偶（跳到B8题）

B3. 您是在多少周岁时结婚的____岁。

B4. 您的配偶来自

1. 本乡/镇　2. 本县/区　3. 本省　4. 外省

B5. 您与您的配偶是在哪认识的？

1. 农村老家　2. 城市

B6. 您和您配偶是通过什么方式认识的

1. 媒人介绍　2. 朋友介绍　3. 同学/同事关系发展　4. 自己认识

5. 婚姻介绍所　6. 网络上认识　7. 其他途径

B7. 在2011年，您与配偶有多长时间共同生活在一起

1. 没有过　2. 1个月内　3. 1~3个月

4. 4~6个月　5. 7~9个月　6. 10~12个月

B8. 您的孩子的情况

1. 没孩子（跳到第B10题）　2. 有孩子

B9. 关于您孩子的情况，请从第二列的内容中选择合适的序号填入下表右边

		第一个孩子	第二个孩子	第三个孩子
性别	1. 男　2. 女	(　)	(　)	(　)
年龄	周岁	(　)岁	(　)岁	(　)岁
教育水平	1. 没上学　2. 小学　3. 初中 4. 高中　5. 中专/职高/技校　6. 大专　7. 本科　8. 硕士　9. 博士	(　)	(　)	(　)
在2011年您与子女共同生活的时间有	1. 没有过　2. 1个月内　3. 1~3个月　4. 4~6个月　5. 7~9个月 6. 10~12个月	(　)	(　)	(　)
是否结婚	1. 是　2. 否	(　)	(　)	(　)
子女配偶来自	1. 农村户口　2. 农村非农户口 3. 城镇农村户口　4. 城镇非农户口 5. 没结婚，不适用	(　)	(　)	(　)

B10. 您与您家人的关系如何？（没有相对应关系则不答）

	很好	较好	一般	比较差	很差
夫妻间的关系					
与孩子的关系					
与父母（公婆）的关系					

B11. 下列家庭事务是由您还是您配偶承担或做出决定？

	总是我	多数是我	共同或一起商量	多数是配偶	总是配偶	家里其他人
子女的日常教育						
家里老人的奉养						
家庭支出的分配						
买高价的家庭用品						

B12. 有人说，孩子的成长成才需要父母陪伴他生活在一起。您的意见倾向于

1. 十分同意　2. 比较同意　3. 不大同意　4. 完全不同意

B13. 您现在是否已有恋爱对象？

1. 有　2. 无

B14. 您择偶时主要考虑对方哪些方面？（请选出三项）

1. 相貌	2. 学历/职业	3. 能力/收入	4. 人品/性格	5. 双方的感觉
6. 地域	7. 户口	8. 家庭背景	9. 生辰八字	10. 是否独生子女

B15. 如果您选择结婚对象，会如何考虑父母的意见？

1. 完全听父母的　2. 以父母意见为主

3. 父母意见和自己意见相结合　4. 以自己意见为主

5. 完全根据自己意见

B16. 你是否想找个城市人作为恋爱的对象？

1. 根本没想过　2. 想过，但不现实　3. 想过，正在寻找机会

4. 努力过，但失败　5. 我的恋爱对象就是城市人

B17. 您认为您现在恋爱的话，您主要存在哪些问题？（请选出不超过三项）

1. 没问题（选中本项，则不要选后面的了）　2. 没时间

3. 花钱太多　4. 农村户口　5. 收入太低

6. 没有房子　7. 事业不成熟　8. 很难接触到合适的异性

9. 自己年纪还小，不想谈恋爱

三　社会经济地位和生活规划

C1. 您全家最主要的收入来源是什么？（分了家的不算，选出不超过两个选项）

1. 工资性收入　2. 子女给钱

3. 家庭经营纯收入（包括出售家庭农产品和家庭经营服务收入）

4. 财产性收入（包括利息、股息、租金、红利、土地征用补偿款等收入）

5. 转移性收入（包括家庭非常住人口寄带回的收入、亲友赠金、救灾款、退休金等）

C2. 您对您个人与家庭的全年收入状况的满意程度分别是

	特别满意	比较满意	基本满意	不大满意	特别不满意
对您自己					
对家庭（包括您）					

C3. 基于不同的参照对象，您觉得您家庭的经济状况分别处于什么层次上

	上层	中上层次	中间层次	中下层次	下层
就老家当地村庄来说					
就所务工创业的城市来说					

C4. 与三年前相比，您认为您的社会经济地位是

1. 上升了很多　2. 上升了一些　3. 差不多

4. 下降了一些　5. 下降了很多

C5. 总体而言，您对自己所过的生活的感觉是怎么样的？

1. 很不幸福　2. 比较不幸福　3. 一般　4. 比较幸福　5. 完全幸福

C6. 对于未来的定居场所，您倾向于选择的是

1. 农村老家　2. 老家小镇　3. 老家县城或县级市/区　4. 老家地级市

5. 打工所在城市　6. 其他城市　7. 没想法

C7. 如果您没有城市定居计划，原因主要是（限选2项）

1. 经济条件不允许　2. 工作不稳定　3. 政策限制　4. 生活不适应

5. 亲人都在农村老家　6. 其他　7. 不适用（已定居或准备定居）

C8. 对于以下内容，请标明您关心的程度

	非常关心	比较关心	不太关心	完全不关心	没想法，无所谓
家乡的经济发展					
家乡的公共设施建设					
家乡的村干部选举					
家乡的就业和工作机会					

四　社会交往和社会生活

D1. 您是否同意在这个社会上，您不小心就会被别人占便宜？

1. 完全不同意　2. 比较不同意　3. 无所谓同意不同意

4. 比较同意　5. 完全同意

D2. 您对下面不同的人或组织的信任程度

	绝大多数可信	大多数可信	可信与不可信的各占一半	大多数不可信	绝大多数不可信
您的家人					
您的亲戚					
您老家的邻居					
老家朋友					
外地朋友					
您务工创业所在城市的市民					
初次接触的陌生人					
领导干部					
做生意的人					
您家乡的乡/镇政府					
您务工创业所在城市的政府机构					
中央政府					
您务工创业所在城市的警察					
企业/公司的产品宣传广告					

D3. 在城市生活和工作时，您与以下人打交道、发生来往的情况

	非常多	比较多	一般	比较少	非常少
同城市务工的老乡					
同城市的外地人					
城市当地人					

D4. 在城市，你是否愿意与该城市本地人主动交往？

1. 十分愿意　2. 比较愿意　3. 不大愿意

4. 完全不愿意　5. 没想法

D5. 过去一年，您是否经常在空闲时间从事以下活动？

	每天	一周数次	一月数次	一年数次或很少	从不
看电视/看碟、听音乐					
去电影院看电影					
逛街/购物					
读书、读报、看杂志					

续表

	每天	一周数次	一月数次	一年数次或很少	从不
参加城市公共文化活动					
与不住在一起的亲戚聚会					
跟朋友一起玩					
参加体育锻炼					
观看体育比赛					
上网（包括手机上网）					

五 职业流动与投资创业

E1. 您第一次外出工作（务工/创业/经商）时是多少周岁？_____岁。

E2. 到目前为止，您已经累积外出多少年（在农村老家待业和就业的时间不算）_____年。

E3. 从您外出的第一份工作开始算，到目前您总共换了多少份工作_____份。

E4. 近三年之内，您更换了大概多少份工作_____份（没换工作则填 0）。

E5. 在目前城市的就业时间有多少年？_____年。

E6. 在 2011 年，上班时您每天的工作时间是_____个小时。

E7. 您的职业技术情况

1. 没什么技术　2. 有技术但没有技术证书　3. 有初级技术证书

4. 有中级技术证书　5. 有高级技术证书

E8. 依您判断，在未来的几年内，您在单位里得到提拔或升迁的机会有多大？

1. 不适用（工作属自谋职业、私人雇佣等情况）　2. 肯定会

3. 很有可能　4. 不太可能　5. 几乎不可能　6. 不好说

E9. 您在找工作过程中，会优先考虑的三个因素依次是

第一项_____　第二项_____　第三项_____

1. 收入高　2. 工作稳定/安全　3. 有发展空间

4. 离家比较近　5. 工作轻松、自由、氛围好　6. 社会声望和地位

7. 满足个人兴趣　8. 能锻炼人、学到本领　9. 能拓宽社会关系

E10. 总的来说，您对目前的工作是否满意？

1. 非常不满意　2. 不大满意　3. 一般　4. 比较满意　5. 非常满意

E11. 考虑到您的受教育程度、能力/资历等各方面因素，您认为自己目前的收入是否公平？

1. 不公平　2. 不太公平　3. 一般　4. 比较公平　5. 公平

E12. 初中毕业后，您参加的技能学习和培训情况是（有几次填几次，没有则跳过此题）

	组织形式	是否交费	培训内容	是否有帮助
	1. 政府组织 2. 工作单位组织 3. 自己报名参加社会机构的培训 4. 当学徒 5. 其他	1. 是 2. 否 3. 不清楚	1. 职业技术技能培训 2. 法律权益培训 3. 企业上岗培训 4. 安全生产培训 5. 管理培训 6. 其他（请注明）	1. 非常有帮助 2. 比较有帮助 3. 一般 4. 帮助很小 5. 没有帮助
第一次				
第二次				
第三次				
第四次				
第五次				

E13. 您及其家人的职业情况

填写说明请照每行的顺序填写，在每一空格填入相应的数字序号。（注意：1. 画叉的空格处不需填写；2. 后三行无相对应关系则不填）

	职业	单位性质	所在行业	获得工作方式	合同方式	工作地点	工作年限
	1. 自谋职业（指个体户、做小生意、收废品、小时工等） 2. 非技术工人/干苦力	1. 民营企业 2. 外资或合资企业 3. 私营酒店/公司/个体户	1. 工业/制造业 2. 建筑业 3. 商业 4. 住宿、餐饮和家庭服务业	1. 政府组织 2. 劳务中介公司 3. 亲友介绍	1. 没有签订 2. 半年以下 3. 半年到1年 4. 1~2年	1. 乡（镇） 2. 县城（含县级市） 3. 地级市 4. 省会城市 5. 农村老家	这份工作做了多少年？（填空）

续表

职业	单位性质	所在行业	获得工作方式	合同方式	工作地点	工作年限
3. 技术工人或熟练工人 4. 办公室一般工作人员/销售人员 5. 工程师及高级技术人员 6. 服务行业人员 7. 中层管理人员及以上 8. 医生、教师、干部 9. 私营企业主 10. 农民 11. 家庭主妇或失业 12. 其他	4. 私人雇佣 5. 国有单位 6. 没有单位 7. 其他	5. 交通运输业、仓储业 6. 农业 7. 其他	4. 招工广告（报纸或其他媒介） 5. 直接应聘用人单位 6. 学校组织 7. 其他	5. 3~5年 6. 5年以上		
您外出第一份工作						（　）年
现在的工作						（　）年
未来期待的工作						
您十五岁时，您父亲的职业						
您配偶现在的职业						

E14. 您的创业意愿如何？（以下创业均指实业）

1. 很强烈　2. 比较强烈　3. 不太强烈　4. 不强烈或没想法

E15. 您是否有过创业投资经历？

1. 有过　2. 没有（如果选择"没有"，请直接跳到E24题）

E16. 您是哪一年投资创业的____年

E17. 您创业所在的区域是

1. 本村　2. 乡镇　3. 县城（含县级市）　4. 地级市　5. 省会城市

E18. 当时的初始投入资金是多少钱？____万元

E19. 当时投资创业的资金来源是？（不限选项，符合您情况的请都选上）

1. 个人和家庭积累　2. 信用社　3. 银行

4. 合作伙伴共同出资　5. 向亲友借　6. 民间贷款

E20. 您投资创业的行业是

1. 工业（包括各类加工业）

2. 商业服务业（超市；餐饮酒店；零售业；宾馆；网上开店等）

3. 建筑建材业（建材贩运；建材开采；装修装饰；制砖瓦等）

4. 农业和农村服务业（动物养殖；蔬菜大棚；农机销售等）

5. 运输业（城乡公交；货车运输；载客出租等）

6. 其他行业

E21. 到目前为止，您投资创业的效益如何？

1. 很好　2. 还可以　3. 不太好　4. 已经失败

E22. 创业时您享受了当地政府扶持性政策吗？

1. 是　2. 否（选择"否"则跳到E24）

E23. 您具体享受了哪些政策？

	1. 是	2. 否
创业培训或技能培训		
贷款担保、优惠		
设立创业扶持基金		
税费优惠		
物流运输、用水用电补贴		
减免、缓交社保金		
发放失业保险金		

E24. 您是否有过证券投资经历（如炒股、基金、有价证券等）?

1. 有　2. 没有

六　社会权利与社会诉求

G1. 您的投保情况分别是（画叉的空格不需填写）

	是否投保	谁投的	您需要这项保险的迫切程度	投在什么地方
基本养老保险	1. 是　2. 否 3. 不知道	1. 自己　2. 单位 3. 不知道	1. 不迫切　2. 较迫切 3. 非常迫切	1. 老家　2. 不知道 3. 工作所在地
基本医疗保险	1. 是　2. 否 3. 不知道	1. 自己　2. 单位 3. 不知道	1. 不迫切　2. 较迫切 3. 非常迫切	1. 老家　2. 不知道 3. 工作所在地
工伤保险	1. 是　2. 否 3. 不知道	1. 自己　2. 单位 3. 不知道	1. 不迫切　2. 较迫切 3. 非常迫切	
失业保险	1. 是　2. 否 3. 不知道	1. 自己　2. 单位 3. 不知道	1. 不迫切　2. 较迫切 3. 非常迫切	
大病统筹保险	1. 是　2. 否 3. 不知道	1. 自己　2. 单位 3. 不知道	1. 不迫切　2. 较迫切 3. 非常迫切	1. 老家　2. 不知道 3. 工作所在地
新农村合作医疗	1. 是　2. 否 3. 不知道	1. 自己　2. 单位 3. 不知道	1. 不迫切　2. 较迫切 3. 非常迫切	
生育保险	1. 是　2. 否 3. 不知道		1. 不迫切　2. 较迫切 3. 非常迫切	1. 老家　2. 不知道 3. 工作所在地

G2. 下面是一些关于您在城市的愿望的描述，符合您的情况的分别是

	非常迫切	比较迫切	一般	比较不迫切	不迫切
提高工资水平					
公司福利改善					
实现社会保障					
提供保障住房或廉租房					
改善医疗条件					
参与所在单位的管理活动					
参与当地社区管理					
组建属于自己的合法组织					
成为各级人大代表或政协委员					

续表

	非常迫切	比较迫切	一般	比较不迫切	不迫切
扩大自己的政治权利					
享受城市各项公共服务					
取消户籍制度					
不要歧视外来创业务工经商人员					
孩子在城市上学容易					
和城市市民一样的地位					

G3. 请您列出目前最需要城市的政府或社区为您提供的服务或帮助

	非常迫切	比较迫切	一般	较不迫切	不迫切
就业机会/用工信息					
就业培训					
社会保险					
医疗救助					
工商税务减免优惠					
孩子入托和上学					
解决本地户口					
提供廉租房					
解决劳动纠纷					
工资待遇、拖欠					
提供租房信息					
法律援助					

G4. 当您遇到困难的时候，以下单位或组织对您的帮助程度

		没有帮助	帮助较少	帮助较多	帮助很大	不大确定
1	工会、妇联、共青团					
2	城市社区居委会					
3	老家村委会					
4	工作单位					
5	工作地政府					
6	老家政府					

续表

		没有帮助	帮助较少	帮助较多	帮助很大	不大确定
7	宗教组织					
8	家庭					
9	私人关系伙伴（同学/朋友/老乡/战友等）					
10	行业协会					
11	慈善机构					
12	信访部门					
13	新闻媒体					
14	司法/执法机构					

G5. 您觉得在城市打工的农民工<u>在本质上</u>是

1. 农民　2. 工人　3. 既是农民又是工人

4. 城市新市民　5. 其他

后 记

本人从 2002 年就开始农民工问题的研究。近 20 年来，围绕该领域的研究，先后主持国家社科基金项目 4 项，出版相关学术专著 3 部（《中国农民工权益保障研究》、《农民工的转型与政府的政策选择》和《转型期留守儿童问题研究》），发表学术论文 80 余篇，其中论文《农民工的职业分割与向上流动》和专著《农民工的转型与政府的政策选择》分别获得第九届、第十届湖北省社会科学优秀成果奖三等奖和二等奖。发表的论文中，有 2 篇被《新华文摘》转载，3 篇被《中国社会科学文摘》转载，3 篇被《复印报刊资料》转载，1 篇被《人民日报》的《内部参阅》录用，多篇论文被学术界高次数引用，产生了较大影响。

2018 年本人申报研究阐释党的十九大精神的国家社科基金专项课题"新型城镇化背景下加快农业转移人口市民化研究"（项目编号：18VSJ065）获得批准，因此，组织课题组开始对农业转移人口市民化问题展开系统研究。在研究中，我们将城市与乡村两个区域及其社会群体作为有机整体展开联动性和互动性研究，以个体日常生活的城市社会融入为着力点，重点研究和回答新型城镇化、乡村振兴背景下农业转移劳动力问题，研究领域涉及户籍制度改革、农民工转型、流动人口权益保障和农业转移人口市民化等多个专题。

本课题的调查是艰辛的，课题组成员中有的人南下广东，有的人回到家乡，他们在调查中与农业转移人口朝夕相处，有的甚至亲自替农业转移人口维权。正是由于他们全身心的投入和毫无怨言的付出，课题才得以顺利开展。本阶段性研究成果，也是课题组成员符平教授、李亚雄教授、郑广怀教授、谷玉良讲师、张红霞副教授和范长煜讲师等人集体劳动的结晶。其中，范长煜撰写了本书第2章的部分初稿，符平撰写了第3章的初稿，谷玉良撰写了第4章的初稿，李亚雄撰写了第6章的部分初稿，郑广怀撰写了第8章的部分初稿，张红霞撰写了第9章结语部分，其余部分由我撰写。全书由我统一修改、定稿。

  本书的付梓，首先要感谢课题组的全体成员，他们为此付出了无数的心血；其次要感谢华中师范大学社科处和社会学院在课题调查、研究中给予的大力支持。另外，也感谢华中师范大学社会学院的本科生和研究生，他们许多人牺牲自己的假期参与了课题的调查；感谢社会科学文献出版社的辛勤劳动，使本书能够早日出版。最后，要感谢那些接受过我们访问的农民工兄弟，没有他们的配合和帮助，我们是无法完成该项目的研究的。我愿将此书献给这些无名的农民工。

江立华

2019年5月于武汉桂子山

图书在版编目（CIP）数据

从浮萍到扎根：农业转移人口的市民化／江立华等著．－－北京：社会科学文献出版社，2019.11
（桂子山社会学论丛）
ISBN 978-7-5201-5569-4

Ⅰ.①从… Ⅱ.①江… Ⅲ.①农村劳动力-劳动力转移-研究-中国②民工-城市化-研究-中国 Ⅳ.①F323.6②D422.64

中国版本图书馆CIP数据核字（2019）第198110号

桂子山社会学论丛
从浮萍到扎根：农业转移人口的市民化

著　　者／江立华 等

出 版 人／谢寿光
责任编辑／张小菲
文稿编辑／张真真

出　　版／社会科学文献出版社·群学出版分社（010）59366453
　　　　　地址：北京市北三环中路甲29号院华龙大厦　邮编：100029
　　　　　网址：www.ssap.com.cn
发　　行／市场营销中心（010）59367081　59367083
印　　装／三河市尚艺印装有限公司
规　　格／开　本：787mm×1092mm　1/16
　　　　　印　张：21　字　数：331千字
版　　次／2019年11月第1版　2019年11月第1次印刷
书　　号／ISBN 978-7-5201-5569-4
定　　价／118.00元

本书如有印装质量问题，请与读者服务中心（010-59367028）联系

版权所有 翻印必究